北大版新一代对外汉语教材·基础教程系列

高级汉语精读教程 Ⅰ

主　编　邓小宁
副主编　莫秀英　张　舸
审　订　周小兵
编写者　陈凡凡　邓淑兰　邓小宁
　　　　李　蕊　林华生　莫秀英
　　　　彭淑莉　谢小丽　张　舸
　　　　赵成新

北京大学出版社
PEKING UNIVERSITY PRESS

图书在版编目(CIP)数据

高级汉语精读教程 I / 邓小宁主编. —北京：北京大学出版社，2006.6
（北大版新一代对外汉语教材·基础教程系列）
ISBN 978-7-301-08199-0

Ⅰ.高… Ⅱ.邓… Ⅲ.汉语−对外汉语教学−教材 Ⅳ.H195.4

中国版本图书馆 CIP 数据核字(2006)第 058620 号

书　　　名：	高级汉语精读教程 I
著作责任者：	邓小宁　主编
责 任 编 辑：	贾鸿杰　吕幼筠
正 文 插 图：	刘德辉
标 准 书 号：	ISBN 978-7-301-08199-0/H·1304
出 版 发 行：	北京大学出版社
地　　　址：	北京市海淀区成府路 205 号　100871
网　　　址：	http://cbs.pku.edu.cn
电　　　话：	邮购部 62752015　发行部 62750672　编辑部 62752028
电 子 邮 箱：	zpup@pup.cn
印 　刷 　者：	北京虎彩文化传播有限公司
经 　销 　者：	新华书店
	787 毫米×1092 毫米　16 开本　19.25 印张　490 千字　出版部 62754962
	2006 年 6 月第 1 版　2024 年 10 月第 7 次印刷
定　　　价：	48.00 元

未经许可，不得以任何方式复制或抄袭本书之部分或全部内容。
版权所有，翻版必究　举报电话：010-62752024
　　　　　　　　　　电子邮箱：fd@pup.pku.edu.cn

前　言

随着"汉语热"的不断升温,市场对高级汉语精读教材的需求量越来越大。本教材正是为了满足具有中级汉语水平的外国人的需求而编写的,教学对象是在全日制学校学过两年(约1500学时)汉语的外国留学生,已经掌握《汉语水平词汇与汉字等级大纲》中的甲、乙、丙级词汇或《高等学校外国留学生汉语教学大纲》(长期进修)中的初、中等阶段词汇(约4500—5000个),对于其他HSK成绩达到中等B级、A级(七、八级)的外国人也适用。

本教材为高级汉语精读教材,编写上有别于泛读和写作教材,体例上基本沿用中山大学赵新教授主编、周小兵教授审订的《中级汉语精读教程》(北京大学出版社)。主要遵循以下几点原则:一、选材广泛。所用语料包括社会生活、自然科学、中国文化、道德法律、历史地理、名人逸事、民情风俗、奇观胜景、珍禽异兽、社会自然、旅游探险、饮食起居、体育休闲、科幻发明、幽默小品等,均选自报刊杂志及网上的报道,以最新的语料为主。二、体裁多样。有散文、小说、随笔、小品、论文、杂文、通讯报道、幽默笑话、熟语故事等等。三、书面语为主,避免使用口语材料。四、练习形式与高等汉语水平考试题型部分接轨。五、讲究实用性与通用性。在选材上尽量贴近生活,使学习者能够学以致用。语言准确规范,适用范围广,避免使用地方色彩浓的语料。六、知识性与趣味性并重。在向学生传授语言知识的同时,还向他们灌输一些科普、法律、生活等知识。另一方面,话题能引起当代年轻人的共鸣,使他们在生动有趣、诙谐幽默、自然的语言风格中轻松地掌握汉语。七、注重训练学习者的语段表达能力。高级阶段的语言学习者除了词汇量加大,同义词辨析、特殊句式的掌握、复句的熟练运用等技能外,还应该在修辞、篇章的衔接手段上有进一步的提高。

教材分Ⅰ、Ⅱ两册,每册16课,共32课。每四课设有一个单元练习,使学习者能通过形式多样的练习巩固本单元的词汇和语法知识,达到熟练运用的目的。每课主要由生词表、提示、正课文、注释、练习、副课文等组成,4—6学时学完一课。生词部分Ⅰ册高级词(丁级词)70%、超纲词30%,Ⅱ册高级词(丁级词)60%、超纲词40%。Ⅰ册每课生词50—60个,Ⅱ册每课60—70个。生词的等级划分及语法注释项目主要根据国家对外汉语教学领导小组办公室编写、北京语言文化大学出版社出版的《高等学校外国留学生汉语教学大纲》长期进修(附件),另外还参考了国家对外汉语教学领导小组办公室汉语水平考试部编写、北京语言学院出版社(1992年)出版的《汉语水平词汇与汉字等级大纲》。生词注释全部用汉语,尽量使用低中级词汇。用法特殊的生词配有例句或短语。生词配有近义词、反义词、同语素的合成词、多音词、形近字等,其使用的符号分别为:近义词用"≈",反义词用"←→",同语素的合成词用">",多音词有下划线标注并列出另一读音和例词,形近字用"—"。注释中的例句及练习尽量使用本课和本教材的生词。主课文长度控制在2000字左右,分两、三个段落,每段一个提示。课文中的生词有标记。

注释中有近义词辨析、特殊句式、语法要点、成语典故、熟语、中国文化知识、与课文内容相关的术语,Ⅱ册还增加一些篇章连接技巧、修辞基础知识等。注释语言力求简明,使用低中级词汇,尽量重现本课生词。注释点控制在每课10—15个。

练习注重题型多样,每课有七到八个练习题,题型包括选词填空、词语与解释连线、语素义解释、同义词选择填空、近义词选择替换、形近字注音并组词、根据课文内容判断正误、回答问题、句子次序重排、改错、根据解释猜词、用指定词语或根据情景完成句子、给括号里的词语选择适当的位置、给词语选择合适义项、句式转换、用指定词语改写句子、词语搭配连线、根据提示概括课文内容、综合填空、用指定词语写作文、改写课文内容等等。

副课文长度为1000—1500字,尽可能重现本课生词和语法,内容与主课文相关,生词控制在15—20个。配一道练习题,主要目的是训练学习者的理解能力。

本教材是在中山大学国际交流学院的周小兵教授组织指导下,由国际交流学院对外汉语系的几名骨干教师及中文系语言学及应用语言学专业的几位博士生共同合作编写的。

Ⅰ册具体分工如下:周小兵负责教材的总体设计、主课文原型的审订;邓小宁负责协助总体设计、注释点分配、课文和生词的统定、第五课、单元练习(一)、(三)的编写;莫秀英负责第三课、第十五课及单元练习(四)的编写;张舸负责第一课、第九课及单元练习(二)的编写;彭淑莉负责第六课、第十课的编写;谢小丽负责第二课、第十一课的编写;陈凡凡负责第七课、第十六课的编写;李蕊负责第十三课、第十四课的编写;邓淑兰负责第八课的编写;林华生负责第四课的编写;赵成新负责第十二课的编写。主课文和副课文的原型由全体人员共同搜集。全书的校对、修改由邓小宁、莫秀英、张舸完成。

本教材之所以能够顺利出版,与北京大学出版社的大力支持是分不开的,尤其是吕幼筠女士,对教材的修订工作提出了不少宝贵的意见和建议,在此表示衷心的感谢。我们还要感谢国际交流学院的其他对我们的工作给予热情支持的老师,尤其是李英老师,她对我们的教材提出了很多具有建设性的意见,并且慷慨地把她和赵新教授编写的即将出版的近义词词典提供给我们参考,使我们从中获益良多。

受编者水平所限,错漏在所难免,敬请读者及同行批评指正。

编　者
2006年5月于广州康乐园

目 录

前　言 ··· 1

第一课　幽默的钱钟书伉俪 ··· 1
注释

1. 赞叹—夸奖—赞扬　2. 可~　3. 三番五次　4. 纵然　5. 想方设法—千方百计
6. 宁肯　7. 心甘情愿—宁肯—情愿　8. 而已　9. 因　10. 一度　11. 老有所为
12. 好在—幸亏—多亏　13. 从未　14. 有口无心

第二课　袋鼠做妈妈 ··· 16
注释

1. 及早　2. 日见—日渐　3. ~力　4. 连连—连——连　5. ……连同……　6. 一……而……
7. ……被……把……　8. 照料—照顾—照看　9. 大……大……　10. ……，这才……
11. 致人于死地　12. 养育—培育—抚养

第三课　让赞扬恰到好处 ··· 31
注释

1. 把握—掌握　2. 并非　3. 恭维—奉承—讨好　4. 一技之长　5. A比B(名)还B
6. 他人—别人—人家　7. 不卑不亢　8. 颇　9. 不时　10. 岂不　11. 本着
12. 至多　13. 也罢　14. 不光……，而且……

第四课　信任是约束，也是鼓励 ··· 46
注释

1. 骤然—忽然—突然　2. 即便　3. ……反倒(反而)……　4. 无话可说
5. 不以为然　6. 为+名+所+动　7. 以至于　8. A+形容词+于+B
9. 把……+动词+得……　10. 专程—专门—特意—特地　11. 思前想后　12. 如实

单元练习（一）··· 64

1

第五课 学会感恩 ·· 71
注释

1. 唯独 2. 谁言寸草心,报得三春晖 3. 衔环结草,以报恩德 4. 简而言之 5. 无~
6. 无微不至 7. 或是 8. 历来—从来 9. 下不来台 10. 钻钱眼(儿)
11. 别说(是)……(A),即使……(B)也/都……(C)
    即使……(B)也/都……(C),别说……(A)了
12. 把……动词/形容词+得+像……一样

第六课 郑和下西洋 ·· 86
注释

1. 有鼻子有眼睛 2. 风言风语 3. 莫非 4. 如期 5. ……,借以…… 6. 恐吓—威胁
7. 分外 8. 商议—讨论—商量 9. 而后 10. 提防—注意—小心
11. 非……不……/非……才……   12. 毅然 13. 鉴于

第七课 世界体坛大变动分析 ·· 102
注释

1. ~坛 2. 取代—代替 3. 极力 4. 捍卫—保卫—保护 5. 打天下 6. 十全十美
7. 一来……,二来…… 8. 减弱—削弱 9. 从中 10. 自强不息
11. 别说……,连……也/都……(连……也/都……,别说……)
12. 成效—效果 13. 三板斧 14. ……何

第八课 "生态定时炸弹"2070年引爆 ·· 118
注释

1. 大惊小怪 2. 必将 3. 狰狞—恐怖—可怕 4. 何等 5. 何曾 6. 肆意
7. 挥霍—浪费 8.《京都议定书》 9. 温室气体 10. 不但(不光)……,反倒(反而)……
11.不单(是)……,也/都/还……

单元练习(二) ·· 132

目 录

第九课　秘密旅行 ·· 139

注释

1. 趁早　2. 似……非……　3. 亏　4. 幸好　5. 有声有色　6. 不时—时时　7. 一再—再三

8. 越发—更加　9. 就　10. 一……一……　11. 或许—也许—可能　12. 亲手

第十课　失踪的国家 ·· 156

注释

1. 乃至　2. 进而　3. 好就好在……　4. 无……无……　5. 相继

6. A 与(和、同、跟)B 相近似　7. 未免　8. 过于　9. 半……半……

10. 无从　11. 假设……,那(么)

第十一课　香格里拉在哪里 ·· 172

注释

1. 即刻—立刻—立即—马上　2. 世外桃源　3. 疲惫—疲倦—疲劳　4. 一经

5. ……,此后……　6. ……,甚而至于……　7. 未曾　8. 随意—随便　9. 以……为……

10. 所以……,所以……,(是)因为……　11. V+诸+N/V　12. 暂且

第十二课　蔡伦造纸 ·· 187

注释

1. 不亚于　2. 非~　3. 类似于　4. 破碎—破裂　5. 甲骨文　6. ……,故……

7. 欺上瞒下　8. 各行各业　9. 百般　10. 论证—验证—证明　11. 选取—选用

单元练习(三) ·· 202

第十三课　富人阿金 ·· 210

注释

1. 别管……,都……　2. 空荡荡　3. 不是A又是B呢？　4. V来V去　5. 不是地方

6. 一者……,二者……　7. 重义轻财　8. 断然—横竖—反正　9. 不屑　10. 中不中,西不西

11. A 尚且……,何况 B……

3

第十四课 "的哥"送孕妇连闯红灯该不该罚 ························ 225
注释
1. 极度 2. 正巧—正好 3. 任凭 4. 一味 5. 凉了好人的心 6. 索性—干脆—不妨
7. 一走了之 8. 一成不变 9. 姑且 10. 何苦 11. 吃力不讨好

第十五课 千年悬棺之谜 ·· 240
注释
1. 千 2. V₁+宾语+而+V₂ 3. 价值连城 4. 何尝…… 5. 徐徐 6. V+有 7. 数
8. ~说 9. 让/叫……把…… 10. 倘若 11. 终究

第十六课 上当、借光、露马脚……——熟语的来历 ················ 255
注释
1. 默默 2. V+也/都+不/没+V 3. 纯粹 4. 五行 5. 不得已 6. 凭—靠
7. 时而……时而…… 8. 乘 9. 恰巧—凑巧 10. 七……八……

单元练习(四) ·· 270

参考答案 ·· 278

生词表 ·· 288

第一课　幽默的钱钟书伉俪

一　生词语

1. 伉俪	kànglì	（名）	书面语，夫妻：~情深|~之情。
2. 志同道合	zhìtóng-dàohé		志向相同，意见相合：他们是~的朋友。
3. 赞叹 ≈称赞 赞美	zàntàn	（动）	因为佩服而称赞感叹：她的精彩表演令人~。 >赞扬 赞歌 赞赏
4. 博学	bóxué	（形）	学问博大精深：~多才。
5. 睿智	ruìzhì	（形）	书面语，聪明而有远见：他是个~的人。
6. 三番五次	sānfān-wǔcì		多次：他~来找我们的麻烦，我们应该给他点儿厉害看看。
7. 谢绝 ≈拒绝	xièjué	（动）	客气地拒绝：施工重地，~参观。
8. 好评 （爱好）	hǎopíng hào	（名）	好的评价：这次演出获得了观众的~。
9. 著	zhù	（动）	写作：原~者|编~|~书。 >编著 合著
10. 录	lù	（名）	用做书册的名称：同学~|老人写了一本回忆~。 >目录 语录
11. 列	liè	（动）	安排到某类事物之中：他是旁听生，不能~入正式生。
12. 委婉 ↔直率	wěiwǎn	（形）	（言辞、声音等）不是直接的，是曲折的：她说话一点也不~，非常直率。 >委曲
13. 莞尔一笑	wǎn'ěryíxiào		形容微笑：听了女儿的话，母亲~，觉得女儿真的长大了。
14. 纵然	zòngrán	（连）	即使：今天纵然有雨，也不会很大。

1

15. 想方设法	xiǎngfāng-shèfǎ		想尽办法:我们一定要~克服困难。
16. 名声 ≈名誉	míngshēng	(名)	在社会上流传的评价:他~很坏。 >名望 名气 有名 名利
17. 心甘情愿	xīngān-qíngyuàn		心里愿意,完全出于自愿,没有一点儿勉强: 她~为老人洗衣服。
18. 自在	zìzài	(形)	自由,舒适,不受拘束:他的日子过得很~。
19. 宁肯 ≈宁可	nìngkěn	(副)	表示经过比较后选取某一种做法(多指利害 关系较轻的一面。
20. 如意 ≈如愿	rúyì	(形)	符合心意:称心~|他最近事事不~。 >如实 如期 如数
21. 而已	éryǐ	(助)	罢了:我随便说说~,你不要当真。
22. 颁发	bānfā	(动)	授予(奖状、证书等):~奖章。 >颁奖 颁布
23. 赖	lài	(动)	不承认自己的错误或责任,转指推托:~婚|~ 账|你自己答应的,不许~。 >赖皮 抵赖 诬赖
24. 一度 ≈曾经	yídù	(副)	书面语,曾经:他~当过演员。
25. 众多	zhòngduō	(形)	很多(多指人):中国是个人口~的国家。 >民众 群众 众人 众所周知
26. 一律	yílǜ	(副)	适用于全体,无例外:学生~要戴校徽。|中国 各民族~平等。
27. 诉苦	sù kǔ		向别人诉说自己所受的苦难:他总是找朋 友~。 >诉说 哭诉 投诉
28. 版	bǎn	(名)	上面有文字或图形的供印刷用的底子:体育~。 板—饭—贩
29. 老有所为	lǎoyǒusuǒwéi		虽然年纪大,但仍然能做出成绩:他们决定 做~的人。
30. 占据 ≈占领	zhànjù	(动)	取得或保持:敌人~了那个小镇。 >占有 侵占 占用 占线
31. 简朴 ≈朴素	jiǎnpǔ	(形)	(生活、语言等)简单朴素:~的生活|衣着~| 陈设~。 >朴实 质朴 俭朴
32. 痴	chī	(名)	极度迷恋某人或某种事物:书~|情~。 >痴情 痴狂 痴迷 痴心

33. 嗜好 ≈爱好	shìhào	(动)	特别爱好:他~读书。
34. 窝棚	wōpeng	(名)	简陋的小屋:王大爷就住在那个~里。
35. 感慨 ≈感叹	gǎnkǎi	(动)	有所感触而慨叹:看到故乡的变化,他万分~。 >感想 感受 感染
36. 好在 ≈幸亏	hǎozài	(副)	幸运的是:~他回来了。
37. 从未	cóngwèi	(副)	从来也没有:我~见过他。
38. 出版社	chūbǎnshè	(名)	把书刊、图画等编印出来向公众发行的机构:在~工作。
39. 稿酬	gǎochóu	(名)	稿费:他写这本书的~很高。 >酬金 酬劳 报酬
40. 支票	zhīpiào	(名)	向银行提取或划拨存款的票据:我们商场可以用~付款。 >支出 支取 票证 票据
41. 实物	shíwù	(名)	实在的、具体的东西:有的地方仍用~交易,不用货币。|如~与图片有出入,以~为准。
42. 竖 ⟷横	shù	(形)	从上到下或从前到后:汉字以前是~写,后来才改为横写。 >横七竖八 竖立
43. 直率 ⟷委婉 ≈率直 直爽	zhíshuài	(形)	(言语、行为)爽快,不绕弯:他是个~的人,心里怎么想,嘴上怎么说。 >直接 直爽 直性 坦率 率真
44. 有口无心	yǒukǒu-wúxīn		形容说话不加考虑,但心里并没有什么不好的想法:这个人说话~,得罪了人也不知道。
45. 主义	zhǔyì	(名)	理论和主张:这部小说的风格是现实~和浪漫~相结合。|大男子~。
46. 改口	gǎi kǒu		改变自己原来说话的内容或语气:他发觉自己说错了,于是连忙~。
47. 文稿 ≈文章	wéngǎo	(名)	文章:他的桌子上堆满了~。 >稿子 稿件 草稿 定稿 稿纸
48. 络绎不绝	luòyìbùjué		(人、马、车等)前后相接,连续不断:来往的车辆~。
49. 相识 ≈认识	xiāngshí	(动)	彼此认识:我们~多年了。 >相知 相会 相爱 相约 相让

50. 客套 ≈客气	kètào	（动）	说客气话：见面之后,他们~了几句。
51. 起草	qǐ cǎo		写草稿：他刚刚~好一份通知。 >草稿 草案 草图 草约
52. 调侃 （调查）	tiáokǎn diào	（动）	用言语戏弄：不要~他了。
53. 憎恶 ≈憎恨 （凶恶） （恶心）	zēngwù è ě	（动）	憎恨、厌恶：他的这种行为令人~。 >爱憎分明 面目可憎 增—赠—憎
54. 伶俐	línglì	（形）	聪明,灵活：口齿~|这孩子真~。 >伶牙俐齿
55. 锋利	fēnglì	（形）	（工具、武器等）头尖或刃薄,容易刺入或切入事物：~的刀。
56. 裁	cái	（动）	用刀、剪把片状的东西分成几个部分：~纸。 >裁剪 裁缝 量体裁衣 裁—载

专名

《唐·吉诃德》　Táng Jíkēdé　　文学名著。17世纪西班牙塞万提斯的作品。

二、课文

提示一 为什么说钱钟书夫妇是一对"特殊"人物？这对夫妇说的哪些话很幽默？

中外闻名的大学者钱钟书与夫人杨绛在中国被人们认为是一对在学问上和生活上都配合完美、志同道合的伉俪。有一位老先生曾经赞叹道："这真是一对特殊的人物！"在日常生活中,这对博学睿智、可敬可爱的老人,说话非常幽默,他们说的许多话,都给人留下了深刻的印象。

有个外国记者读了钱钟书写的著名小说《围城》以后,曾三番五次要求见钱钟书,每次都被钱钟书谢绝了。对此,很多人表示不理解。钱钟书幽默地解释说："假如你吃了鸡蛋觉得味道还不错,你又何必去认识下蛋的母鸡呢？"

《围城》后来被拍成了电视连续剧,这部电视剧非常受观众欢迎,得到了许多好评。电视台按规定要付给原著者钱钟书一万多元的报酬,钱钟书坚决不收。中国有十八家电视台联合拍摄《当代文化名人录》,钱钟书被列入第一批的三十六人之中,他也委婉地谢绝了。电视台的人告诉钱钟书被拍摄者会得到一笔报酬时,钱钟书莞尔一笑,说:"我都姓了一辈子钱了,难道还迷信钱吗?"

在生活中,纵然是一般人想方设法追求的许多东西,例如名声、地位、金钱等等,他们也都看得很淡,他们心甘情愿地过安静简单的生活。杨绛说:"我们无名无位活到老,活得很自在。"真的是这样。多年来,他们谢绝了许多国外的邀请。杨绛说,她和钱钟书已打定主意,宁肯在家里过看书写字的简单生活,也不愿意到别的地方去。对他们来说,称心如意的生活就是简简单单地在家做自己喜欢的事情而已。她还风趣地说:"我们好像是老红木家具一样,搬一搬架子就要散掉了。"

即使是国内的活动,他们也极少露面,钱钟书从不参加任何会议是出了名的。杨绛因翻译名著《唐·吉诃德》获西班牙政府颁发的大奖,西班牙驻华大使馆请她,第一任大使邀请,她谢绝了;第二任大使送来正式的书面邀请,她正式地书面谢绝了;第三任大使通过原社会科学院院长去请,她才赖不掉了。钱钟书得意地说:"要三个大使才请得动她!"

生日的时候,他俩也从不举办庆祝活动。钱钟书八十岁生日之前,家中的电话一度响个不停,众多的学生同事、亲朋好友和机关团体,纷纷要给他庆祝生日。他所在的中国社会科学院还准备为他开一个纪念会或学术讨论会,但钱钟书一律谢绝了。对于这类活动,他早已说过:"不必花些不明不白的钱,找些不三不四的人,说些不痛不痒的话。"杨绛曾诉苦道:"我整天为他挡事、挡客,人家说我像挡路狗。"她苦恼地说:"有些人真没办法,事先不通知,敲门就进来。我们在外边散步,他们就来捉。有时我挡了,有时我陪着,很累,干不成什么事。单位要给他过生日,我们好不容易推辞掉了。"《人民日报》海外版上发表了一篇写钱钟书先生的文章,大意是,对钱先生最好的纪念,就是专心研究他的"钱学"和尊重他简单宁静的生活。这话是很有道理的。人们通常认为人应该老有所为,不过老有所为的方式可以是多种多样的。

> 提示二 钱钟书家里的摆设是怎么样的？从中可以看出两位主人什么样的生活？

钱钟书家里是满室书香，他们的客厅与书房合二为一，主要空间都被书柜书桌占据着，两张式样很古老的单人沙发挤在一个角落里，用来接待客人。简朴的房间里最引人注目的是大小书柜里满满的书籍，有中文的与外文的、有古典的与现代的，这些书籍显示着主人对古今中外文化的熟悉。《围城》的英、俄、德、日文译本也在其中。杨绛曾称钱钟书为"书痴"，其实夫妇两人都嗜好读书。记得杨绛在她写的《干校六记》中有这样一段，有一次她指着菜园里的窝棚问钱钟书："给咱们这样一个窝棚住，行吗？"钱钟书认真地想了一下，说："没有书。"杨绛感慨地写道："真的，什么物质享受，全都舍得，没有书却不好过日子。"他们嗜好读书，新的、旧的、中文的、外文的，凡是到手的都要翻翻看看。好在供他们阅读的书会从各方面不断地供应给他们，外文书刊他们也从未缺少过。只要手中有钱，他们就用来买书，国外出版社的稿酬，他们一般不取现金也不要支票，而是开出书单请对方实物支付。

除了书柜，屋里少不了的还有书桌，一横一竖两张旧书桌：大的朝西，是钱钟书的；小的临窗向南，是杨绛的。有人问道："为什么一大一小不一样呢？"

"他的名声大，当然用大的；我的名声小，只好用小的！"杨绛直率地回答。

钱钟书听了杨绛这句有口无心的话，马上半开玩笑地抗议："这样说好像我在搞大男子主义，是因为我的东西多！"杨绛笑着改口："对，对，他的来往信件比我的多，需要用大书桌。"钱钟书的书桌上堆满了信件和文稿。他曾经说过："每天要回几封信，都是说道歉的话，谢绝来访。"

回信几乎成了他俩每日都要做的功课。络绎不绝的来信，有相识的，也有从未见过面的人写的。钱钟书习惯用毛笔，杨绛则用钢笔。杨绛说："他写得快，我写得慢。"钱钟书写客套信从不起草，总是提起笔一写就写好。如果是八行的信纸，他几次抬头，写来恰好八行，一行不多，一行不少。这种功夫据说还是他父亲训练出来的，想当年他为此还挨过不少打呢!

不少人看过《干校六记》,都觉得杨绛是个非常可爱的人。钱钟书调侃地说:"可爱与否,要由她的老公来说。"

有一段时间,许多人以大谈中西文化比较为时髦,钱钟书最憎恶这种学术风气,他曾生气地说:"有些人连中文、西文都不懂,谈得上什么比较?曾经有人说过,有人和我谈文化,我就拔出手枪来。现在要是有人和我谈中西文化比较,如果我有手枪的话,我也一定要拔出来!"在一旁的杨绛马上伶俐地从书桌的笔筒里抽出一把锋利的裁纸刀递到他手里,说:"没有手枪,用这个也行!"

(据《家庭》徐泓文章)

注 释

1. 赞叹—夸奖—赞扬

这三个词都有"称赞"、"表扬"的意思。"赞叹"一般不带宾语,常常用在"令人赞叹"、"赞叹不已"或"对……赞叹"的格式中,常用于书面语或正式场合;"夸奖"和"赞扬"做谓语时通常要带宾语,"夸奖"一般用在长辈对晚辈的口语中,"赞扬"有把好人好事广泛传播的意思。三个词语中"赞叹"表意程度最高,其次是"赞扬","夸奖"的程度比"赞扬"要轻。

(1) 老师们读到这篇精彩的文章,都赞叹不已。(夸奖×赞扬×)
(2) 那些热心肠的慈善家们所做出的贡献令人赞叹。(夸奖×赞扬×)
(3) 孩子们爱护公物的行为受到了人们的赞扬。(夸奖√赞叹×)
(4) 看到儿子的名字被列入《优秀学生名录》,他喜在心里,但没有过分地夸奖儿子。
(赞扬√赞叹×)

2. 可~

前缀。跟单音节动词组合,构成形容词,表示值得、许可或可能。如:~喜、~悲、~怜、~恼、~取、~行、~靠。

(1) 这次旅行他有可喜的收获。
(2) 只会说客套话的人给人的感觉是不可靠的。

3. 三番五次

成语,只能做状语,后边可以出现"地"。番:遍数;三、五:概数,指次数多。屡次、多次的意思。如:

(1) 他曾经~地邀请李经理吃饭,可都被李经理委婉地谢绝了。

(2) 虽然学校~表示不接受任何采访,可是记者们还是络绎不绝地来到学校。
(3) 李老师~感慨地说:"名声、地位、金钱,并不一定能给人带来幸福啊!"

4. 纵然

"纵然"有"即使"、"即便"、"哪怕"的意思,表示假设和让步。先承认某种假设的情况,再转入真正的意思。常常用在书面语中。如:

(1) ~出版社答应给很高的稿酬,原著者也还是不愿意重印这本书。
(2) ~领导三番五次来劝我,我仍然不愿意接受这份工作。

5. 想方设法—千方百计

两个成语都只能做状语,都有"想尽办法"的意思。区别在于"千方百计"偏重于想尽一切办法、用尽一切计谋的意思;"想方设法"偏重于多方面想办法的意思。"千方百计"的程度比"想方设法"深一些。如:

(1) 老王嗜好读书,简直是个书痴,每当知道有好书,他总是想方设法买到手。(千方百计√)
(2) 作为书店的经营者,我们应该千方百计帮助顾客找到他们喜欢的书。(想方设法√)

6. 宁肯

表示比较两种情况后勉强选择其中一个,后一个分句说明被舍弃的另一种选择,或勉强选择其中一个,而这个被选择的东西通常被认为是不太好的,常与"也"搭配使用。如:

(1) 我~在这里过简朴的生活,也不愿到城里去。
(2) 我~少休息两三个小时,也要在今天之内完成这篇文章。

有时候被舍弃的选择可以放在前面,这时不用"也"搭配。如:

(3) 我朋友不愿为追求名利出卖自己,~过一些简简单单却自由自在的生活。

还可以从肯定的角度说明舍弃的原因。如:

(4) 穿皮鞋走远路太辛苦,我~穿这双旧球鞋。

如果上下文意思清楚,舍弃的选择可以不说。如:

(5) 为了放假前把工作做完,我~现在更忙些、更累些。

7. 心甘情愿—宁肯—情愿

"心甘情愿"指心里愿意、完全出于自愿,没有一丝勉强,程度比"情愿"高,常做状语和谓语,前面一般不直接用否定词。"情愿"也可以表示心里愿意,是动词,可做谓语,并且常用在口语中,前面可以出现否定词。如:

(1) 这位睿智的老人,心甘情愿过简朴的生活。(情愿√宁肯×)
(2) 妈妈认为学钢琴对儿子好,因此儿子再不情愿她也要让他学。(心甘情愿×宁肯×)

"宁肯"是副词,后面常有"也"与之搭配。"宁肯"和"情愿"都可以表示经过比较后,从两种或多种情况中勉强选择下文紧接着说的那一方面。二者一般情况下可以互换,但"宁肯"强调主观上同意、乐意选取这个方面,"情愿"强调从情感方面来选取。这两个词语还可以放在后一个分句中。如:

(3) 我宁肯费点时间去银行把支票换成现金,也不愿意在旅途中带那么多现金。(情愿√心甘情愿×)
(4) 我情愿被老师批评,也要看完这场电影。(宁肯√心甘情愿×)
(5) 她不想去跳舞,宁肯一个人在宿舍里听音乐。(情愿√心甘情愿×)

8. 而已 ❋❋

助词,用于句末。意思和"罢了"一样,表示不过如此,有冲淡语气的作用。常常和"不过"、"只是"、"就是"等词配合使用。如:
(1) 我不过随便写了几句话~,哪里能算是诗?
(2) 对他来说,称心如意的生活就是在家做自己喜欢的事~。

9. 因 ❋❋

"因"和"因为"的意思相同,都表示原因或者理由,强调因果关系。但"因"多用于书面语,后边可接单音节名词,而"因为"很少可以这样用。如:
(1) 他昨天~公出差到北京去了。(因为×)
(2) 会议~故延期举行。(因为×)
(3) 王林~病请假,没能出席会议。(因为×)

10. 一度 ❋❋

副词,表示某种情况在过去某一个时期发生过。一般用在书面语中,有时和"曾"、"曾经"配合着用。如:
(1) 那个大教室~被废弃的书桌占据着。
(2)《晚报》体育版上~天天出现他的名字。
(3) 我们曾经~在北京共事,前后大约有三年时间。

11. 老有所为 ❋❋

虽然年纪大,但仍然能做出成绩。如:
(1) 为了使退休的老专家~,科技工作者协会组织了六十岁以上的老教授到农村开展科技活动,充分利用他们的知识、技术,为农民解决实际困难。
(2) 我们真诚祝愿老教师们身体健康,老有所乐,~。

12. 好在—幸亏—多亏 ❋❋

这三个词都可以用来表示由于别人的帮助而避免了不好的结果,在这种情况下是副词,三个词可以互换。如:
(1) 好在你提醒了我,不然我就忘了今天要考试了。(幸亏√多亏√)

但是它们还是有不同之处:
"好在"和"幸亏"带有一种觉得很幸运的意思,常常表示因为某种偶然的客观原因而避免了不好的结果,这时不能换成"多亏",如:
(2) 他昨天被裁纸刀弄伤了,好在那把裁纸刀不太锋利,伤得不厉害。(幸亏√多亏×)
"多亏"带有感激的意思,可以用于说明出现某种好的局面或结果是因为别人的主动帮助,这时是动词,不能换成"好在"或"幸亏"。如:

(3) 这次多亏了你,不然我就麻烦了。(好在×幸亏√)

"好在"可以表示具有某种有利的条件或情况,并没有强调幸运的意思,这种情况下,一般不用"幸亏"、"多亏"。如:

(4) 我有空儿再来,好在离这儿不远。(幸亏×多亏×)

13. 从未 ✿✿

副词,意思是"从来没有",常用于书面语。如:

(1) 纵然工作困难重重,他也~向领导诉过苦。
(2) 报社的稿酬虽然很低,可他~因此中断过投稿。

14. 有口无心 ✿✿

说话不加考虑,其实心里并没有一定的想法。如:

(1) 小王就是喜欢调侃别人,其实他说的很多话是~的。
(2) 陈明这人是个直肠子,请你原谅他~之失吧。

四 练 习

(一) 写出下列加点字的拼音,并解释其意义

1. (1)《围城》后来被拍成了电视连续剧,这部电视剧非常受观众欢迎,得到了许多好评。

(2) 杨绛曾称钱钟书为"书痴",其实夫妇两人都嗜好读书。

2. (1) 对他们来说,称心如意的生活就是简简单单地在家做自己喜欢的事情而已。

(2) 同学们都亲切地称他为"老班长"。

(3) 现在很多超市卖菜的柜台用的都是电子称。

3. (1) 我们好像是老红木家具一样,搬一搬架子就要散掉了。

(2) 开会、散会的时间都要告诉大家。

4. (1) 络绎不绝的来信,有相识的,也有从未见过面的人写的。
   _____

   (2) 他的长相很平常。
   _____

5. (1) 有一段时间,许多人以大谈中西文化比较为时髦,钱钟书最憎恶这种学术风气。
   _____

   (2) 我喝酒喝多了,胃很不舒服,一阵一阵地恶心。
   _____

   (3) 我只是开玩笑,并没有什么恶意。
   _____

(二) 写出下列词语的近义词并辨析这几组近义词的异同

   伉俪——   睿智——   谢绝——   如意——

   而已——   嗜好——   好在——   相识——

   憎恶——   众多——   赞叹——   一度——

(三) 用括号里的词语完成句子

1. 高老师听了非常惊奇,_____,但当面却没有给孩子过多的赞扬。(赞叹)

2. 作为老师,_____。(想方设法)

3. 为了帮助同学,_____。(心甘情愿)

4. _____,也不把劣质商品卖给顾客。(宁肯)

5. _____,也不愿意和邻居老李商量。(宁肯)

6. 他昨天被车撞了,_____。(好在)

7. 在决赛中,_____,经过努力拼搏才取得胜利。(一度)

8. _____,经过抢救才脱离了危险。(一度)

9. _____,将来也不会参加这种比赛。(从未)

10. _____,但他还是不改。(三番五次)

11. ＿＿＿＿＿＿＿＿＿＿＿＿＿＿＿＿，所以我不会责怪他。(有口无心)

12. ＿＿＿＿＿＿＿＿＿＿＿＿＿＿＿＿，演出必须推迟一天。(因)

(四) 选择合适的词语填空

因 好在 一度 赞叹 支票 好评 一律 起草 而已 客套 心甘情愿
纵然……也……   宁肯……也……

1. ＿＿＿＿＿＿有许多困难,我们＿＿＿＿＿＿一定要坚持下去,争取最好的成绩。

2. 我＿＿＿＿＿＿多花些钱买质量好的商品,＿＿＿＿＿＿不贪图便宜受骗、上当。

3. 工厂＿＿＿＿＿＿提前完成生产计划,受到上级表扬。

4. 那场大雪曾经＿＿＿＿＿＿给施工造成很大的困难。

5. 参观的人对这种精巧的工艺品＿＿＿＿＿＿不止。

6. 那本书我就是翻了一下＿＿＿＿＿＿,根本不可能记得住那么多细节。

7. 在这个国家,有的地方人们偶尔还会用＿＿＿＿＿＿进行交易,而不用现金。

8. 学校规定,所有教师、学生和其他工作人员在校内＿＿＿＿＿＿要戴身份牌。

9. 我正在＿＿＿＿＿＿一份文件,写完后请您帮我看看。

10. 她精彩的演出得到了众多观众的＿＿＿＿＿＿。

11. 我差点儿把这事儿忘了,＿＿＿＿＿＿小王及时提醒了我。

12. 只要能跟她在一起,哪怕喝西北风,我也＿＿＿＿＿＿。

13. 他们俩见面以后,没有任何＿＿＿＿＿＿,就像是亲兄弟一样。

(五) 根据下列格式写词语,并用这些词语造句

1. 不 A 不 B (例: 不明不白)

不＿不＿　　不＿不＿　　不＿不＿　　不＿不＿

2. 无 A 无 B (例: 无名无位)

无＿无＿　　无＿无＿　　无＿无＿　　无＿无＿

3. 一 A 一 B (例: 一横一竖)

一＿一＿　　一＿一＿　　一＿一＿　　一＿一＿

(六) 根据课文填出相应的动词,并用这些动词造句

1. 在生活中,纵然是一般人想方设法_____的许多东西,例如名声、地位、金钱等,他们也都看得很淡。
2. 他所在的中国社会科学院还准备为他开一个纪念会或学术讨论会,但钱钟书一律_____了。
3. 杨绛因翻译名著《唐·吉诃德》获西班牙政府_____的大奖。
4. 钱钟书家里是满室书香,他们的客厅与书房合二为一,主要空间都被书柜书桌_____着,两张式样很古老的单人沙发挤在一个角落里,用来接待客人。
5. 他们_____读书,新的、旧的、中文的、外文的,凡是到手的都要翻翻看看。
6. 这样说好像我在_____大男子主义。
7. 有一段时间,许多人以大谈中西文化比较为时髦,钱钟书最_____这种学术风气。
8. 在一旁的杨绛马上伶俐地从书桌的笔筒里_____出一把锋利的裁纸刀递到他手里,说:"没有手枪,用这个也行!"

(七) 联系课文,说说下列句子的含义

1. 假如你吃了鸡蛋觉得味道还不错,你又何必去认识下蛋的母鸡呢?
2. 不必花些不明不白的钱,找些不三不四的人,说些不痛不痒的话。
3. 对钱先生最好的纪念,就是专心研究他的"钱学"和尊重他简单宁静的生活。
4. 现在要是有人和我谈中西文化比较,如果我有手枪的话,我也一定要拔出来!

五  副课文

我们仨(节选)

杨 绛

自从搬到了三里河,我们好像经历一次长途之后终于有了一个家,终于可以安顿下来了。

我们俩每天静静地各自占据一张书桌,静静地读书工作。我们工作之余,就在附近各处"探险",或在院子里来回散步。阿媛回家,我们大家掏出一

把又一把的"石子"一边玩儿一边欣赏。每次总是阿媛的石子最多。

我们仨,却不止三人。每个人摇身一变,可以变成好几个人。例如我们女儿阿媛才五六岁的时候,我三姐就说:"你们一家呀,媛媛最大,钟书最小。"我的姐姐妹妹都认为三姐说得对。阿媛长大了,会照顾我,像姐姐;会陪我,像妹妹;会管我,像妈妈。阿媛常说:"我和爸爸最'哥们儿',我们是妈妈的两个孩子,爸爸还不配做我的哥哥,只配做弟弟。"我又变为最大的。钟书是我们的老师,我和阿媛都是好学生。虽然大家住在一起,我们如有问题,问一声就能解决,可是我们决不打扰他,我们都自己查字典,到无法自己解决才发问。他可高大了,但是他穿衣吃饭,都需我们母女把他当孩子般照顾,他又很弱小。

他们两个会联成一帮向我造反,例如我出国期间,他们连床都不铺,预知我将回来,赶忙整理。我回家后,阿媛轻声说:"狗窝真舒服。"有时他们说的淘气话,我一时拐不过弯,没听懂,他们就得意地说:"妈妈有点儿笨哦!"我的确是最笨的一个。我和女儿也会联成一帮,笑爸爸是色盲,只识得红、绿、黑、白四种颜色。其实钟书的审美感远比我强,但他不会正确地说出什么颜色。我们会取笑钟书的种种笨拙。也有时我们夫妇联成一帮,说女儿是学究、是笨蛋、是傻瓜。

我们对女儿,实在很佩服。我说:"她像谁呀?"钟书说:"爱教书,像爷爷;刚正,像外公。"她在大会上发言,敢说自己的话。钱媛曾是教材评审委员会的审稿者。1987年师大外语系与英国文化委员会合作建立中英英语教学项目,钱媛是这个项目的建立者,也是负责人。在一般学校里,外国专家往往是权威。一次师大英语系的英国专家对钱媛说,某门课他打算如此这般教,钱媛说不行,她指示该怎么教。那位专家不服。据阿媛形容:"他一双碧蓝的眼睛骨碌碌地看着我,像猫。"钱媛带他到图书室去,把他该参考的书一一拿给他看。在师大,外国专家的成绩也是钱媛评定的。

我们眼看着女儿在成长,有成就,心里得意。可是我们的女儿每天超负荷地工作——据学校的评价,她的工作量是百分之二百,我觉得还不止。她为了爱护学生,不断地加重负担。例如学生的毕业论文,她常常改了又叫学生重做。我常问她:"能偷点儿懒吗?能别这么认真吗?"她总摇头。我只能暗暗地在旁心疼。

钟书的小说改为电视剧,他一下子变成了名人。许多人慕名从远处来,要求一睹钱钟书的风采。他不愿做动物园里的怪兽,我只好守住门为他挡客。

他每天要收到许多不相识者的信。我曾请教一位大作家对读者来信是否回复。据说他每天收到大量的信,怎能一一回复呢?但钟书每天第一件事是写回信,他称"还债"。他下笔快,一会儿就把"债"还"清"。这是他对来信者一个礼貌性的答谢。但是债总还不清,今天还了,明天又欠。这些信也引起意外的麻烦。

他并不求名,却躲不了名人的烦恼。假如他没有名,我们该多么清静!

人世间不会有小说或童话故事那样的结局:"从此,他们永远快快活活地一起过日子。"

人间没有单纯的快乐。快乐总夹带着烦恼和忧虑。

(据杨绛《我们仨》)

 回答问题

1. 钱钟书一家三口的关系怎么样?从哪里可以看出来?
2. 媛媛是女儿,钱钟书是爸爸,为什么杨绛的三姐说"你们一家呀,媛媛最大,钟书最小"?
3. 钱钟书博学睿智,为什么妻子和女儿有了问题却不直接问他?
4. 为什么钱钟书夫妇很佩服自己的女儿?
5. 杨绛为什么希望女儿在工作上能偷点儿懒?
6. "他不愿做动物园里的怪兽"这句话怎么理解?
7. 从文中可以看出钱钟书夫妇喜欢什么样的生活?

第二课　袋鼠做妈妈

一　生词语

1. 袋鼠	dàishǔ	（名）	大洋洲的一种哺乳动物,吃青草、野菜,母袋鼠腹部有皮质的育儿袋。
2. 国徽	guóhuī	（名）	由国家正式规定的代表本国的标志。
3. 野生	yěshēng	（形）	生物在自然环境里生长,而不是由人饲养或栽培:~动物|这种植物是~的。
4. 急剧 ≈急速	jíjù	（形）	急速;迅速而剧烈:气温~下降。
5. 灭绝 ≈灭亡	mièjué	（动）	完全消失:恐龙在远古时代就已经~了。 ＞斩尽杀绝　绝种　绝育 绝—艳—绍
6. 及早 ≈及时	jízǎo	（副）	趁早:生了病要~治疗。 及—乃
7. 日见	rìjiàn	（副）	一天一天地显示:~好转。
8. 好转 （转动）	hǎozhuǎn zhuàn	（动）	向好的方面转变:病情~|局势~。
9. 逐年	zhúnián	（副）	一年一年地:产量~增长。 ＞逐步　逐日　逐个
10. 可观	kěguān	（形）	指达到比较高的程度:规模~|三万元这个数目已经很~了。 观—现
11. 生态平衡	shēngtài pínghéng		在由多种生物构成的一个生态系统里,通过各种生物相互制约而达到的相对稳定的状态,如:食草动物吃青草,食肉动物吃食草动物。如果滥杀食肉动物,食草动物的数量就会猛增,草场就会因此遭到毁灭性破坏,最后,这个生态系统就失去了平衡。

16

12. 绵羊	miányáng	（名）	羊的一种,毛白色,长而卷曲,是纺织品重要原料,皮可制革。
13. 牧场	mùchǎng	（名）	放牧牲畜的草地。
14. 蔓延	mànyán	（动）	形容像容易生长的草一样不断向四周扩展：火势~。
			延—廷
15. 祸害	huòhai	（名）	祸事；引起灾难的人或事物。
			＞祸事 灾祸 车祸 祸根 祸不单行
			祸—锅—蜗
16. 嚼 （咀嚼）	jiáo jué	（动）	用上下牙齿磨碎食物：细~慢咽|咬文~字。
17. 剧增 ≈激增 猛增	jùzēng	（动）	大幅度地增加：因为天气突然变化,感冒病人~。
			＞剧烈 剧变 剧痛 加剧
18. 粗粮 ←→细粮	cūliáng	（名）	一般指大米、白面以外的食粮,如玉米、高粱、豆类等。
19. 讲究	jiǎngjiu	（名）	经常与"有"搭配,指值得注意与推敲的内容：翻译的技巧大有~。
20. 连连 ≈一连 连	liánlián	（副）	连续不断：~称赞|爷爷~点头。
21. 会诊 （会计）	huìzhěn kuài	（动）	几个医生共同诊断疑难病症。
22. 尸体 ≈尸首	shītǐ	（名）	人或动物死后的身体。
			＞尸骨 尸身 尸检
23. 连同	liántóng	（连）	连；和：货物~清单一起送去。|今年~去年下半年,他家共养猪一百五十多头。
24. 饲料	sìliào	（名）	喂家畜或家禽的食物。
25. 钙	gài	（名）	金属元素,元素符号 Ca,是人体必需的元素之一。
26. 康复	kāngfù	（动）	恢复健康：病体~|祝你早日~。
			＞健康 安康 复原 复婚 复活
27. 四肢	sìzhī	（名）	指人体的两上肢和两下肢,也指某些动物的四条腿。
28. 健壮	jiànzhuàng	（形）	强健：身体~|牧草肥美,牛羊~。
			＞健康 健美 健身 壮实 壮年
29. 一跃而起	yíyuè'érqǐ		跃：跳。一下子跳了起来。
			＞跳跃 飞跃 跃进

30. 越过	yuèguò	（动）	经过中间的界限、障碍物等由一边到另一边：~高山｜~一片草地。
31. 河马	hémǎ	（名）	哺乳动物，身体肥大，头大，长方形，嘴宽而大，尾巴短，皮厚无毛，黑褐色。大部分时间生活在水中，头部露出水面。
32. 爪	zhǎo	（名）	鸟类和兽类的脚：前~｜后~。
（爪子）	zhuǎ		爪—瓜
33. 支	zhī	（动）	撑：~帐篷｜用手~着头。
			支—技—枝
34. 精心	jīngxīn	（形）	特别用心；细心，一般做状语：~制作｜~治疗｜~培育。
			精—情—清—晴
35. 照料	zhàoliào	（动）	关心料理：~病人。
≈照顾 照看			照—熙
36. 大吃大喝	dàchī-dàhē		吃非常多的食物，喝非常多的饮料。
37. 怀孕	huáiyùn	（动）	妇女或雌性哺乳动物子宫里有了胎儿。
≈怀胎			＞孕育 身孕 孕妇 避孕
38. 仔	zǎi	（名）	幼小的动物：猪~。
=崽			
（仔细）	zǐ		
39. 薄膜	báomó	（名）	很薄的皮。
（薄礼）	bó		
40. 蠕动	rúdòng	（动）	象蚯蚓爬行那样动：小肠是经常在~着的。
41. 舔	tiǎn	（动）	用舌头接触东西或取东西：~盘子｜猫~爪子。
42. 本能	běnnéng	（名）	人类和动物不学就会的本领。
43. 摸索	mōsuǒ	（动）	试探着：他们在暴风雨的黑夜里~着前进。｜盲人一般都必须~着前进。
44. 机灵	jīling	（形）	聪明伶俐；机智：这孩子非常~。
≈聪明			
=机伶			
45. 探头探脑	tàntóu-tànnǎo		不断伸出头看，多形容鬼鬼祟祟地暗中察看：他看见门外有个人在那儿~，东张西望。
46. 屎	shǐ	（名）	从肛门出来的排泄物：拉~。
47. 尿	niào	（名）	人或动物体内由肾脏产生、从尿道排泄出来的液体：撒~｜拉~｜尿~（用于小孩子）。

48.	扫除	sǎochú	(动)	清除脏脏的东西:大~	室内室外要经常~。 >扫地 扫墓 清扫
49.	合拢	hé lǒng		合到一起;闭合:~书本|心里焦急烦躁,直到半夜也合不拢眼。|他笑得合不拢嘴。
50.	容纳	róngnà	(动)	在固定的空间或范围内接受(人或事物):这个广场可以~十万人。	这间教室只能~五十人。 >容器 容积 容量
51.	顶点 ≈顶峰	dǐngdiǎn	(名)	最高点;极点:比赛的激烈程度达到了~。 >顶尖 山顶 头顶 屋顶 顶端
52.	子宫	zǐgōng	(名)	女子或雌性哺乳动物的生殖器官,形状像一个口袋,用来孕育胎儿。
53.	胚胎	pēitāi	(名)	在母体内初期发育的动物体。 >胎儿 怀胎 怪胎 死胎 胎教 胎生 堕胎 胎—抬
54.	奇妙	qímiào	(形)	稀奇巧妙(多用来形容令人感兴趣的新奇事物):构思~	~世界。 >奇遇 奇特 妙计 奥妙
55.	启示	qǐshì	(名)	通过启发提示领悟的道理:影片给了我们有益的~。 >启发 启蒙 启迪
56.	养育	yǎngyù	(动)	抚养和教育:~子女	~之恩。
57.	活力	huólì	(名)	旺盛的生命力:身上充满了青春的~。

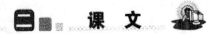

提示一 袋鼠是一种什么样的动物?有何特点?

  在动物园里,袋鼠是一种非常受欢迎的动物,常常吸引众多少年朋友。
  袋鼠是一种比较古老的动物种类,大袋鼠只有澳洲才有,被澳大利亚人民当做自己国家的象征,它的形象甚至出现在澳大利亚的国徽上。在欧洲人进入澳洲大陆之前,那里的大袋鼠处处可见。然而,到了半个世纪以前,澳大利亚野生大袋鼠的数量开始急剧减少,人们甚至担心这种珍贵动物会灭绝。

幸亏澳大利亚政府及早采取保护措施，情况日见好转，袋鼠的数量逐年回升。据估计，目前澳大利亚各类袋鼠一共有1200万只，这是个很可观的数字。为了保持生态平衡，政府允许每年杀死200万只袋鼠，这样可以使袋鼠的数量不至于增长得太快。

袋鼠生长在澳洲大陆，非常适应那里的各种自然条件。有些外来动物，如从欧洲引进的绵羊，虽然在澳洲也生活得很好，可在牧场上绵羊仍然竞争不过袋鼠。袋鼠更能适应澳洲的气候，抗病力也比绵羊强。绵羊只挑选可口的草来吃，剩下许多难以消化的带刺的草，这些刺草蔓延开来，成为牧场的祸害。而袋鼠却偏偏喜欢吃刺草，它们将刺草嚼细并消化掉，这样既保护了牧场，袋鼠的数量因而也剧增。据说要使绵羊的数量增加1倍的话，大袋鼠的数量就要增加3倍。这就是一种生态平衡。

在野外，袋鼠吃的东西较杂；到了动物园里，它们可以吃干草、胡萝卜、蔬菜、苹果、饼干和豆类等，种类多，营养也比较丰富。虽然袋鼠吃的是粗粮，但也很有讲究。美国的芝加哥动物园曾经发生过一件怪事：那里的52只大袋鼠突然之间连连生病，一年之内竟死了49只！他们赶紧请专家来会诊，动物学家把袋鼠的尸体连同袋鼠的饲料一起带回实验室，进行了仔细的对比分析，结果发现饲料中缺少袋鼠生活中必需的钙和一些矿物质。于是动物园在饲料中增加了一些含矿物质丰富的草和蔬菜以后，不到一个月，剩下的3只大袋鼠就康复了。

袋鼠的四肢中，前肢短小，可以抓握东西；后肢长而健壮，弹跳力特别强。被敌人追逐的时候，它们可以一下子跳出七八米远、两米来高。有一次，欧洲某动物园里的一只大袋鼠突然一跃而起，越过两米多高的围墙，跳到隔壁的河马池边。在惊慌之中，河马被它用前爪把一只鼻子抓伤了，吓得不知道怎么办好。

在野外，被敌人追赶的时候，大袋鼠有自己的反击办法，它们背靠大树，尾巴支地，用有力的后腿使劲儿地蹬踢跑过来的敌人。而动物园里的大袋鼠就显得温和老实，管理员精心地照料它们，有营养丰富的饲料和充足的净水供它们大吃大喝。天气暖和的时候，它们就在运动场的草地上活动；到了寒冷季节，它们就搬进温暖的室内生活。

第二课　袋鼠做妈妈

> **提示二**　袋鼠的育儿方式和过程是怎样的？有何特别之处？对人类有何启示？

袋鼠的生产方式非常有意思。母袋鼠怀孕40天左右，就可以产仔了。它的产仔方式比较特别：还没有发育完全的小袋鼠，是自己从母袋鼠的体内爬出来的。刚出生的小袋鼠，身长只有2厘米，体重不到1克，还没人的小手指粗。它双目紧闭，后肢被一层薄膜包裹着，浑身肉红色，像虫子似的蠕动着。母袋鼠用舌头从自己的尾巴根部向着育儿袋舔出一条潮湿的"小路"。小袋鼠凭着本能，用有力的前肢沿着母袋鼠舔出来的"小路"，左右摇晃着，艰难地爬进母亲的育儿袋里。一进育儿袋，它就开始摸索着找妈妈的奶头。育儿袋里共有4个奶头，小袋鼠从此就牢牢"挂"在其中一个奶头上，一挂就是好几个月。这段时间小袋鼠在妈妈的育儿袋里继续发育。过四五个月以后，直到小袋鼠长大了，这才放开奶头。

四个月的时候，小袋鼠所有的毛都长齐了，背上黑灰色，腹部浅灰色，显得挺漂亮。五个月的时候，机灵的小袋鼠常常从育儿袋里伸出头，探头探脑地观察周围的世界。多数时候，小袋鼠一探出身，就被母袋鼠按下头去，而调皮的小袋鼠常常又把腿伸出来，或者把小尾巴拖在外边。长大的小袋鼠开始在育儿袋里拉屎撒尿，育儿袋就需要经常扫除，母袋鼠用前肢把袋口撑开，用舌头仔仔细细地把袋里袋外舔个干净。

小袋鼠在育儿袋里长到七个月以后，开始跳出袋外来活动。但只要一受惊，它会很快钻回到育儿袋里去。这时候的育儿袋也变得很有弹性，能拉开能合拢，小袋鼠出出进进很方便。最后，当育儿袋里再也容纳不下时，小袋鼠只好搬到袋外来住，只是还经常把头钻到育儿袋里去吃奶。从这时候开始，它就要学习独立生活了。

经过三四年，袋鼠才能发育完全，成为身高1.6米、体重100多公斤的大袋鼠。这时，它的体力发展会到达顶点，每小时能跳走65公里路，尾巴一扫，就可以致人于死地。

而母袋鼠呢，由于长着两个子宫，往往左边子宫里的小仔才刚刚出生，右边子宫就又怀孕了。但是，直到育儿袋里的小袋鼠长大并完全离开育儿袋后，这个胚胎才开始发育。等到40天左右，再以同样的方式生下来。这样左右子宫轮流怀孕，如果外界条件合适的话，袋鼠妈妈就得一直忙着带孩子。

有趣的是，袋鼠妈妈这一套奇妙的育儿方法还引起了医学家的兴趣。1984年，两位美国医生从袋鼠的育儿方法中得到启示，发明了一种养育人类

21

早产儿的新方法。早产的幼儿缺乏活力,过去都是放在医院的暖箱里养育的。产妇出院以后,家里没有暖箱,早产儿很容易死亡。这两位医生模仿袋鼠育儿的方法,在产妇的胸前挂一个人工制造的育儿袋,把婴儿放进去。这样,婴儿既能保持温暖,又能及时吃到妈妈的奶。而且,婴儿贴着妈妈的身体,听着妈妈的心跳,可以大大增加存活的机会。

瞧,袋鼠居然还启发人们创造了哺养早产儿的新方法呢。

(据陈昌来编《走进无人区》,本文作者陈兰)

注 释

1. 及早

副词,用在动词或动词短语前,意思大致相当于"趁早"、"及时",指及时采取某种措施,避免出现不好的后果。如:

(1) 环境污染问题要~治理,以免破坏生态平衡,导致某些野生动物灭绝。
(2) 幸亏他~发现并隔离了这些带菌者,病毒才没有蔓延开来。

2. 日见—日渐

日见:副词,一天一天地显示出来。如:

(1) 他的病最近几天~好转,昨天终于康复出院了。
(2) 严重的疾病使老张原本健壮的身体~衰弱起来。

日渐:副词,一天一天慢慢地。如:

(3) 不管环境多么艰难,这个贫困地区还是~发展起来。
(4) 在老师和同学的关心帮助下,她~长大。

3. ~力

表示"……的能力"、"……的力量"。如:生命~、战斗~、购买~、承受~、理解~、说服~、抗病~、弹跳~、抵抗~。

4. 连连—连——连

都是副词,在句中充当状语,修饰谓语,都可以表示动作行为的接连发生、连续不断。它们的区别在于:

首先,"连连"可以修饰光杆动词或不含数量词语的动宾词组,"连"、"一连"一般不行。如:

(1) 看到刘翔顺利越过障碍,教练兴奋得连连点头。(连×一连×)
(2) 敌人连连后退。(连×一连×)
其次,"连连"修饰的动词之后不能有表示时量的数量词组,带其他数量词语时只能是不确定的量。"连"和"一连"修饰的动词后一般都有数量词语。如:
(3) 为了照料生病的丈夫,她一连熬了三个通宵。(连√连连×)
(4) 老李吓得一连退了三步。(连√连连×)
(5) 他怒气上来,不由得连打了儿子几巴掌。(一连√连连√)
"连"和"一连"还可以表示某种动作行为或情况一直持续,"连连"则不行。如:
(6) 从今天开始连放三天假。(一连√连连×)

5. ……连同…… ✿
连词,意思是"和……一起"。
(1) 他把苹果~装苹果的筐子一起带回了家。
(2) 这家医院里最有经验的老医生,~从北京赶来的专家,一起对这起罕见的病例进行了会诊。

6. 一……而…… ✿
这是一个固定格式,分别用在两个动词前面,表示前一个动作很快产生了结果。如:一跃而起、一哄而散、一怒而去、一望而知、一扫而光。
(1) 昨天夫妻俩吵了一架,妻子因此一怒而去,直到今天仍未回家。
(2) 饿了几天几夜的小明,不到十分钟就把桌上的饭菜一扫而光了。
(3) 他们穿着朴素,一望而知属于那种生活不太富裕的阶层。
(4) 会议进入分组讨论时,记者们在各自拿到了会议材料就一哄而散了。

7. ……被……把…… ✿
这是"被"字句的一种特殊形式,"把"字后的名词一般是属于主语的,少数是复指主语。
(1) 这头牛被绳子把四肢捆住了,只好躺在地上哞哞(mōu)叫。
(2) 这头野狼在乡里祸害很久,最后终于被村民把它赶跑了。
(3) 同伴们在森林里见到她,她说自己差点儿被野兽的叫声把胆吓破了。

8. 照料—照顾—照看 ✿
都有关心料理的意思。如:
(1) 他必须尽快赶到医院照顾他生病的父亲。(照看√照料√)
但"照顾"除了有照料的意思外,还有三个意思是"照料"、"照看"没有的。
考虑,注意。如:
(2) 在追求经济效益的同时,我们还必须~到弱者的需要。(照看×照料×)
(3) 我们不应只顾个人利益,要注意~全局。(照看×照料×)
商店或服务行业等把顾客前来购买东西或要求服务叫照顾。如:
(4) 街角的小理发店是老张开的,街坊邻居常来这里照顾它的生意。(照看×照料×)
特别注意,加以优待。如:

(5) 根据我国招生录取政策,少数民族考生可以得到适当的照顾。(照看×照料×)

9. 大……大……

分别用在单音名词、动词或形容词前面,表示规模大、程度深。如:大吃大喝、大手大脚、大鱼大肉、大吵大闹、大喊大叫、大摇大摆、大红大绿。

(1) 小偷竟然大摇大摆地走进小区里偷走了三家人的财物。
(2) 马红喜欢穿大红大绿的服装,很远就能认出她来。
(3) 他考试作弊被老师发现了,就在这里大吵大闹,简直就是无理取闹。
(4) 陈民出生在一个条件十分优越的家庭,从小就养成花钱大手大脚的习惯。

10. ……,这才……

顺承复句,意思是"这时候才……",表示一件事情在其他所有的条件具备之后才发生。如:

(1) 经过医生的耐心解释,孩子们~了解人类怀孕生产、养育后代的奇妙过程。
(2) 直到听到汽车远去的声音,盲孩子~爬起身,慢慢摸索着继续向前走。
(3) 野生动物大面积死亡,生态平衡遭到破坏,人们~感觉到问题的严重性。

11. 致人于死地

致:使。意思是"使人处于某种可能失去生命的危险境地",用来比喻采用的手段很极端,可以致命。如:

(1) 美国研究人员发现,某些变种的感冒病菌可以~。
(2) 警察在尸体的血液中发现了可以~的毒素。

12. 养育—培育—抚养

相同点:都是指照顾幼小的生命。区别点:"养育"是指抚养和教育下一代,主要是动物;"培育"指培养幼小的生物,使它发育成长,包括动植物;"抚养"指爱抚教养下一代,用于人类。其中,"养育"、"抚养"主要侧重于提供物质上的条件,使幼小生命得以存活,而"培育"则指提供更进一步的照顾,使之成材。如:

(1) 父母养育了我们,所以我们长大以后要懂得回报父母。(培育√抚养√)
(2) 彼得花了不少精力培育花苗,不久田地里开满了美丽娇艳的各色鲜花。(养育×抚养×)
(3) 在父母的精心培育下,他很年轻的时候就成了有名的钢琴家。(养育×抚养×)
(4) 既然你选择了生孩子,你就应该承担起抚养他长大的义务。(养育√培育×)

第二课　袋鼠做妈妈

四、练习

(一) 选择合适的词语填空

急剧　蔓延　讲究　康复　蠕动　机灵　顶点　启示　活力

1. 在医院的隔离病房中,尽职尽责的护士正在精心照料_____中的非典病人。

2. 失败_____我们;成功不是举手之劳。多次的失败会让我们摸索出成功的道路。

3. 当他打开这个废弃的房间时,发现房里充满着难闻的霉味,地板上还有些白色的虫子在_____。

4. 如果全球石油产量真的很快就要到达_____,也就是说,需求继续剧增,但石油产量却逐年减少,那时会怎样呢?

5. 由于地球上的燃烧物增多,二氧化碳的排放量_____增加,使得地球生态环境越来越坏。

6. 快乐,它来自生命本身的_____,来自宇宙、地球和人间的吸引,是奇妙的世界在人类身上的反映。

7. 艾滋病威胁着青年的健康,并且正在向其他年龄段的人群_____。

8. 我国的古典建筑,结构基本上是对称的,左边怎么样,右边就怎么样。但苏州园林却丝毫也不_____对称,反而好像故意避免似的。

9. 当司机发现有人在前面树后探头探脑时,马上_____地掉转车头开走了。

10. 日本山口县某养鸡场发生传染病之后,有关部门立即采取紧急措施,以控制传染病_____。

(二) 改错

1. 上个月,他连连病了五天。

2. 那个人连向我点头。

3. 他一连说错了成语,觉得很不好意思。

4. 在发展经济的同时,我们要照看生态平衡问题。

5. 自从他失业开了这间小店后,很多朋友都来照料他的生意。

6. 听说在他家的花园里,养育了很多名贵的兰花品种。

7. 她很喜欢抚养小动物。

8. 张文日见擅长打球。

9. 老师被学生把作业做完了。

10. 确信没有任何危险后,这才小袋鼠探出头来。

(三) 请在空白处填上适当的词

1. 工作终于完成后,我_____(连连、一连)睡了二十个小时,真舒服啊。

2. 在昏暗的夜色中,蒙面抢劫的歹徒朝他_____(连连、连)砍了三刀。

3. 最近这段时间,他的实验_____失败(一连、连连、连)。

4. 小王没有跟同学们一起去春游,因为他要在家里_____(照顾、照应)弟弟。

5. 在科学上有杰出贡献的科学家,应该享受政府的特殊_____(照顾、照看)。

6. 黄河_____(养育、抚养、培育)了中华儿女。

7. 这些年来,张教练为国家_____(养育、抚养、培育)了许多世界冠军。

8. 这些年来,不同地区、不同阶层之间的贫富差距在_____(日见、日渐)扩大。

9. 在父母生活十分艰难的情况下,他也还是_____的,每天都_____。(大手大脚、大摇大摆、大鱼大肉、大吵大闹)

10. 看见警察来了,围观的人群马上_____(一扫而光、一哄而散)。

(四) 选择合适的词语完成句子(每个词语限用一次)

一跃而起 大吃大喝 探头探脑 致人于死地 连同 ……被……把…… 这才

1. 地球生态环境急剧恶化,很多野生动物面临灭绝,一些可以_____的病毒却开始大肆蔓延。

2. 在路边的 ATM 上取款时,有时让人感到很不安全,因为似乎总有人在你周围_____。

3. 据报道,为了配合政府的行动,美国移民局将在短时间内停止接受签证申请,已收到的申请将_____费用一并退还。

4. 前些年,政府机关人员利用公款_____现象非常严重。

第二课　袋鼠做妈妈

5. 直等到老师离开教室，小张_____敢抬起头来。

6. 一不小心，他_____一阵大风_____帽子吹跑了。

7. 昨天的羽毛球比赛中，在战胜对手的那一刻，林丹兴奋地_____。

（五）解释下列带点的字在词语中的意思

1. 逐年：_____　　2. 逐渐：_____

3. 蔓延：_____　　4. 延期：_____

5. 剧增：_____　　6. 京剧：_____

7. 剧痛：_____　　8. 会诊：_____

9. 会议：_____　　10. 体会：_____

11. 会客：_____　　12. 一跃而起：_____

13. 探头探脑：_____

（六）根据意思用指定的词语改写句子

1. 阿诺德不仅带回了一些做样品的西红柿，还把那个卖西红柿的农民也带来了。
   （……连同……）

2. 多年的操劳之后，妈妈的身体一天一天地显示出衰弱的迹象。（日见）

3. 他仔细地检查自己的设计，又与工人们反复讨论了很多次，最后才决定开始施工。
   （……这才……）

4. 雪不断地下，堆积起来，积雪把一些树木的枯枝都压断了。（……被……把……）

5. 昨天晚上十一点，这家工厂突然着火，火苗迅速地向四周的民居扩散开去。（蔓延）

6. 最近，他家发生了一件又一件不幸的事情。（连连）

7. 玛丽在穿衣服方面很花心思，每次出门前总要精心打扮。（讲究）

8. 今天是星期天，小明在家里把自己的房间从头到尾仔细打扫了一遍。（扫除）

9. 他想出了很多又奇怪又巧妙的好主意。（奇妙）

10. 这个体育馆的看台能够坐得下十万人。（容纳）

（七）根据课文的内容判断正误

1. （　）袋鼠是澳大利亚的象征,在该国的国徽上都有它的形象。
2. （　）是欧洲人把袋鼠带到澳洲大陆去的。
3. （　）袋鼠是澳大利亚的珍贵动物,目前面临灭绝。
4. （　）袋鼠比绵羊更能适应澳洲的气候,所以数量增长得比绵羊快。
5. （　）袋鼠的前肢可以抓握东西,后肢弹跳力很强,可以一下跳出七八米高。
6. （　）袋鼠怀孕40天左右就可以产仔,一次可以生好几只小袋鼠。
7. （　）小袋鼠的毛以灰色为主,四个月左右就可以全部长齐。
8. （　）小袋鼠七个月左右就可以搬到育儿袋外面,开始独立生活。
9. （　）成熟的大袋鼠体重可以达到一百多斤,身高达到1.6米。
10. （　）医学家从袋鼠那里得到启示,发明了养育人类早产儿的新方法。

（八）按照袋鼠成长的顺序用A、B、C、D、E、F、G给下面的句子排序

1. （　）袋鼠搬出育儿袋,开始练习独立生活。
2. （　）小袋鼠沿着母亲舔出的"小路"爬进育儿袋,挂在母亲的奶头上。
3. （　）母袋鼠开始养育另一个小袋鼠。
4. （　）小袋鼠开始跳出育儿袋来活动,一受惊就赶快回到母亲的保护之中。
5. （　）母袋鼠怀孕40天,产下身长只有2厘米,体重不到1克的小仔。
6. （　）袋鼠发育完全,体力发展到达顶点,甚至可以致人于死地。
7. （　）小袋鼠机灵地从育儿袋里探出头来,好奇地打量周围的世界。

五 副课文

奇异的澳大利亚

　　对我们这些来自北半球的中国人来说,南半球的澳大利亚确实很特别。首先,澳大利亚北热南冷,跟中国北冷南热正好相反;其次,细心观察,您会发现洗澡池排水时,水流转动的方向也跟中国不同,在中国是顺时针转动,而在澳大利亚却是逆时针转动;另外,中国过年的时候非常冷,澳大利亚圣诞节时却特别热,此时听着《白色圣诞》(*White Christmas*)那支乐曲,看着圣诞老人的打扮就会觉得有点儿好笑。

　　澳洲,是世界上最小的大陆,又是世界上最大的岛屿。澳大利亚的土地很大,大得人们不把大洋中的这块陆地叫岛,而叫洲,所以澳大利亚又叫澳洲。因为大,所以澳洲大陆南北的气候有差异,冬天的时候,南部的维多利亚

可以飘雪,而北部则如同夏天。

　　澳洲虽大,但人口不多,全国人口还比不上中国的北京、上海两市之和。上万人的镇在中国可能连个县都算不上,而在澳洲就是个不小的城市了。有三五户人家的小聚集地就可以在澳洲地图上找到名字。澳洲人口虽少,可牛羊挺多。澳洲羊比人多,是一个名副其实的"骑在羊背上的国家"。

　　澳洲大陆从南极洲向北漂移出来以后,一直是一块独立的大陆。海洋把它同其他大陆分开,所以澳洲大陆的动物同其他陆地的动物交往不多,于是就有了现在这些很有特色的动物。在澳洲,可以看到各种珍贵而稀有的动物,如澳洲独有的鸭嘴兽、温顺的袋鼠、美丽的黑天鹅、可爱的企鹅……你可以感受到澳洲的古老生命的色彩。

　　澳洲的鸟类也很有特色,使人入迷。在这里可以看到非常具有澳洲特色的巨大的食火鸟和小企鹅、驼鸟,还可以看到色彩艳丽的各种鹦鹉。在别的大陆上,鸟儿往往会因美丽的羽毛而招来杀身之祸。而在澳洲,鸟儿的天敌很少,它们可以放心地展示美丽的羽毛,所以这里的鸟儿,羽毛的颜色比其他洲的鸟儿更漂亮。

　　澳洲没有虎狼等凶猛的野兽,所以,像袋鼠这样的动物只要跳几下就能从敌人面前逃开,而其他洲的很多动物,生下来就要学会奔跑,以免成为猛兽的口中之物。缺少天敌,使澳洲动物的生存能力大大地降低。当欧洲人来澳洲之后,为了让澳洲更像他们的家乡——欧洲,于是引进了许多欧洲大陆的动物。这些动物本来就在危险的环境中经历过生存竞争的考验,澳洲土生土长的动物简直就不是它们的对手,它们在新的环境中迅速蔓延成患。在澳洲,狡猾的狐狸和野狗野猫都能够称王。为了控制野狗,澳洲由东到西兴建了长长的拦网,如同中国的长城。就连在其他大陆上处于劣势的兔子,也能够在澳洲迅速地蔓延成患,澳洲政府不得不花大量的钱来设法控制它们。前几年,他们从中国引进一种病毒,兔子们染上了就会死亡。释放了这些病毒之后,兔子数量得到了一些控制,但似乎并没有面临灭绝,说不定哪一天又会蔓延成灾。

　　更麻烦的是,那些在其他大陆上人类也拿它们没办法的动物,像老鼠,由于天敌少、食物充足,他们适应了澳洲这里的气候,更是把这里当成了天堂,大量蔓延。曾经从电视上看到一些可怕的镜头,那是夜间拍摄的昆士兰州的一家养猪场里发生的鼠患。灯光下,可以看见饲料仓、地面甚至猪身上,到处都爬满了一层老鼠,场面非常可怕。最后农场主没办法了,只好用火将整个养猪场烧掉。

澳洲的早期移民所犯的错误给澳洲原有的生物带来了很大的灾害,也给后来的人造成了很大损失,但从另一个角度来说,这些生存能力极强的外来动物的蔓延,进一步证明了达尔文的"适者生存"观点的正确性。

(据http://www.ezboard.com 刘景源《漫话澳大利亚》)

 回答问题

1. 处于南半球的澳大利亚与中国有哪些不一样的地方?
2. 人们为什么把澳大利亚叫做澳洲?
3. 澳洲的城市跟中国在人口方面有什么不一样?
4. 澳洲有哪些独具特色的动物?
5. 为什么从欧洲引进的动物会在澳洲蔓延成患?
6. 澳洲政府为什么要花大量的钱来控制兔子?如何控制?
7. 你怎样理解达尔文的"适者生存"的观点?请举一两例来说明。

第三课　让赞扬恰到好处

一、生词语

1. 恰到好处　qiàdàohǎochù　　　指言论、行动正好说到或做到适当的地步：他说得不多，~。
   ≈恰如其分
2. 眉开眼笑　méikāi-yǎnxiào　　　形容高兴愉快的样子：一说到孩子的事，妈妈就~。
3. 顺从　shùncóng　（动）　依照别人的意思，不违背，不反抗：你要是不~他们，他们就可能动武了。
   〉依从　服从　听从
4. 意图　yìtú　（名）　希望达到某种目的的打算：主观~|他的~很明显，就是想要那本书。
   ≈企图
5. 并非　bìngfēi　（副）　并不是，用来否定别人的话语或一般人的看法。
6. 虚伪　xūwěi　（形）　不真实，不实在，做假：~的面目|这个人太~了。
   ⟷真诚
   ≈虚假
   〉伪劣　伪善　伪造　伪装　伪君子　伪钞
7. 奉承　fèngcheng　（动）　用好听的话恭维人，向人讨好：~话|他性格耿直，向来不会~人。
   ≈恭维　讨好　吹捧
8. 善意　shànyì　（名）　善良的心意；好的心意：~的批评。
   ⟷恶意
   ≈善心
9. 分辨　fēnbiàn　（动）　区分，辨别：~黑白|~方向。
   ≈分别　　　　　　〉辨别　辨明
   (分外)　fèn　　　　辨—辩
10. 不良　bùliáng　（形）　不好；不善：~嗜好|~现象|消化~|存心~。
    ⟷良好　善良
11. 恭维　gōngwéi　（动）　为了讨好而赞扬别人。也做"恭惟"。
    ≈奉承　讨好　吹捧　　惟—唯—准—佳

12. 吹捧	chuīpěng	(动)	吹嘘;捧场:互相~。
≈讨好 奉承			>吹牛
			奉—捧—缝—蜂—峰—锋—俸—烽

13. 献媚	xiànmèi	(动)	为了达到个人目的而做出讨人欢心的姿态或举动:在上司面前~	向主子~。
≈讨好 奉承 献殷勤			>媚态 媚眼 媚骨
			媚—楣

| 14. 消极 | xiāojí | (形) | 反面的;否定的;阻碍发展的(多用于抽象事物):~因素|~影响。 |
| ⟷积极 | | | 销—销 |

| 15. 讨好 | tǎohǎo | | 为取得对方的欢心和称赞而迎合(对方):~领导|你用不着~他。 |
| ≈奉承 | | | |

| 16. 用意 | yòngyì | (名) | 居心;企图;打算:你到底是什么~?|我说这话的~,只是想劝告他一下。 |
| ≈意图 企图 居心 用心 | | | |

17. 权威	quánwēi	(名)	在某种范围里有威望、有地位的人或事物:学术~	他是医学~。	这部著作是历史学界的~。
			>威望 威信 威力 威名
			咸—成

| 18. 融入 | róngrù | (动) | 融合进去(常指社会、思想、文化、风俗、风格等方面):~社会|~西方文化。 |
| ≈融合 | | | >融洽 交融 融会 |

19. 穿着	chuānzhuó	(名)	衣着;装束:~朴素	~入时	讲究~。
≈穿戴 衣着			
(着急)	zháo		
(顺着)	zhe		

20. 得体	détǐ	(形)	(言语、行为等)得当;恰当:他的话说得很~。	在大会上当着大家的面发脾气,这样很不~。
≈得当 恰当 合适			
(非得)	děi		体—休—侏

21. 一技之长	yíjìzhīcháng		在某方面的技艺特长。
(校长)	zhǎng		>技术 技能
			枝—肢

22. 失信	shīxìn	(动)	答应别人的事没做,失去信用:~于人	他果然没~,够朋友。
⟷守信			
≈食言 言而无信 背信			夭—夫

第三课　让赞扬恰到好处

23. 烹饪 ≈烹调	pēngrèn	（名）	做饭做菜：~法|她擅长~。 任—妊
24. 尴尬 ≈难堪	gāngà	（形）	（神色、态度）不自然：表情~|她很~,说不出话来。
25. 恼 ≈恼火 恼怒 气恼	nǎo	（动）	生气：把他惹~了。|你别~我。 恼—脑
26. 相符 （长相）	xiāngfú xiàng	（动）	彼此一致。 >相当 相等 相似 付—府—咐
27. 糊 ≈焦	hú	（动）	食品或衣物被烧后变焦发黑。又做"煳"：饭~了。|衣服烤~了。 湖—蝴—煳
28. 策略	cèlüè	（名）	为达到某一目的而采取的行动步骤或计划。
29. 赞同 ←→反对 ≈赞成	zàntóng	（动）	赞成；同意。
30. 急于	jíyú	（副）	想要马上实现：~求成|他~回家,准备今天晚上就离开广州。|没有想好就不要~表态。
31. 附和 （暖和） （和面）	fùhè huo huó	（动）	（语言、行动）追随别人（多含贬义）：随声~。 >附议 依附 付—俯—府—咐
32. 才智	cáizhì	（名）	才能与智慧：充分发挥每个人的聪明~。
33. 他人 ←→自己 ≈别人 人家	tārén	（代）	书面语,别人（区别于"自己"）：为~所杀。 >他日 他乡 他杀
34. 举止	jǔzhǐ	（名）	指姿态和风度；举动：~大方|言谈~。
35. 高明	gāomíng	（形）	见解、技能等高超：~的见解|手法并不~。
36. 处事 （处长）	chǔshì chù	（动）	处理事务：他~严肃,态度却十分和蔼。
37. 为人 （为了）	wéirén wèi	（名）	做人处世的态度：~正派|我很佩服吴老师的学问和~。
38. 分量	fènliàng	（名）	重量；也比喻语言的深度或事情的重大：他这番话说得很有~。
39. 不卑不亢	bùbēi-búkàng		既不高傲,也不自卑。形容待人接物恰当、有分寸。 >自卑 卑职

40. 雪中送炭	xuězhōngsòngtàn			下雪天送给别人炭火。比喻在别人急需的时刻,给予物质上或精神上的帮助:这些捐款真是~,父女俩终于得救了。
41. 颇	pō		(副)	很;相当地。
42. 自负	zìfù		(形)	认为自己了不起:他很~。|不要太~了。
←→自卑				
≈自大 骄傲				
43. 不时	bùshí		(副)	时时;经常不断地。
44. 岂不	qǐbù		(副)	用于加强反问语气,表示肯定。
45. 本着	běnzhe		(介)	表示遵循某种原则。
46. 迷惑	míhuò		(动)	辨不清是非或使人辨不清是非:你别想~我。
				>迷路 迷糊 迷失 迷宫
47. 抬举	táiju		(动)	看重某人而加以称赞或提拔:不识~|你也太~他了。
48. 真心	zhēnxīn		(名)	纯真善良的心意:~实意|说~话。
←→假意				
49. 至多	zhìduō		(副)	表示最大限度、最大的可能:这个会~开五天。
50. 也罢	yěbà		(助)	连用两个(或更多),表示在任何情况下都如此。
51. 情感	qínggǎn		(名)	人们对外界刺激所产生的心理反应,如喜、怒、哀、乐、爱、恶、欲等。

二、课文

> 提示一 什么是赞扬?赞扬与恭维、吹捧、奉承、献媚、讨好这些词的意思有什么相同和不同的地方?赞扬的度容易把握吗?

赞扬是一种称赞和表扬别人的行为,但在实际交际过程中,赞扬的度往往很难把握,一个小小的偏差就可能带来完全不一样的效果。

你肯定认识一些这样的人,他们常常称赞别人,看到人随时都会眉开眼笑,并且总是顺从别人的意图。这些人是友好热情的人吗?可能是的,尽管他们心里想的和嘴上说的并非完全一样。他们是实在的人吗?这也是可能的。但他们也可能是虚伪的奉承者。善意的客套话与虚伪的奉承话有时是很难分辨的。

第三课　让赞扬恰到好处

让我们看看生活中的几个例子吧。当你看到一个刚出生的孩子时，即使这孩子长得非常丑，你也肯定会对其父母热情地称赞孩子是多么可爱和漂亮，使刚刚当上爸爸妈妈的人更加开心快乐。在这种情况下，人们一般不会觉得你的话是虚伪的奉承，而认为这是一种必要的礼貌。可是，对一位穿上新衣服后把自己身材的缺点完全暴露出来的女同事，如果你称赞她穿上新衣服更加漂亮，别人可能就会觉得你完全是虚伪的奉承，心里有着不良的动机了。

"恭维"、"吹捧"、"奉承"、"献媚"这些词都是词典里与"赞扬"的意义类似的词，但它们的感情色彩都是贬义的，而且越来越消极，它们都有一个共同的基本意义：想讨好别人。而赞扬的用意仅仅是称赞别人，让与他交往的人感到轻松愉快。所以，赞扬与恭维、吹捧、奉承、献媚等词有很大区别，后者说别人好话是想达到某种目的、得到某种好处的。

怎样才能使赞扬恰到好处，不会被人看成是献媚呢？那就试试下面的方法吧，这些方法都是一些权威的专家给我们提供的。在某种意义上，这确实是一种能让人迅速融入社会、同时也能为对方所接受的方法。

> **提示二** 人们常用什么方法赞扬别人呢？赞扬别人时应该注意什么？怎样的策略更高明？真正有效的方法还包括什么？

直接说："您真是美极了！"/"你可真是个一流的厨师啊！"这是人们赞扬别人时常说的话。但你要注意避免对同一个人重复同样的话，因为总是不断地夸对方穿着得体或者有突出的一技之长，很有可能让自己失信于人。同时，不要给太多的人重复同样的话，如果这些人互相认识，情况会更糟糕。要避免使用那些过分夸大对方的话，比如："你真是一个烹饪天才！"/"你穿上这身衣服真是比模特还模特啊！"这样说可能会让对方尴尬，最终的结果很有可能惹恼对方，使对方觉得你是在讽刺他而不是在称赞他。千万不能说类似"你比我想象的要好"这样的话，这实际上等于告诉别人自己并不觉得对方有多好。也不能说那些明显与事实不相符的话，比如夸奖一盘明显烧糊了的菜或者一份有很多错字错句的文字报告等，即使这盘菜是你老板的妻子烧的,这份报告是你的老板写的。特别是绝对不要在赞扬对方的同时又请对方帮忙,这只会让人觉得你动机不良。

赞扬别人时另一个非常普遍的策略是赞同大家的观点,不断地重复"我同意你的看法"这句话。不过为了让对方更相信你,你最好不要急于附和别人的观点,而是让对方一步步地说服你,你甚至还可以在一些次要问题上故意表达不同意见。这样一来,对方就会觉得他的才智超过你,就会相信你的称赞是真诚的了。类似的方法还有模仿他人的姿势、举止和穿着。想想看,一个与我们相似的人是不是更有可能让我们觉得可亲可近呢?

赞扬别人更高明的策略,是借名人的话来间接地称赞对方,当对方知道你认为他处事的方式或者为人与某位名人说的话一样时,肯定会高兴得不得了,毕竟名人的话是很有分量的。这种方法既赞扬了对方,又使自己显得不卑不亢。

真正有效的赞扬方法还包括称赞别人对你的帮助是雪中送炭,比如当老板让你搭他的车、朋友出差回来给你送来礼物等等,都可以用这种方式。

> **提示三** 什么人喜欢赞扬?什么人不能随便赞扬?听到别人赞扬自己时,我们应该怎么办?

不是所有的人都喜欢他人赞扬的。赞扬的最好对象是那些颇有几分自负、生来就喜欢把别人的恭维当成是客观评价的人,而那些自卑的人则容易把最真诚的赞扬当成是挖苦、讽刺。

虽然听到别人赞扬的话会不时地让我们感到愉快,可是如果我们分不清是真诚的赞美还是别有用心的恭维就高兴过头,糊里糊涂地随便答应给对方好处,日后岂不会给自己带来麻烦?因此,知道了赞扬与恭维的区别之后,本着既不让自己被恭维话迷惑、又不让赞扬自己的人感到尴尬的原则,我们可以用这样一句话把恭维挡回去:"您太抬举我了!"这句话能够让恭维你的人明白,你完全清楚他是在恭维你,而不是真心地赞美你。而对方听到这句话也不会生气,至多以后在你面前少说点儿恭维话罢了。还有一种方法可以使我们既能享受别人赞扬带来的愉快，又不会被恭维所迷惑而给自己带来麻烦，这就是采用间接对话的方式进行交际。这种方法能避免你听到恭维话后一时高兴随便答应对方的要求。比如，对于一个有名的教授来说，他可以更多地采用书面作业而不是当面对话的形式与学生进行交流，这样学生对他说的话是真诚的赞美也罢，是虚伪的奉承也罢，他都既可以尽可能公正与客观地思考学生对他的赞美，又可以避免学生的赞美给他带来消极的影响，使其至多变成一种简单、愉快而对自己没有任何害处的情感表达。

总之，对别人的赞扬如果恰到好处，不光能使对方感到愉快，而且也能够让自己的生活充满欢乐。

(据《科学世界》2004年第3期)

注　释

1. 把握—掌握

"把握"和"掌握"都可做动词，都有控制住的意思。但"把握"强调过程，多指在更高的层次上、在总体的方面等抓住抽象的东西，如时机、机遇、机会、方向、尺度、分寸等；"掌握"则主要指具体地了解事物，因而能充分支配或运用，着重强调结果，其对象可以是科学、技术、方法、语言、知识等。如：

(1) 每个人都会有机遇，但是只有平时做好了充分准备的人才能把握住机遇，成为令人羡慕的成功者。(掌握×)
(2) 学习汉语要先掌握普通话的正确发音。(把握×)
(3) 奖励和惩罚孩子都要把握尺度、掌握技巧。

有一些词，"把握"和"掌握"都可以搭配，但意思仍有区别。如：

(4) 我们要好好把握时间。
(5) 考试的时候我们要好好掌握时间。

例(4)和例(5)搭配的都是"时间"；但例(4)是从客观的、抽象的方面说的，不是指具体的时间，这里的"时间"含有时光、时机等抽象的意思；例(5)则是指具体的时间。

"掌握"常用于"掌握在……手中/里"、"在……的掌握之中"的格式里，而"把握"可构成"把握不住"、"把握不了"。如：

(6)命运掌握在我们自已的手中。(把握×)

(7)这是一个心理非常复杂的角色,导演担心那位演员把握不了。(掌握×)

"把握"还有名词的功能,可以做"有"或"没(有)"的宾语,指成功的可靠性。"掌握"没有名词的功能,不能做动词的宾语。如:

(8)她第一次参加这么大的比赛,心里对取得胜利没有把握。(掌握×)

2. 并非 ❀

副词,用来否定别人的话语或一般人的看法,意思是"并不是"。多用于书面语。

(1)自负的人~一定有真本事。

(2)恭维~对所有人都有预期的效果。

3. 恭维—奉承—讨好 ❀

这三个都是动词,都可以带宾语,语意上都有为了使对方高兴而去称赞对方的意思。"恭维"强调说话时有意美化对方,贬义色彩较轻;"奉承"的贬义色彩比"恭维"浓,它强调顺着对方心意说话,常用于下级对上级或地位低的对地位高的;"讨好"指为了获得别人的欢心或称赞而故意使自己的言语或举动适合别人的心意,除了指说话外,还可以指行为举动,后边一般要带宾语,贬义色彩更浓。"恭维"和"奉承"都可直接修饰"话","讨好"则不能。如:

(1)老张是个老实人,从来不会奉承别人。(恭维√讨好√)

(2)我当领导这么多年了,从来就不爱听恭维话。(奉承√讨好×)

(3)虚伪的人常对人当面奉承。(恭维√讨好×)

(4)他这次给经理送礼是想讨好经理,希望经理能提拔自己当个组长。(恭维×奉承×)

"恭维"、"奉承"有时可用做名词,而"讨好"不行。如:

(5)他有丰富的生活经验,说话恰到好处,称赞别人时不会让人觉得是一种恭维。(奉承√讨好×)

4. 一技之长 ❀

技:技能;长:长处。指有某种技能或特长。如:

(1)要照顾好老艺人的生活,让他们发挥自己的~。

(2)出国留学也要选好专业,有~才能一辈子受用。

5. A 比 B(名)还 B ❀

这是名词做谓语的特殊比较句。A 是主语,"比"后面的 B 是名词,副词"还"后面的 B 与"比"后面的 B 是同一个名词,第二个"B"的意思是具有这个名词所指的人或事物的特点,B 的特点是听话人已经熟知的或人所共知的,否则前边要有所交代,副词"还"强调程度,用在"B"前,表示 A 拥有与 B 共有的特点,且在程度上比 B 更甚。如:

(1)大家都说张云太虚伪了,我看你比张云还张云。

(2)别看他从小在城市长大,说到养猪可是一套一套的,比我们农民还农民呢。

6. 他人—别人—人家 ❀

这三个都是代词,都指代另外的人、其他人。

"他人":书面语。在句子中做宾语和定语,不能做主语。如:

(1) 用他人手机号码上网发布信息,是触犯法律的行为。

一般来说,"他人"都可以换成"别人"。但书面语色彩较浓的语句,用"他人"比用"别人"好。

"别人":常用于口语。在句子中可以做主语、定语和宾语。如:

(2) 不要把自己不愿意干的事强加在别人身上。

(3) 别人都走了,只有小王还在继续看书。

在句子中做定语和宾语的"别人"一般都可以换成"他人",但口语色彩较浓的句子,用"别人"比用"他人"好。做主语用的"别人"不能换成"他人"。

"人家":用于口语。有三个意思:

第一,是指自己或某人以外的人,这时意义和用法跟"别人"一样。

第二,是确指说话人和听话人以外的某人或某些人,且所指的人已经在上文中提到,相当于"他"或"他们"。如:

(4) 朋友们都来劝我,我自然要给人家一个面子。(指"朋友们")(别人×他人×)

(5) 老王来找过你三次了,你快给人家打个电话吧。(指"老王")(别人×他人×)

第三,是指说话的本人,相当于"我",有亲热或俏皮的意味。如:

(6) 你看你多冒失,吓了人家一大跳。(别人×他人×)

另外,"人家"还可以用于人名前,具有复指作用,即"人家"与后边的名词同指一人。如:

(7) 你看人家王小姐,穿起衣服来多得体呀!(别人×他人×)

7. 不卑不亢 ❋

成语。卑:低下;亢:高。既不高傲,也不自卑。形容待人接物恰当、有分寸。也做"不亢不卑"。如:

(1) 他在外宾面前~,十分得体。

(2) 我们为人处事,应~。

8. 颇 ❋

副词。有"很"、"甚"的意思,表示相当高的程度,后面多跟单音节词,用于书面语。如:

(1) 王教授在法律界~具权威。

(2) 他在大会上的发言~有分量。

9. 不时 ❋❋

副词。时时、常常。表示行为动作或情况时断时续地发生,有间歇。如:

(1) 领导讲话的时候,他总会~地随声附和。

(2) 他轻易地答应朋友的要求,却~地失信于朋友,这常使他非常尴尬。

10. 岂不…… ❋❋

副词。用于加强反问语气,表示肯定。放在动词或形容词前面,但单音节形容词一般要加上"更"、"很"等副词后才能跟在"岂不"的后面。如:

(1) 对丈夫的话你从来不说半个不字,这~是太顺从他了吗?
(2) 你当着大家的面指出他撒的谎,~使他很尴尬?

11. 本着　❋❋

介词。表示遵循某种原则做事,有"根据"、"按照"的意思。"本着"的宾语一般是少数抽象名词,如"原则"、"方针"、"精神"、"态度"等,而且在名词的前面一般要有定语。带有郑重色彩,用于书面语。如:

(1) 我们应~平等互利的原则发展两国关系。
(2) 我们~开放、改革的方针发展生产,开放市场。
(3) 他们~用户至上、信守承诺的原则,为用户提供完善及时的售后服务。

12. 至多　❋❋

副词。表示最大的限度、最大的可能,多用于对数量、时间或者情况的估计。如:

(1) 这位老师挺年轻的,看上去~三十岁。
(2) 从写作水平看,他~是个高中生。

13. 也罢　❋❋

助词。表示容忍或只能如此,有"算了"、"也就算了"的意思。位置在句子或分句的末尾,且多是否定句末。

(1) 听说这部电影的摄影技巧并不高明,我们不看~。

有时单独用在句首,如:

(2) ~,既然她不愿意,就不要勉强了。

可以连用两个(或更多),表示在任何情况下结果或结论都一样。常常与上文的连词"不论"、"不管"和下文的副词"都"、"总"等配合使用。如:

(3) 不管客人来~,不来~,我们都要做好迎接的准备工作。
(4) 恭维别人时,不管你真心~,假意~,只要做到恰到好处,都能收到良好的效果。

14. 不光……,而且……　❋❋

表示递进关系。意思进了一层,有"不但……,而且……"、"不仅……,而且……"的意思。"不光"用于口语。用这种句式时,说话者的目的是要突出表达"而且"后面的意思。如:

(1) 这位明星不光人长得帅,而且歌也唱得很棒。
(2) 在职业学校学习的三年里,他不光掌握了一技之长,而且还学会了怎样为人处世。

四、练 习

(一) 把词语和相关的解释用线连起来

1. 恰如其分　　A. 虚假的情意。
2. 虚情假意　　B. 高到了极限,没有比这更高的了。
3. 明辨是非　　C. 比喻真心的劝告和批评听起来觉得不舒服,但对改正缺点错误很有好处。
4. 岂有此理　　D. 说话或办事正合适。
5. 至高无上　　E. 哪有这样的道理？常用来对不合理的事表示气愤。
6. 良药苦口　　F. 明白准确地区分对错。
7. 名不副实　　G. 名声或名义和实际不一致。多指实际上没有名声那么好。

(二) 选择合适的词语填空(有的可选择两次)

把握　掌握　他人　别人　人家　并非　不时　也罢　恭维

1. 他看见老板来了,马上变得眉开眼笑,低着头向老板说了很多_____的话。
2. 他上课很认真,还_____写下老师讲到的重要内容。
3. 无偿献血,关爱_____。
4. 你的好朋友马林给你来信了,快看看_____信里说些什么吧。
5. _____讨好你,是因为你是处长,别以为自己真的了不起。
6. 恭维别人要恰到好处,赞美对方的话_____说得越多就越好。
7. _____良好的阅读方法和技能,阅读速度将会得到进一步提高。
8. 这是他上大学以来的第一次考试,他心里完全没有_____。
9. 只听教练说,不到水里去练习,是很难_____游泳的技巧的。
10. 不论善意的批评_____,真心的劝告_____,别人的话他一句也听不进去。

(三) 选词填空

1. 虽然他平时对老李有很多意见,可是为了能得到老李的帮助,今天他带了贵重的礼物来到老李家,对他说了很多_____话,希望这次能帮助他。(讨好、奉承)
2. 我们俩是多年的朋友了,就不要互相_____了。(讨好、奉承、恭维)

3. 听了这个报告以后,我们领会了领导的_____。(意图、企图)

4. _____马林当班长的请举手。(赞成、赞同)

5. 吴老师在学生中的_____很高。(权威、威望)

(四)选字填空

1. 你就不要恭____我了,我知道我说的英语别人都听不懂,正____备去参加培训班呢。(准、唯、维、惟)

2. 你会分____化妆品的真假吗?(辩、辨、辫)

3. 他们俩总喜欢互相吹____,别人看了都觉得恶心。(捧、棒、奉)

4. 小狗一有机会就向主人献____,主人常常高兴得眉开眼笑的。(眉、媚、媚)

5. 她交给未来丈夫一个____务,让他在结婚前去烹____学习班好好学习,结婚后她在外面工作,他在家做家务。(任、妊、饪)

6. 这个暑假,妈妈想让他学理发,这样以后即使考不上大学,也有一____之长,不会找不到工作。(枝、肢、技)

7. 你不要去找他,刚才我把他惹____了,他现在什么话都听不进去。(脑、恼)

8. 他的工作能力跟他的学历不相____,我怀疑他给我们看的是假文凭。(付、附、符、府、咐)

9. 无论领导说得对不对,他都要随声____和,简直是领导的应声虫。(付、附、符、府、咐)

10. 快去厨房看看是不是菜烧____了,怎么这么难闻。(湖、胡、糊、蝴、瑚)

(五)选择最合适的词语替换下面句子中画线的词语

顺从 并非 恭维 分辨 讨好 得体 权威 尴尬 不时 自负

1. 他说话直来直去的,说的都是大实话,向来不会奉承别人。(   )

2. 那个人太骄傲了,总觉得自己比别人强。(   )

3. 学钢琴除了勤奋外,还需要天赋,并不是人人都能学好的。(   )

4. 她的性格很温柔,大事小事都听从丈夫的决定。(   )

5. 奉承话并非谁都会说,也并非对谁都有效。(   )

6. 树林里不断地传来鸟的叫声。(   )

7. 他是我们学院里最有威望的教授。（　　）

8. 今天的雾很大，走在路上，连几十米以外的东西都分不清是什么了。（　　）

9. 听了同学的批评，他的表情很不自然，脸红得像喝了酒。（　　）

10. 出席毕业典礼你穿一套运动服？你这样做是很不合适的。（　　）

（六）改错

1. 他们颇研究了一些方言。

2. 妈妈批评她的企图是希望她做诚实的孩子。

3. 人人并非穿这种衣服都显得身材好。

4. 广州的7月热极了，我们也罢不去了。

5. 我们应本着原则去跟那家公司合作开发新产品。

6. 她不光是美国人，而且会说流利的汉语。

7. 穿这种鞋子跑步，岂不快！

8. 这种技术我们刚刚学会，还把握得不太好。

（七）根据课文内容判断正误

1. (　　)赞扬对什么人都能产生良好的效果。

2. (　　)善意的客套话和虚伪的奉承话是不难分辨的。

3. (　　)称赞一个比较丑的新生儿如何如何漂亮，人们一般不会认为这是虚伪的奉承。

4. (　　)一位女同事穿上新衣服后身材的缺点完全暴露出来，如果你称赞她比以前更漂亮的话，人们一般不会认为这是虚伪的奉承。

5. (　　)对同一个人重复地说"你真是美极了"这句话，他就会十分地信任你。

6. (　　)老板请你到他家吃饭，他的妻子把菜烧糊了，你不该说这盘菜味道好极了。

7. (　　)借名人的话来间接称赞别人是一种高明的策略。

8. (　　)自卑的人最喜欢别人的赞扬。

9. (　　)听了别人赞扬的话，我们虽然会感到很愉快，但是应该保持清醒的头脑。

10. (　　)对别人的赞扬恰到好处，即使不能使对方感到愉快，也能让自己的生活充满欢乐。

五 副课文

工作中的赞美技巧

要想在工作中超过别人,赢得领导的欣赏,能和同事们和睦相处,可以有好几种方法:赞美他人,赞成他人的意见,帮助他人做事等等。其中赞美他人是最有效的。赞美他人能使你很快、很容易就受到上级和同事的欢迎,与他们建立良好的人际关系,帮助你在事业上取得成功。

在办公室里,一般人往往容易注意别人的缺点而忽略了别人的优点及长处。因此,发现别人的优点并给予真诚的赞美,就成为办公室难得的美德。无论对象是你的领导、同事,还是你的下级或客户,没有人会因为你的赞美而生气发怒,他们一定会心存感激并从心里喜欢你。

巧妙地运用赞美技巧,让你的上级欣赏你,让你的同事帮助你,让你的工作能够顺利完成,让办公室里充满和谐的气氛,同时又不失去自己做人的尊严,事业的成功也就离你不远了。

犹太人的这句话我们应该牢记在心:"只有赞美别人的人,才是真正值得赞美的人。"

赞美不应是拍马屁。但在办公室里,有些人的"赞美"总让人感到恶心。他们总像戴着一个面具,不分场合和时间,讨好他遇到的每一个人,什么过头的话他都说得出口,他们认为向上司献媚就会容易得到提拔,而不想通过努力工作来获得成功。

聪明而人格高尚的人不会这样做。要知道,赞美别人只是为了建立良好的人际关系、使自己的工作得以顺利完成、目的得以顺利实现的一种方法,并不是工作的全部。让周围的人讨厌,对自己有什么好处呢?而光知道干活,对自己的成绩一声不哼,成绩就会被那些整天吹牛的"马屁精"占为己有了。赞美他人应该是把自己内心对对方的赞美真诚地说出来,这是自然而然的善意行为,不需要想尽办法,不需要陪尽小心,也不是要你不分场合地对人乱吹捧。成功的赞美是一种为人处世的策略。下面推荐一些赞美时最实用的技巧:

1. 把每一次赞美当做一次学习的过程,善于发现他人的优点并虚心地学习,这样别人也就会很乐意地帮助你。同时,在实践中学会更自然地表达自己的好意。

2. 对别人的意见不要立即表示赞同,给自己一些思考的时间,表现出你的谨慎和细致,然后给别人进一步表明意见的机会,让他们说服你,这样你的赞同就会显得更有价值。

3. 赞美不光是说好话,而且是说真心的话,问候、商量、关心、尊敬的口气同样是赞美。

4. 如果你不相信对方,认为对方不值得赞美,就不必去赞美,虚伪的赞美会给自己带来尴尬,而对方也会觉得你在嘲笑讽刺而不是在赞美。但如果你被赞美,你一定要分辨出赞美你的人是不是马屁精。千万不要把马屁精误认为是朋友。他们只是利用你,一旦目的达到,就会把你一脚踢开。

请辨别清楚下面六种马屁精:

1. 同意领导或同事提出的每一件事,经常说的一句话是"我完全赞成",从不发表不同意见或者建议。

2. 经常恭维领导或同事,而且用贬低自己或其他领导、同事的方法来恭维对方,同时表情丰富,脸上挂着夸张的笑容。

3. 用赞美的话语来使你为他们办事,不该表扬的时候也对你大加称赞。

4. 有意在领导面前出同事的洋相来使领导开心,同时让领导知道自己的聪明。

5. 如果领导说了个笑话,哪怕是很没趣的笑话,他们也会笑得直喊肚子疼。

6. 工作时总是挑最轻松容易的,但总是说自己干的工作最重要最吃力。

(据金羊网《新快报》2004年10月18日)

回答问题

1. 要想在工作中超过别人,赢得领导的欣赏,和同事们和睦相处,最有效的方法是什么?
2. 办公室里比较难得的美德是什么?为什么?
3. 巧妙地运用赞美的技巧可以在工作上给你带来什么好处?
4. 人格高尚的人赞美别人和马屁精的拍马屁有什么不同?
5. 在赞美别人的时候我们会学到什么?
6. 虚伪的赞美会给自己带来什么后果?
7. 什么时候都对你大加称赞的人,他的称赞是出于真心的吗?

第四课 信任是约束,也是鼓励

一、生词语

1. 约束	yuēshù	(动)	限制使不越出范围:你要学会~自己,不该做的事情就不要去做。
←→放纵			
≈拘束 管束 制约			
2. 描述	miáoshù	(动)	用语言文字表达事物的情形、状态:她向朋友~了她在中国的生活。
			﹥描写 描绘 描画
3. 龙飞凤舞	lóngfēi-fèngwǔ		形容山势弯曲雄壮,也形容书法笔势活泼:他在账单上~地签上了自己的名字。
4. 收据	shōujù	(名)	收到钱或东西后给对方的凭证。
5. 讫	qì	(动)	(事情)完结:收钱之后,收钱的小姐在我的账单上盖了个"付~"的章。|收~|验~。
			乞—汽—迄
6. 瞥	piē	(动)	很快地看一下:大人们在说话,小明想插嘴,妈妈~了他一眼。|~见。
			督—蔽—弊—敝—撇
7. 骤然	zhòurán	(副)	表示情况发生得很快。
≈突然 忽然			
8. 番	fān	(量)	回;次;遍。除个别固定搭配之外,数词限于"一、几":思考了一~|花了一~心血,费了一~唇舌|解释了一~|费了几~工夫|三~五次劝他。
9. 深思熟虑	shēnsī-shúlǜ		认真反复地思考:"离婚?你可要~啊!"|在经过一番~之后,她做出了重大决定。
≈深思远虑 深谋远虑			
			虚—虎—虐
10. 推理	tuīlǐ	(动)	逻辑学名词,指由一个或几个已知的前提推出新结论的过程:直接~|间接~|~小说|按正常人~,他不可能杀害自己的妈妈。

第四课　信任是约束,也是鼓励

>推测　推导　推断　推求　推论

11. 私自　　sīzì　　（副）
　　⟷公开　公然
背着组织或有关的人,自己做违章违法的事：学校里的东西不能~拿走。|~携带枪支是违法的。
>私了　私下　私心　私事

12. 同谋　　tóngmóu　　（名）
　　≈同伙　同党　同伴
一同谋划做坏事的人：我怀疑你是他的~,你们一起谋划恶作剧。|这家伙是那帮毒品贩子的~。
>同胞　同窗　同行　谋略　计谋

13. 说辞　　shuōcí　　（名）
　　≈说头儿
辩解或推脱的理由：你知道你错了,可你为什么还要找~?
>说法　说理　说明　辞令　言辞

14. 投诉　　tóusù　　（动）
上告；向有关单位提出申诉：向法院~|向官方~|你们的服务态度这么差,我要向你们老板~。

15. 即便　　jíbiàn　　（连）
　　≈即使　即令　即或
前面常表示一种假设情况,后面表示结果或结论不受这种情况的影响。

16. 无理取闹　wúlǐqǔnào
毫无理由地跟人吵闹；故意捣乱：你闯红灯了,你还吵?你这是~!|我们在上课,别~!

17. 应接不暇　yìngjiēbùxiá
（应该）　　yīng
原指一路上风景都很优美,看不过来。后也形容人或事太多,应付不过来：黄山的风景美得使人~。|来这个饭店吃饭的人太多了,服务员真的是~。
假—遐—瑕

18. 赔不是　　péi búshi
　　≈赔礼　赔罪
说道歉的话：你摔坏王林的杯子了,快点儿向他~吧。|你怎么这么没礼貌?快给客人赔个不是。
>赔罪　赔礼　赔小心
陪—倍—培

19. 诚心诚意　chéngxīn-chéngyì
　　⟷虚情假意
真实诚恳的心意：我错怪你了,现在我~向你赔不是。|李山是~来帮助你的。
成—城

20. 无话可说　wúhuàkěshuō
　　⟷无话不谈
没有什么话可说；说不出任何意见或理由。

21. 压根儿　　yàgēnr　　（副）
（压力）　　yā
口语。根本,从来（多用于否定句）：他全忘了,好像~没有这回事。|你~就不想请她。

22. 舒坦 ≈舒服	shūtan	(形)	身体或精神上感到轻松愉快:听到大夫说他没什么大问题之后,老张心里~多了。|这里的环境宁静优美,住这儿真是~。
23. 天平	tiānpíng	(名)	较精密的衡器,多用于实验室和药房。
24. 砝码	fǎmǎ	(名)	天平上作为重量标准的物体,通常为金属块或金属片,可以表明较精确的重量。
25. 大有人在	dàyǒurénzài		大有,表示程度深。强调有很多人:喜欢流行音乐的~。|其实,老年人中追赶时髦的也~。 >大有问题 大有关系 大有希望 大有作为
26. 漏洞	lòudòng	(名)	(说话、做事、办法等)不周密、不完善的地方:他的话简直~百出。|管理方面也有一些~。 >漏电 漏风 漏光 漏网
27. 钻牛角尖	zuān niújiǎojiān		比喻费力研究不值得研究的或无法解决的问题,也比喻固执地坚持某种意见或观点,不知道变通:这个人老爱~。|习惯~的人一般看问题不够全面。
28. 不以为然 ≈不以为意	bùyǐwéirán		成语。不认为是对的,多用来表示不同意或轻视。
29. 微不足道 ≈微乎其微	wēibùzúdào		非常微小,不值得一说:在旧中国,妇女在家庭中的地位是~的。|个人的力量是~的,但是团结起来的力量却是巨大的。 >微薄 微弱 微细 微风 微生物 微—徽
30. 犹如	yóurú	(动)	如同,后面必带宾语:漓江山水,~天然画屏。|远远望去,悉尼歌剧院~一簇洁白的贝壳。|这里美得~人间仙境。 优—忧—扰
31. 偷盗 ≈偷窃 盗窃	tōudào	(动)	私自拿走别人的东西,据为己有:~钱财|~文物|~国家机密。 >偷懒 偷空 偷税 偷眼 偷嘴 愉—逾—渝—喻

32. 不齿	bùchǐ		(动)	书面语,不与同列,表示鄙视:为人所~|他想扬名于世,最终却成为~于人类的狗屎堆。
33. 正如 ≈正像	zhèngrú			正,在此加强肯定的语气;就好像:~以上所述|情况~大家所估计的|事情~他们安排的那样顺利。|~中国的春节,泰国的泼水节也非常热闹。 >正是 正因 正由于
34. 当今	dāngjīn		(名)	时间词。如今;现时;目前:~世界|~最新技术
35. 贷款	dàikuǎn			甲国借钱给乙国;银行、信用合作社等机构借钱给用钱的单位或个人。一般规定利息、偿还日期。
36. 资信	zīxìn		(名)	资金和信誉:~情况|进行~调查|~担保|~良好。 >投资 工资 邮资 外资 集资 合资
37. 担保 ≈保证	dānbǎo		(动)	保证不出问题或一定办到:这件事交给他办,~错不了。|我敢~她是个优秀学生。 >担负 担待 担当 担心 担忧 但—胆
38. 从一而终	cóngyī'érzhōng			从,从属;终,终身。原指女子只能从属一个丈夫,夫死终身不得再嫁;后也指(事情)不更改:她强烈反对女子只可~的封建观念。|老教授直到退休,一辈子都在教书,可谓~啊! >终点 终极 终结 终生
39. 诈骗 ≈欺骗 哄骗	zhàpiàn		(动)	假借某种理由向人索要或骗取(财物等):到处~|~罪|~犯|~人家钱财可不行。|你从她那儿~了多少东西? >诈取 诈死 诈语 作—昨
40. 陷入 ≈陷于	xiànrù		(动)	落在(不利的境地):~困境|~绝境|~逆境|生产~停顿状态。|他在工作中~了被动地位。 >陷进 陷害 陷阱 陷落

				馅—掐
41.	窘境 ≈困境 窘况	jiǒngjìng	（名）	非常困难的处境：陷入~|处于~|摆脱~|失业后，他的生活陷入了~。|从被记者追问的~中逃离出来，她松了一口气。>窘迫 窘态 窘相
42.	以至于	yǐzhìyú	（连）	用于复句的后一分句的开头，意思是"因而造成"。
43.	专程 ≈特意 特地	zhuānchéng	（副）	专为某事到某地：我是~到北京来看望您的。
44.	久仰	jiǔyǎng	（动）	仰慕已久（初次见面时说的客气话）：让我介绍一下，这位是张先生。——~！~！|~大名。
45.	人格	réngé	（名）	人的性格、气质、能力等特征的总和：~高尚|~低下|他从不做有辱~的事。>品格 性格 资格 风格
46.	国格	guógé	（名）	国家的体面和尊严，用于涉外活动中：我们再落后，也不能做有损~的事情。|在国外，千万不能丧失~、人格。
47.	思前想后	sīqián-xiǎnghòu		成语。想想前面，再想想后头，形容反复思考。>瞻前顾后 鞍前马后
48.	踌躇 ⟵→果断 坚决 ≈迟疑 犹豫	chóuchú	（形）	书面语，拿不定主意：颇费~|~不前|~了半天，我终于说出了"我爱你"三个字。|~了很久，他还是不能决定。筹—畴 著—薯—署—暑
49.	良久 ≈许久	liángjiǔ	（形）	书面语，很久：父亲劝说~，但毫无效果。|~，他才说出话来。>良多 良苦
50.	裔	yì		书面语，后代：他在美国出生长大，不过他是华~。|日~|后~。
51.	徽标 ≈徽章 徽记	huībiāo	（名）	标志，符号。>国徽 军徽 会徽 校徽 帽徽
52.	充当	chōngdāng	（动）	取得某种身份，担任某种职务：~翻译|~警察|~看护|~临时演员。
53.	如实	rúshí	（副）	按照实际情况：~汇报|~报告|~反映情况>如意 如愿 如期 如数
54.	固执	gùzhi	（形）	性情、态度古板执著，不肯改变：性情~|这人很~，不好说话。

第四课　信任是约束，也是鼓励

课　文

提示一　"我"在买书的过程中发生了什么事？"我"本来要去理论一番，可后来又为什么反倒无话可说？

周末到全市最大的购书中心给女儿买书。根据七岁的女儿在电话中向我所做的简单描述，我挑了三大本估计她可能会喜欢的儿童故事书，就去交钱。

与往常一样，划完信用卡，从收款小姐手中接过机器打印出来的纸条，没有多看一眼，就龙飞凤舞地签上自己的大名，抱起书就走人。可能因为出口处顾客太多，看票验货的小姐只是象征性地向我抱着的书看了一眼，就在我的收据上飞快地画一道表示"验讫、放行"的彩线，道一声："谢谢！欢迎再次光临！"便又去招呼下一个顾客。

出了大门，刚走到停车场，我本能地瞥了一眼手中的收据，骤然发现总数居然是一百多元，再细看，原来是多算了一本书的钱，书店多收了二十多元。我转身要去"理论"一番，身旁的朋友却显得比我深思熟虑，她说："你已出了门了，他们会承认吗？"是啊，按某些人的思维逻辑来推理，我又怎能证明我不是买了四本书，出了大门后私自藏了一本，然后再去找人家商场退钱呢？当然同来的两位朋友可以为我作证，可天知道人家会不会说他们是我的"同谋"呢？不管怎样，我飞快地在心里准备了一大堆说辞，准备找商场的"领导"，至少是经理一级的主管投诉一番，即便退钱不成，也得证明自己不是无理取闹。

然而，我所准备的大堆说辞居然一句都没能用上，门口看票验货的那位小姐正应接不暇，在百忙中只看了一眼我的收据和书，就隔着人群向收银台方向大喊一声："4号柜台，账算错了，退钱。"然后向我赔不是，让我到柜台退钱。

因为是机器划卡和电脑计算，退钱要比收钱复杂点儿，得经过两道手续。但每经过一道手续，工作人员都为因此给我带来的不便而诚心诚意地向我道歉。在整个事

51

情的过程中,我反倒无话可说,因为他们压根儿就没有去怀疑我所担心而又无法证明的事。从商场出来,心情远比退回二十多元钱舒坦,其原因是在心理的天平上得到了人人所需要的基本心理砝码——信任。

> **提示二** 什么事情令朋友担心游乐园停车场管理上有漏洞?很多国家都把什么看得高于一切?为什么?

一天,家里人到一家新开的游乐园游玩儿。傍晚,我和两位朋友开车去接他们回家。在游乐园停车场入口处,一个小伙子把我的车牌号抄在一张纸上递给我,说:"晚上好,五块钱停车费。"

我一边掏钱,一边说:"其实我们只是来接人的。"

他一听马上就说:"哦!这样啊,那你不需要付钱了。"说着,就把那张纸收了回去,给我换了一张免费的临时停车卡。

"傍晚到游乐园来玩儿的大有人在,他凭什么就那么轻易地相信我们是来接人的呢?这种'轻信'会不会成为管理上的一个漏洞?"一位喜欢钻牛角尖的朋友提出她的疑问和担心。另一位朋友不以为然地笑着说:"我想,他不会相信有人会为了这微不足道的五块钱去撒谎的。要知道,对很多人来说,撒谎是最要不得的恶习,犹如偷盗一样,为人所不齿。正因如此,人们不轻易怀疑别人撒谎,正如人们不轻易怀疑他人偷盗一样。"

仔细想想,这位朋友的话也许是对的。当今社会,人们把信用看得越来越重要。在许多国家,无论是日常生活中还是经济活动中都离不开信用:申请家用电话、管道煤气、电、水、租房等等,都需要个人信用;公司贷款、贸易资金往来等,更要资信担保。所有的信用表现都会永远记载在每个人的社会保险号底下。人的名字可以更改,但个人的社会保险号却从一而终。一旦发现作假或诈骗,个人信用就彻底完了。到那时,个人在生活和事业中便会处处陷入窘境。正因为信用在社会生活中必不可少,以至于人人把它看得高于一切。

第四课 信任是约束,也是鼓励

提示三 我第一次参观大都会博物馆时心情一直怎么样?为什么?那一次的经历对我有什么影响?

记得1994年我在加拿大读博士时,夏天专程到纽约旅游。那天特意去参观久仰大名的大都会博物馆。门口售票处的牌子上明码标价:成人票价十六美元,学生八美元。

尽管我很清楚,美国人指的学生不仅仅是在美国学习的学生,而且是来自世界上任何一个国家的学生,但我不能确定的是他们查不查学生证。因为出发时非常匆忙,我忘了带学生证。对于我这样一个自费学生来说,八美元还是不小的开支,能省下就省下的。我很担心买学生票时售票员要我出示学生证,万一因为我拿不出来而让人家怀疑我撒谎,那岂不是既丢人格,又失国格吗?

思前想后,踌躇良久,我终于想了个两全之策。我向那位看似墨西哥裔的售票小姐递出十六美元,同时对她说:"我是从加拿大来的学生……"我的下半句话是:"可是我忘了带我的学生证了。"

可她还没等我把话说完,就面带微笑地问:"几个人?"

"一个。"我回答说。

她很快递给我一个做通行证用的徽标和找回的八美元,并微笑着说:"祝你在这里度过愉快的一天。"根本没有注意到我满脑子的"思想斗争"。

的确,那天我的心情一直很愉快,不仅仅是因为欣赏了大都会博物馆精美的艺术和省下了八美元。

有了这种愉快的经历后,心里就时时想着珍惜它。就像一旦得到别人的尊重,就会更加自重自爱一样。

事隔八年,去年夏天我带妻子和女儿参观纽约大都会博物馆。门票价格依旧,但我的身份已不再是当年的学生,而是挣工资的驻美记者。尽管我和我妻子从外表来看要充当学生是毫无问题的,但出于对信任的珍惜,也为了自重自爱,我毫不犹豫如实地买了两个成人、一个儿童的门票。尽管多花了十六美元,但我的心情与上次一样愉快,因为我没有辜

负别人的信任。

从此,我在心中形成了一种固执的想法:信任是约束,也是鼓励。

(据《读者》2003年第3期)

三、注释

1. 骤然—忽然—突然

表示情况发生得迅速而又出人意料。"骤然"多用于书面语,"忽然"和"突然"则多用于口语,所修饰的动词或形容词的前面或后面要有其他成分。作为副词,"骤然"、"忽然"和"突然"的用法大致相同,但"骤然"和"突然"比"忽然"语气更强。如:

(1) 当我在车上找到座位并坐下以后,我本能地摸了一下裤袋,骤然发现钱包不见了。(忽然√突然√)

(2) 演出结束,观众席上骤然响起热烈的掌声。(忽然√突然√)

"骤然"、"忽然"和"突然"后面常跟"间"、"之间",如:

(3) 天空骤然之间下起了大雨。(忽然√突然√)

"突然"、"忽然"可用在主语前,"骤然"不用于主语前。如:

(4) 我们正在上课,突然有人手机响了。(骤然×忽然√)

"不+动词"之前"骤然"、"忽然"和"突然"都可以用,"没有+动词"前不能用。如:

(5) 小鸟忽然不唱了,林子里静了下来。(骤然√突然√)

(6) ×小鸟骤然没有唱了。(忽然×突然×)

"没有+名词"之前"忽然"和"突然"都可以用,"骤然"不行。如:

(7) 房间里忽然没有一点儿响声了。(骤然×突然√)

"突然"还可以做形容词,可以修饰名词,也可以受"很"、"太"、"十分"、"非常"、"特别"等副词修饰,在句中可以做谓语、定语、补语,有时还可做少数动词的宾语(感觉~|感到~|觉得~|并不认为~|不算~)。做补语时前边常有其他成分。"骤然"和"忽然"无此用法。如:

(8) 孩子的举动太突然了,竟使我不知怎样才好。(骤然×忽然×)

(9) 老师问得有点儿突然,叫她不知怎么回答才好。(骤然×忽然×)

2. 即便

同"即使"。连词,多用于书面,常跟"也"配合使用,表示假设兼让步。"即便"的后面通常有前后两个部分,这两部分可以指有关的两件事,前面常表示一种假设情况,后面表示结果或结论不受这种情况的影响。如:

(1) ~是顾客无理,你也得耐心跟他解释。

(2) ~再晚一小时出发,也还来得及。

有时候，前面部分表示对情况的假设或猜测，后面部分表示对这种情况在程度或数量上做一步的估计。例如：

(3) 看这种天色，~下雨也不会太大。

(4) 今年上大学的人数，~不能多于去年，也还能维持去年的水平。

3. ……反倒(反而)…… ✽

"反倒"和"反而"用法相同，不过"反倒"多用于口语。表示跟上文意思相反或出乎意料和常情之外，在句中起转折作用。"反倒(反而)"可做副词。如：

(1) 我不小心打碎了妈妈心爱的花瓶，我本想为自己辩解的，但妈妈压根儿就没有骂我，弄得我~无话可说。

(2) 父亲的去世，~使她更加坚强起来了。

"反倒(反而)"也可以做连词，还常跟几个表示否定的关联词语，如"不但不"、"不但没(有)"、"不仅不"、"不仅没(有)"一起用于复句中，形成"……不但(仅)不……，反倒(反而)……"和"……不但(仅)没(有)……，反倒(反而)……"的固定格式。如：

(3) 风不但没停，~越刮越大了。

(4) 玛丽不但不听他的解释，~嘲笑他的胆小怕事。

4. 无话可说 ✽

无，跟"有"相对。"无话可说"意即没有什么话可说，说不出任何意见或理由。如：

(1) 就是从那~的一刻开始，两人反倒骤然发现彼此之间是心灵相通的。

(2) 老师诚心诚意对待学生的无理取闹，叫那位顽皮的学生羞愧得~。

由"无……可……"结构构成的成语还有：无计可施、无家可归、无路可走、无机可乘、无懈可击等。

5. 不以为然 ✽

不认为是对的，表示不同意(多含轻视义)。以为：认为；然：对。如：

(1) 对他的自以为是，玛丽很~。

(2) 见了父亲的"名表"，哥哥~地撇了撇嘴，说："这算什么宝贝？送给我我都不要。"

(3) 老师对你这种~的态度很反感。

"不以为+形容词"已经成为一种固定格式。如：不以为荣、不以为苦。有时，后面还可以再加上"反以为+形容词"，构成"不以为+形容词A，反以为+形容词B"的固定格式，其中形容词是单音节的，仅限于少数几个，而且前后两个形容词的词义刚好相反，表示不认为A是对的，反而认为B是对的。如"不以为耻，反以为荣"、"不以为苦，反以为乐"等。

6. 为+名+所+动 ✽

为：介词，意思是"被"，用于书面语。如：

(1) 这一论点已为无数事实所证明。

(2) 看问题要看本质，不要为表面的现象所迷惑。

7. ……以至于…… ✽

连词，与"以至"相同。用在并列词语之间，一般表示从小到大，从少到多，从浅到深，从低到高,有时也用于相反方向。其连接的前一部分有时可以用"自"、"从"呼应;连接的成分不止两项时,用在最后两项之间。如:

(1) 发展经济不但要考虑今年,还要考虑明年、后年,~更长时间。

(2) 他们谈话的内容很广,自社会历史、经济、文化、~风俗、习惯,无所不包。

"以至于"也可以用于下半句话的开头,表示由于前半句话所说的动作、情况的程度很深而形成的结果。如:

(3) 中国的经济发展十分迅速,~使很多人都感到惊奇。

(4) 我非常用心地学习,~外面下大雨了都不知道。

8. A+形容词+于+B ❋

于:介词,位于形容词之后。用于书面语。整个格式表示比较,意思与"A+比+B+形容词"相同。形容词多为单音节的,如"高"、"低"、"多"、"少"、"长"、"短"、"轻"、"重"、"强"、"优"、"难"、"易"、"大"等。如:

(1) 我们认为,国家的利益重于个人的利益,国格也自然重于人格。

(2) 在这场比赛中,王光效力的红队明显强于蓝队。

9. 把……+动词+得…… ❋

这是"把"字句和带程度或情态补语的动补结构套用在一起,"得"后一般不能是单个的动词或形容词。如:

(1) 那只猴子把我们逗得哈哈大笑。

(2) 他把名字签得龙飞凤舞,别人压根儿看不出他写的是什么。

10. 专程—专门—特意—特地 ❋

都可以做副词。"专门"和"特意"是口语。"专门"、"特意"、"特地"均表示专为某事,而"专程"只表示专为某事到某地。如:

(1) 我在日本的福冈大学做访问学者时,曾经专程到东京迪斯尼乐园游玩儿了一次。
   (专门√特意√特地√)

(2) 为了让他专心工作,公司特意给他安排了一间办公室。(专程×专门√特地√)

"专门"除可做副词外,还可以做形容词,意思是有专长的、专业的。

(3) 小王在篮球方面受过专门训练。(专程×特意×特地×)

"专门"还可以指专从事于某一项事业,如:

(4) 她丈夫是专门研究血液病的。(专程×特意×特地×)

(5) 他是电脑方面的专门人才。(专程×特意×特地×)

11. 思前想后 ❋❋

想想前面,再想想后面,形容反复思考。如:

(1) ~的结果是不再为那件微不足道的事情烦恼。

(2) 虽然我的朋友都不以为然,但是~,我最后还是专程带着孩子向那位客人赔了个不是。

12. 如实 ✳❄

副词。如:依照;实:实际。按照实际情况。如:
(1) 过海关的时候,你要~申报所携带的物品。
(2) 贷款人应~提供个人财产担保。

四、练 习

(一) 选词填空(答案可能有多个)

骤然 突然 忽然

1. 刚刚还是晴空万里的,怎么_____就下起了大雨?
2. 这场雨下得又大又_____。
3. 上车以后,我_____发现钱包不见了。
4. 不知为什么,歌手唱着唱着_____地停了下来。
5. _____的相逢使我高兴得叫了起来。
6. _____,他接到一个十分奇怪的电话。
7. 严重而又_____的铁路交通事故,使列车整整晚点了十五个小时。
8. 母亲的话使她感到很_____。
9. _____间听到这个不幸的消息,她的精神几乎崩溃了。
10. 这件事情的发生不算_____。

专程 专门 特意 特地

1. 这家商店是_____卖体育用品的。
2. 听说老教授病重住院了,校长_____去医院看望他。
3. 昨天是我的生日,妈妈_____为我做了很多我喜欢吃的菜。
4. 这件生日礼物是父亲_____从国外寄来给我的。
5. 他是我们国家培养的航天方面的_____人才。
6. 在船上,为了看日出,我_____起了个大早。
7. 经过半年的_____培训,孩子的成绩提高了很多。
8. 经理_____去香港迎接客人。

(二) 根据解释猜出相应的词语，并用猜到的词语造句

1. 不认为是耻辱_____

   _____

2. 不认为是光荣_____

   _____

3. 不认为是辛苦的,反而认为是快乐的_____

   _____

4. (生活上或工作上)遇到非常困难的情况_____

   _____

5. 没有家可以回_____

   _____

6. 非常渺小,不值得一谈_____

   _____

7. 形容人或事太多,应付不过来_____

   _____

8. 犹豫了很久,拿不定主意_____

   _____

(三) 给下面的字注音并组词

1. 贷(　)____　袋(　)____　资(　)____　姿(　)____　咨(　)____
2. 蹯(　)____　著(　)____　薯(　)____　署(　)____　暑(　)____
3. 赔(　)____　陪(　)____　倍(　)____　培(　)____
4. 犹(　)____　优(　)____　忧(　)____　扰(　)____
5. 虑(　)____　虚(　)____　虎(　)____　虐(　)____
6. 偷(　)____　愉(　)____　喻(　)____

(四) 解释下列带点字在词语中的意思

1. 如实：_____
2. 正如：_____
3. 百闻不如一见：_____
4. 不以为然：_____
5. 骤然：_____
6. 毫不犹豫：_____
7. 毫毛：_____
8. 微不足道：_____
9. 铁道：_____
10. 一道门：_____
11. 良久：_____
12. 良药：_____
13. 不齿：_____
14. 牙齿：_____

(五) 模仿例句改写句子

例：你说错了/不要紧→即便你说错了也不要紧。

1. 喝一点儿酒/不能开车

   →

2. 外语/他能读懂

   →

3. 这条河很长/不会超过1000公里

   →

4. 你不信任他/他不会埋怨你的

   →

5. 陷入窘境/他不可能放弃

   →

6. 经过深思熟虑/可能出现漏洞

   →

7. 再多几个人/这里仍然应接不暇

   →

8. 只要你有真本事，没上大学/能找到一份好工作

   →

例：经过科学的论证，这种观点已经得到大多数学者的认同→经过科学的论证，这种观点已经为大多数学者所认同。

1. 法医鉴定结果表明，跳楼者并非自杀，而是被他人杀死的

   →

2. 附近居民近几个月来一直被噪音困扰

   →

3. 年轻的少男少女最容易被感情伤害

   →

4. 街舞最初出现时人们觉得难以接受，可后来渐渐被社会认可了

   →

（六）选择合适的词语完成句子（每个词语限用一次）

把……+动词+得……　大有人在　以至于　反倒　固执
无话可说　即便　毫不犹豫　不以为然　说辞

1. 对于我所喜欢的书，尽管价格不便宜，我＿＿＿＿＿＿＿＿＿＿。
2. 他在美国是一个很有名的运动员，在亚洲、在欧洲＿＿＿＿＿＿＿＿＿＿＿＿＿＿＿＿＿＿＿。
3. 小王不接受大家对他的批评，他在为自己＿＿＿＿＿＿＿＿＿＿。
4. 小偷开始还不承认偷了东西，但在证据面前，他＿＿＿＿＿＿＿＿＿＿。
5. 当朋友因为不小心弄脏了她的衣服而不停地赔不是的时候，她＿＿＿＿＿＿＿＿＿＿＿＿＿＿＿＿＿＿＿。
6. 今天的会议很重要，＿＿＿＿＿＿＿＿＿＿。
7. 朋友是个自重自爱的人，他常常＿＿＿＿＿＿＿＿＿＿。
8. 现在追星的年轻人真是＿＿＿＿＿＿＿＿＿＿。
9. 赶快承认错误吧，别＿＿＿＿＿＿＿＿＿＿。
10. 父母都为他的学业着急得茶饭不思，而他自己反倒＿＿＿＿＿＿＿＿＿＿。

(七) 根据课文内容判断正误

1. （　）在购书中心，我凭感觉买了三大本估计女儿可能会喜欢的儿童故事书。
2. （　）购书中心的验货小姐随便地看一下我买的书就放行了。
3. （　）出了商场大门后我私自藏了一本书，然后又去商场无理取闹，说他们多收了钱。
4. （　）商场压根儿不用我解释，就把多收的钱退给我了。
5. （　）仅因为商场退回了二十多元钱，我心里觉得很愉快。
6. （　）停车场看门的小伙子那么轻易就相信了客人的话，这其实是管理上的漏洞。
7. （　）个人的名字以及社会保险号等可以随时更改。
8. （　）缺少了个人信用，个人的工作和生活便会遇到很多困难。
9. （　）在大都会博物馆买票参观时，售票小姐给了我最起码的信任。
10. （　）别人尊重我，我便更加要自重自爱。

(八) 回答问题

1. 发现购书中心多收了钱以后，作者本能的反应是什么？他是否犹豫？为什么？
2. 你买东西的时候被多收过钱吗？你怎么做？如果对方不承认、不退钱，你会怎么做？
3. 你觉得信任和被信任重要吗？请举例说明你的观点。
4. 在生活中，特别是在遇到问题或麻烦的时候，假如别人充分信任你，你会怎么做？假如别人不信任你，你又怎么办？请举例说说。
5. 你觉得在心理的天平上，除了作者说的信任，还需要有什么基本的、重要的砝码？

五 副课文

信任的力量

一个犯人在外出修路时，捡到一千元钱，马上交给交警。交警却不以为然地说："你别来这一套，想贿赂我换取减刑的资本吗？"囚犯万念俱灰，当晚就私自逃跑了。在逃亡的火车上，他正好站在厕所旁。这时，一个漂亮的姑娘要上厕所，发现门锁坏了。姑娘轻声对他说："先生，您能为我守一下门吗？"逃犯一愣，他压根儿没想到这个世界上还会有人尊称他为"先生"。看着姑娘充满信任的目光，他点了点头。姑娘红着脸走进厕所，他像忠诚的卫士一样守在门口。一刹那间，他骤然改变主意。到了下一站，他下车来到车站派出所投案了。

在生活中我也听说过这样一个故事：

小明是一个学习很一般的学生,有一次他到办公室送作业,意外发现了新印的考试题,他很高兴,偷偷地拿走了一份,回去对照课本,认真地做了一遍。当天下午考试,小明头一次拿了一个一百分。这个平常连及格都很难的学生,看着自己的一百分,既高兴,又不安:怕老师知道自己作弊,怕同学的怀疑。在评卷的时候,果然有的同学说他是照抄的,可老师并没有怀疑他,还赞扬了他,希望他今后能多拿这样的好成绩。听了老师的表扬,小明变了,为了证明自己没有作弊,为了对得起老师的表扬,他像发了疯一样的学习,上课认真听讲,不懂就问。每一天他都是第一个到校,最后一个离校,看到他的变化,老师心里很高兴,默默地给他一份特别的关照。一年后,他考上了重点中学。七年以后,他考入了北京大学。

　　又过了几年,他回母校做报告,说了自己这个故事。当时已经满头银发的老师对他说出了真相:"孩子,其实发卷那天,我就知道少了一张卷,等看了你的答卷,我什么都明白了,但我想也许你能从此发愤图强,所以,我给了你鼓励和信任。"那一刻,他的泪水流了下来,在人生关键的时刻,那个最明白他心情的人——老师,没有把他当贼一样看待,而是给了他鼓励和信任。正是这种鼓励和信任,成为一种约束力,从此改变了他的人生。

　　这就是信任的力量。姑娘对犯人的信任,让他醒悟,决心认罪;老师对学生的信任,让他发愤,努力向上。现在想一想,如果姑娘当时知道那是一名逃犯,如果老师当时指出小明的作弊行为,很难说故事还会有这么美丽的结局。

　　所以,老师应该以一颗平常心去看待每一名学生,用全面的、发展的眼光看待学生,用欣赏的眼光去寻找他们身上的闪光点,用平等、爱心给予他们同样的关怀、信任和理解。这样你就会发现,那些品学兼优的学生会使你的教育过程变得欢快而流畅,而那些调皮捣蛋的学生则会使你的教育过程变得异彩纷呈,你的人格同样放射出诱人的魅力。

　　同样,领导对待员工也应该如此。

　　我们应该牢记:塑造并完善健康的人格,远比传授知识本身更重要。

(据艺体网)

根据课文判断正误

1. （　）犯人贿赂交警不成,所以逃跑了。
2. （　）逃犯一愣,是因为担心姑娘知道他是坏人。
3. （　）姑娘对逃犯的信任促使他决定去投案。
4. （　）小明一向考试成绩很好。
5. （　）小明感觉不安是因为怕老师知道他作弊,怕同学们怀疑他。
6. （　）小明考上北京大学主要是因为老师表扬他以后他发愤学习的缘故。
7. （　）老师在小明自己说出真相以前不知道他作弊的事情。
8. （　）老师的信任成为一种约束力,从此改变了他的人生。
9. （　）教育一个品学兼优的学生会使老师觉得教育过程是异彩纷呈的。
10. （　）传授知识远没有塑造并完善健康人格重要。

单元练习(一)

一、给下列带点的多音字注音

分辨_____ 附和_____ 为人_____ 即便_____

分量_____ 暖和_____ 因为_____ 便宜_____

讨好_____ 好转_____ 穿着_____ 憎恶_____

嗜好_____ 转动_____ 本着_____ 恶心_____

　　　　　　　　　　　　　　　　　　　　凶恶_____

处事_____ 　　　　　　偏差_____

恰到好处_____ 　　　差不多_____

二、从下列词语中找出同音字,分别写在相应的拼音后

启示　睿智　不时　嗜好　饲料　思前想后　志同道合　赔不是　偷盗　私自
约束　伶俐　越发　活力　意图　恰到好处　络绎不绝　实物　四肢　即便　角色
久仰　蠕动　反倒　至多　毅力　消极　描述　养育　一跃而起　锋利　犹如　觉悟
伉俪　相识　主义　急剧　华裔

dào	sī
shì	sì
zhì	shí
yì	jí
shù	rú
yǎng	lì
jué	yuè

三、判断下列各组同形字的意义是否相同,相同的用"√",不同的用"×"

说辞—辞职( ) 　　甘心—甘愿( )

并非—是非( ) 　　占据—据为己有( )

投诉—诉苦( ) 　　良久—良师益友( )

如意—如实( ) 　　灭绝—络绎不绝( )

剧增—急剧( ) 　　微不足道—道听途说( )

越过—越发( ) 　　为你所做的事负责—为生活所迫( )

四、写出反义词

消极—— 　　善意—— 　　批评——

喜爱—— 　　粗粮—— 　　自卑——

直率—— 　　赞同—— 　　他人——

真诚—— 　　守信—— 　　公开——

五、写出近义词

奉承—— 　　担保—— 　　踌躇——

伉俪—— 　　谢绝—— 　　窘境——

爱好—— 　　机灵—— 　　感慨——

骤然—— 　　赞叹—— 　　急剧——

灭绝—— 　　如意—— 　　一度——

六、用直线把词语连接起来

无机	不白	※	一面	而光
雪上	虎斗	※	有眼	之辞
有名	加霜	※	一家	而去
龙争	色舞	※	一怒	无珠
大有	可为	※	大吵	之言
眉飞	无实	※	一扫	大闹
不明	可乘	※	一面	之交

七、选用适当的关联词语填空

> 宁肯……也……　纵然……也……　……连同……　……,反倒……
> 不光……而且……　……以至于……　,这才……　因……

1. _____天雨路滑,开往湛江、茂名方向去的班车被延误,敬请留意开车时间。

2. _____得不到家人的支持、朋友的理解,他_____决不做违反原则的事情。

3. 大学毕业时,王强_____放弃大城市舒适的生活环境,_____要回到生他养他的那片土地。

4. 由于火势不断蔓延,一时难以控制,_____整座山林一夜之间就被全部烧毁了。

5. 请带齐您的证件_____体格健康检查表前往12号门交费。

6. 小明_____会唱歌,_____还会作曲呢。

7. 父亲对孩子漏洞百出的说辞不但没有生气,_____哈哈大笑起来。

8. 老板见你三番五次破坏公司名声,_____不得不辞退了你。

八、从A、B、C、D中找出与画线词语意义用法最接近的词语

1. 王方的为人处世方式得到上级领导<u>称赞</u>。
    A. 赞成　　B. 赞叹　　C. 赞扬　　D. 赞同
2. 要分辨出哪些是虚伪的<u>奉承</u>、哪些是真心的夸奖确实是不容易的。
    A. 恭维　　B. 客气　　C. 意图　　D. 情感
3. <u>多亏</u>你雪中送炭,才不至于令我们陷入窘境。
    A. 幸运　　B. 幸亏　　C. 正巧　　D. 正好
4. 有的人在<u>千方百计</u>保护生态平衡,而有的人却在肆意破坏生态平衡。
    A. 恰到好处　B. 想方设法　C. 思前想后　D. 不卑不亢
5. 中国队<u>连</u>胜了三局,最后以三比二获得了第一名。
    A. 一连　　B. 连连　　C. 一直　　D. 继续
6. 当时家里很穷,<u>养育</u>两个孩子已经相当艰难了,加上连年天灾,更是雪上加霜。
    A. 培养　　B. 生育　　C. 培育　　D. 抚养
7. 得知各位都十分讲究保健,<u>特意</u>准备了一些粗粮。
    A. 专程　　B. 随便　　C. 专门　　D. 顺便
8. 只要是对孩子有利的事情,父母再苦再累也<u>心甘情愿</u>。
    A. 宁肯　　B. 宁可　　C. 如愿　　D. 情愿
9. 课堂上,大家正专心做考题时,下课铃声<u>忽然</u>地响了起来。
    A. 骤然　　B. 突然　　C. 果然　　D. 显然

10. 掌握好一门语言并非一件易事,要经过多少年的努力才可能获得成功。
A. 学习　　B. 把握　　C. 了解　　D. 理解

九、给括号里的词找一个合适的位置,并把编号写在前边的括号里

1. (　)A 教堂里 B 传出 C 诵读经文的 D 声音。(不时)
2. (　)A 经过医生 B 多次抢救,才 C 使 D 昏迷的病人脱离了险境。(一度)
3. (　)A 两人的情感 B 疏远,最后一对原本 C 志同道合的恋人终于 D 分手了。(日见)
4. (　)A 及早 B 发现 C 那个"作家"是昨天那个诈骗犯的同谋,否则后果 D 不堪设想。(幸亏)
5. (　)当 A 怀孕妇女第一次 B 感觉到胎儿在子宫内蠕动时,一定会 C 惊呼,因为那是一种 D 有过的奇妙感觉。(从未)
6. (　)A 偷盗 B 是一种 C 令人 D 不齿的行为,但小偷仍然大有人在。(即便)
7. (　)A 偶尔发一次 B 感慨 C,不必三番五次调侃人家 D 吧?(而已)
8. (　)A 正在 B 康复的小袋鼠 C 需要母亲的 D 精心照顾,才能健壮起来。(越发)
9. (　)A 顾客 B 至上的原则,这家公司 C 制定了相应的措施,D 使营业额逐年上升。(本着)
10. (　)贷款人 A 必须 B 申报个人 C 财产,否则可能要 D 负法律责任。(如实)

十、选择合适的词语改写以下句子(不可重复选择)

一技之长　本着　而已　三番五次　致人于死地　不卑不亢
思前想后　一跃而起　无话可说　不以为然

1. 遇到地位比自己高的不献媚,遇到地位比自己低微的人也不骄傲自负,这样的为人处世态度才是得体的。

_____

_____

2. 交流中最尴尬的情景是发现双方没有共同的话题,不知道说什么好。这其中的原因有时候是因为我们说的意思和对方的理解有偏差。

_____

_____

3. 我们中国人是比较重视培养生存技能的,要想在社会上立足,没有一门技能显然是困难的。

4. 给报社投稿是我们家孩子一直以来的心愿。昨天晚上他翻来覆去地考虑了很久,经过深思熟虑,今天终于决定把文稿投出去了。

5. 由于空中管理系统出现电脑障碍,某国境内近两个月的航班多次被延误甚至取消。

6. 最近,一位先生在购买某品牌的啤酒时发现啤酒存在质量问题,于是他去找厂家讨说法,而他没有想到的是,啤酒厂对待自己产品质量根本不当一回事。

7. 我公司按照诚信的原则,愿与广大厂家合作共同发展,利用我公司现有的销售渠道,尽快打开市场。

8. 不过是网恋罢了,不必当真。多年后你会发现谁才是对你最真心的那一个。

9. 一次,一名中年男子不慎被记者所乘坐的车辆"撞到"胸部后躺在几米远的地上,但当记者打电话报警并想将他送医院时,该男子却马上从地上爬了起来,连声说"不用叫交警了"。

10. 每当你经历或想像有威胁性的事情时,你的压力反应会自动产生。这里没有所谓中间状态,它是一个有或无的反应。一些疾病过程,压力在其中起了很大的作用,即可以引起或加重疾病,最终导致死亡。

十一、改错

1. 那位教授是专程研究中国文学的,在国内外都很有名。
2. 这个问题虽然我已经学习过,但是因为是第一次做试验,心里还是没有掌握。
3. 昨天晚上幸亏了王大夫,不然我已经去见马克思了。
4. 李聪连连投了五篇文稿,可都被报社退了回来,他的信心大受打击。
5. 从刚才的科教片中我们可以清楚地看到绵羊是怎样培养下一代的。
6. 跟这种无理取闹的人在一起工作自然是不宁肯的。
7. 作为一名党员必须时刻牢记关心人家的利益比关心自己的利益重要。
8. 科学家都想方设法保护野生动物,大学生反倒不以为然。
9. 王冰的病已日见好转,现在比病人还病人了。
10. 动物园里的河马把幼仔被饲养员送走了,所以几天不吃不喝。

十二、用"A、B、C、D、E、F、G"把下面的语段连接成一篇文章

1. ( )实事求是的赞美,犹如一剂良药,能够愈合对方因为犯错而引发的心灵创伤和悔恨,约束今后的言行,鼓舞向善的信心。
2. ( )但最值得称道的是:每当这种时候,整个部落的人都会不由自主地放下手里的工作,从四面八方赶来,将这个犯错的人团团围住,用"赞美"来治疗他的心灵,引导他总结教训,重新做人。
3. ( )在南部非洲的巴贝姆巴族中,至今依然保持着许多优秀的生活礼仪和处世方式。
4. ( )每个人叙述时既不能夸大事实,也不允许言语不敬,而且赞美的话不能重复。
5. ( )譬如当族里的某个人犯了错误时,族长便会让犯错的人站在村落的中央公开亮相,以示惩罚。
6. ( )围上来的人们,会自动分出长幼,依次告诉这个犯错的人,他曾经为整个部落做过哪些善事。
7. ( )"赞美"仪式结束后,紧接着要举行一场盛大的庆典,人们载歌载舞,庆贺犯错的人重新开始一种全新的生活。

十三、综合填空,每个空格填一个汉字

我们常_____美人"精明能干",问题是"精"的人一定"明","能"的人一定"干"吗?

许多人很_____,精到仿_____一点儿亏都不能_____,问题是他的视_____不清,

总走歪路,是"精而不明"。

又有一些人能力超____,好像样样精通,可惜不努力、没行____,是"能而不干"。

"精而不明"好比有好枪____没有好射手。"能____不干"好比有满仓的弹药,却没有____队。

只有____正"精明能干"的,才能打赢人____的这场硬仗。

十四、从下列词语中至少选择五个写一篇五百字以上的文章

至多　颇　也罢　岂不　如实　一度　A+形容词+于+B(比较句)　把……+动词+得……　A比B(名)还B　……被……把……　……,这才……

第五课　学会感恩

一　生词语

1. 感恩	gǎn ēn		对别人所给的帮助表示感激:~不尽|~图报。
2. 火鸡	huǒjī	(名)	一种食用鸡,原产于北美洲,是一种体形较大的野生鸡种。体长90—100厘米,体重4—10公斤。美国人习惯在感恩节吃这种鸡。
3. 唯独 =惟独	wéidú	(副)	只、仅仅;只有。 惟—维—佳
4. 团聚 ⟷分离 ≈团圆	tuánjù	(动)	相聚(多指亲人分别后再聚在一起);夫妻~|全家~。
5. 源泉	yuánquán	(名)	水流起头的地方;比喻力量、知识、感情等的来源或产生的原因:知识是力量的~。|生活是创作的~。 ＞源头　源流　河源　发源　泉水　泉眼　温泉　矿泉
6. 孤独 ≈孤单　孤寂	gūdú	(形)	独自一个人:~的老人|儿女都不在身边,他感到很~。 ＞孤儿　孤苦　孤立
7. 浅显 ≈浅易　浅明　浅近	qiānxiǎn	(形)	(字句、内容)简明易懂:~而有趣的科学读物。 钱—线
8. 春晖	chūnhuī	(名)	春天的阳光,比喻父母的恩惠。 挥—辉—浑
9. 滴水之恩, 　涌泉相报	dīshuǐzhī'ēn, yǒngquánxiāngbào		涌:水或云气冒出;泉:泉水。意思是得到别人一滴水的恩惠,就以涌出的泉水来报答。比喻回报恩人要比自己得到的恩惠多得多。 ＞泪如泉涌　风起云涌 拥—佣

71

10. 衔环结草，以报恩德	xiánhuánjiécǎo, yǐbào'ēndé		衔：用嘴含。比喻真心实意地感恩报德。
11. 简而言之	jiǎn'éryánzhī		简单说来，简单地说。
12. 古训	gǔxùn	（名）	指古代流传下来的、可以作为准则的话。
13. 渗	shèn	（动）	液体慢慢地透过或漏出：~水｜雨水都~到地里去了。 ＞渗透 渗入
14. 采集	cǎijí	（动）	收集；搜罗：~标本｜~民间歌谣。 ＞采购 采纳 采用 采取
15. 忘恩负义	wàng'ēn-fùyì		忘记别人对自己的恩情，做出对不起别人的事：你这个~的家伙｜我们可不能~啊！
16. 情谊	qíngyì	（名）	人与人相互关心、爱护的感情：深厚的~。 ＞情意 情义 情爱 情分
17. 理所当然	lǐsuǒdāngrán		从道理上说应该是这样：你~要这样做。｜儿女照顾父母是~的。
18. 忽略 ←→重视 ≈忽视	hūlüè	（动）	没有注意到；疏忽：只追求数量，~了质量。
19. 无意 ←→有意	wúyì	（副）	不是故意的：他扫地时~中发现了一个秘密。
20. 对立面	duìlìmiàn	（名）	处于矛盾统一体中的相互依存、相互斗争的两个方面。
21. 细小	xìxiǎo	（形）	很小：~的雨点｜~的事情。 ＞细微 细心 仔细 细致
22. 琐碎	suǒsuì	（形）	细小而繁多：琐琐碎碎｜这么~的事情就不用找经理处理了。 ＞琐事 琐闻 烦琐
23. 无微不至	wúwēibúzhì		形容待人非常细心周到。 ＞微笑 微小 微型 微弱
24. 不足为奇	bùzúwéiqí		不值得奇怪。指事物、现象很平常：这样的事情多着呢，~。
25. 或是 ≈或者	huòshì	（连）	用在叙述句里，表示选择关系。
26. 念念不忘	niànniànbúwàng		牢记在心，时刻不忘：他~的是祖国的命运和民族的前途。
27. 谦逊	qiānxùn	（形）	谦虚恭谨：这孩子~有礼，大家都很喜欢他。 ＞谦虚 谦恭 谦让 自谦

28. 敬畏	jìngwèi	(动)	又敬重又害怕:令人~。
			>畏惧 畏难 畏罪
29. 鞠躬	jū gōng	(动)	弯身行礼:~道谢|行了个~礼|深深地鞠了个躬。
30. 上苍 ≈苍天	shàngcāng	(名)	天(古代人常以上苍为主宰人生的神):~的安排。
31. 仰视 ≈仰望	yǎngshì	(动)	抬起头向上看:~天空。
32. 淹没 (没有)	yānmò méi	(动)	(大水)漫过;盖过:河里涨水,小桥都~了。 掩—腌
33. 忏悔	chànhuǐ	(动)	认识了过去的错误或罪过而感觉痛心:表示~。
			>悔过 悔改 悔罪 悔婚
34. 自以为是	zìyǐwéishì		认为自己的看法和做法都正确,不接受别人的意见:他总是~,谁的劝告都不听。|别~。
			>一无是处 实事求是 是非
35. 历来 ≈一向	lìlái	(副)	从来;一向:~如此|老校长~重视思想教育。
36. 过失	guòshī	(名)	因疏忽而犯的错误:弥补~|严重~。
37. 融化 ≈溶化	rónghuà	(动)	冰、雪等变成水。
38. 奢望	shēwàng	(动)	过高地希望:不敢~。
39. 沉溺	chénnì	(动)	陷入不良的境地(多指生活习惯方面),不能自拔:~于酒色。
			>沉浮 沉没 沉降 沉浸
40. ~欲	yù		想得到某种东西或想达到某种目的的要求:食~|求知~|情~。
41. 施恩	shī ēn		给予恩惠。
42. 回报	huíbào	(动)	报答;酬报:做好事不图~|~社会。
43. 目中无人	mùzhōngwúrén		形容骄傲自大,看不起人:他总是~。
44. 昂	áng	(动)	仰着(头):~首挺胸。
45. 蔑视	mièshì	(动)	轻视;小看:~困难|脸上流露出~的神情。
			>污蔑 蔑称 轻蔑
46. 磕头	kē tóu	(动)	旧时的礼节,跪在地上,两手扶地,头近地或着地:给爷爷奶奶磕个头。
47. 图	tú	(动)	极力希望得到(某种好处):~便宜|~凉快。
48. 恩情	ēnqíng	(名)	深厚的情意;恩惠:报答~|~似海深。
			>恩人 恩师 恩德

49. 内心	nèixīn	（名）	心里头：~深处｜发自~的笑。
50. 发誓	fā shì		庄严地说出表示决心的话或对某事提出保证：对天~｜~要改正错误。
			＞誓言 誓愿 誓死
51. 整整	zhěngzhěng	（副）	达到一个整数的：~忙了一天｜到北京已经~三年了。
52. 茫茫	mángmáng	（形）	没有边际，看不清楚（多形容水）：~大海｜前途~｜人海~。
53. 刹那	chànà	（名）	极短的时间；瞬间：一~｜~间。
54. 温馨	wēnxīn	（形）	温和芳香；温暖：~的春夜｜~的家。
55. 羽绒服	yǔróngfú	（名）	用经过加工处理的鸭、鹅等的羽毛做成的衣服。
			＞羽绒被 羽绒衣 羽绒裤
56. 气喘吁吁	qìchuǎnxūxū		形容大声喘气的样子：你刚跑完步吗？怎么~的？

专名

| 1. 崇文门 | Chóngwénmén | 北京地名 |
| 2. 雍和宫 | Yōnghé Gōng | 北京地名 |

二、课文

提示一 "感恩"是什么？为什么要感恩？对什么人需要感恩？

美国有一个感恩节。那一天要吃火鸡，无论天南地北，再远的孩子，也要赶回家。

总有一种遗憾，我们国家的节日很多，唯独缺少一个感恩节。我们可以像他们一样吃火鸡，我们也可以千里万里赶回家，但那一切并不是为了感恩，团聚的热闹总是多于感恩。

没有阳光，就没有日子的温暖；没有雨露，就没有收获的喜悦；没有水，就没有生命的源泉；没有父母，就没有我们自己；没有亲情、友情和爱情，世界将会是一片孤独和黑暗。这些都是浅显的道理，没有人会不懂，但是，我们常常缺少一种感恩的思想和心理。

"谁言寸草心，报得三春晖。"这是我们小时候就熟悉的诗句，还有中国流传了多少年的古老成语，像"滴水之恩，涌泉相报"、"衔环结草，以报恩德"，简而言之，讲的就是要感恩。但是，这样的古训并没有渗进我们的血液。

有时候,我们常常忘记了无论生活还是生命,都需要感恩。

蜜蜂从花丛中采集完花蜜,还知道嗡嗡地唱着道谢;树叶被清风吹得凉爽舒适,还知道沙沙地响着道谢。有时候,我们却往往容易忘记了需要感恩。难道我们还不如蜜蜂和树叶?

没错,感恩的敌人是忘恩负义。但是,真正忘恩负义的人毕竟是少数,大多数的人常常对别人给予自己的帮助和情谊,以为是理所当然,便容易忽略或忘记,有意无意地站在了感恩的对立面。难道不是吗?父母给予的爱,常常是细小琐碎却无微不至的,许多人却不仅觉得本来就应该这样,而且还觉得他们人老话多,嫌烦呢。对于这些人来说,记不住父母的生日,就更不足为奇了。而他们却偏偏对自己同学或是情人的生日念念不忘,甚至连一次party都不会错过。

> **提示二** 什么人懂得感恩?什么人不懂得感恩?为什么?如何表达感恩之情?

懂得感恩的人,往往具有谦逊的品德,是有敬畏之心的人。对待比自己弱小的人,知道要鞠躬行礼,便是属于前者;感受上苍懂得要抬头仰视,便是属于后者。因此,哪怕是比自己再弱小的人给予自己的哪怕是一点一滴的帮助,我们也不敢轻视、不能忘记的。跪拜在教堂里的那些人,望着从教堂彩色的玻璃窗中洒进的阳光,是怀着感恩之情的。尽管我并不相信上帝的存在,但我总是被那种神情所感动。

恨多于爱的人,一般容易缺乏感恩之情。心里被怨愁怨恨胀满的人,就像是被雨水淹没的田园,很难再吸收新的水分,便很难再长出感恩的花朵。

不懂得忏悔的人,一般也容易缺乏感恩之情。道理很简单,这样的人,往往自以为是,一切都是他对,他历来都没有错,对于别人给予他的帮助,特别是指出他的错误、弥补他的过失的帮助,他怎么会在意呢?不仅不会在意,而且还可能会觉得这样的帮助是多余的,是当面让他下不来台呢。这样的人,心如坚硬的地板,不会轻易融化的,你又怎能奢望他的心田松软得能够钻出小虫来,鸣叫出哪怕再微弱的感恩之声来呢?

财富过大并钻进钱眼里出不来,和权力过重并沉溺权力欲出不来的人,一般更容易缺乏感恩之情。因为这样的人会觉得他们是施恩于别人的主儿,别人怎么会对他们有恩且需要回报呢?这样的人,目中无人,习惯于昂着头走路,蔑视一切,别说鞠躬或磕头感恩于人了,即使叫他弯下腰、蹲下身来也是不可能的。

虽说大恩不言谢,施恩不图报,但是,感恩一定不要仅发于心而止于口,对你需要感谢的人,一定要把感恩之意说出来,把感恩之情表达出来。美国曾经有这样一个传说,一个村子里,一家人围坐在餐桌前吃饭,母亲端上来的却是一盆干草。全家都莫名其妙,不知道这究竟是怎么一回事。母亲说:"我给你们做了一辈子的饭,你们从来没有说过一句感谢的话,称赞一下饭菜好吃,这和吃草有什么区别!"连世上最不求回报的母亲都渴望听到哪怕一点儿感谢的声音,那么我们对待别人给予的帮助和恩情,就更需要把感恩的话说出来。那不仅是为了表示感谢,更是一种内心的交流。在这样的交流中,我们会感到世界因此而变得格外美好。

提示三 什么事情感动了我?是谁让我永远不要忘记学会感恩?

我曾经在报上看到过这样的消息:湖南两姐妹在小时候有一次落水被一个好心人救起,那人没有留下姓名就走了。两姐妹和她们的父母觉得,生命是人家救的,自己却连一声感谢的话都没对人家说,于是发誓一定要找到这个恩人。他们整整找了二十年,两姐妹的父亲去世了,她们和母亲接着千方百计地寻找,终于在茫茫的人海中找到了这位恩人,为的就是感恩。两姐妹跪拜在地上向恩人感恩的时候,她们两人和那位恩人以及过路的人们都禁不住落下了热泪。这事让我十分感动,两姐妹在这漫长二十年的感恩行动告诉我,到什么时候都不要忘记对有恩于你的人表示感恩。而感恩的那一刹那,世界变得多么的温馨美好。

我永远也不会忘记几年前的一件事情。那天,我在崇文门地铁站等候地铁,一个也就四五岁的小男孩,从站台的另一边跑了过来。因为是冬天,羽绒服把小男孩撑得像个小皮球一样,圆嘟嘟地滚了过来。他问我去雍和宫坐地铁在哪边近,我告诉他就在他的那边。他高兴地又跑了回去,我看见那边他的妈妈在等着他。等了半天,地铁也没有来,我走了,准备上去打个的。我已经快走到楼梯最上面的出口处了,听见小男孩在后面"叔叔,叔叔"地叫我。我不知道他要干什么,便站在那里等他,看着他气喘吁吁地跑到我的面前,我问他有事吗,他神情严肃地说:"我刚才忘了跟您说声谢谢了。妈妈问我说谢谢了吗,我说忘了,妈妈让我追你。"我永远不会忘记那个孩子和那位母亲,他们让我永远不要忘记学会感恩,对世界上不管什么人给予自己的哪怕是再微不足道的帮助和关怀,也不要忘了感恩。

(据《读者》2004年第13期)

注 释

1. 唯独 ✶✶

副词,用于书面语。可用在动词短语前,意思是"只"、"仅仅"。如:

(1) 小王各方面都考虑得很周到,~忽略了这一件事情。
(2) 我姐姐~喜爱跳舞,其他娱乐活动一概不感兴趣。

还可以用在主谓短语前,一般在句首,意思是"只有"。如:

(3) 什么都可以失去,~亲情是最不能缺少的。
(4) 大家都鞠躬行礼,~他昂着头走过去了,一副目中无人的样子。

有时可直接放在名词或代词的前面,但后面还需要有动词性的小句。如:

(5) ~你,最令我难忘。
(6) 我对谁都很放心,~王春,我最不放心。

2. 谁言寸草心,报得三春晖 ✶✶

这是唐朝诗人孟郊(751—814)所作的《游子吟》中的最后两句。言:说;寸草心:小草的嫩心,比做儿女;报:报答;三春:旧称阴历正月为孟春,二月为仲春,三月为季春,合称三春;晖:阳光,后来"春晖"比做母爱。这两句诗语意双关,字面意思是:谁说青青芳草的一颗心,报答得了春天阳光那深厚的恩德呢? 比喻义是:儿女永远也报答不了母亲的恩情。

3. 衔环结草,以报恩德 ✶✶

也做"结草衔环",来源于古代有关迷信报应的两个传说。据《左传》记载,魏武子临终,嘱咐儿子魏颗用他最喜欢的女人陪葬,但是他的儿子没有照办,而是让那个女人改嫁了。后来魏颗出战时,一个老人用草结成绳索绊倒了魏颗的敌人。原来老人是那个女人的父亲,特意来报答魏颗的。另据《后汉书·杨震传》记载,后汉杨宝小时候救了一只黄雀。一天夜里,有一个穿着黄色衣服的少年,衔着白环四枚来报答杨宝,后来杨宝的子孙就显贵起来了。

4. 简而言之 ✽✽

简：简单；言：说。简单地说、简单说来。用于书面语。如：

(1) 几百元对于这些民工来说，是妻儿老小在家乡的生活费，是孩子开学的学费，~就是一家人的活命钱。

(2) 所谓产权，~就是对财产所拥有的权利。

5. 无~ ✽✽

意思是"没有"，常做前缀。如：无意、无疑、无法、无声、无耻、无敌、无能、无理、无情、无名、无知、无视、无损、无奈何、无中生有、无足轻重。如：

(1) 水火无情，人间有情。

(2) 这问题确实难处理，但并非无法解决。

(3) 对于沉溺于权力欲之中的人来说，亲情、友情、爱情自然都无足轻重。

6. 无微不至 ✽✽

成语。微：细微；至：到。即使很细微的地方也没有照顾不到的。现多指待人细心周到。如：

(1) 这位护士对病人的照顾真是~。

(2) 我们老师~地关心我们，却从来不图回报。

7. 或是 ✽✽

连词。有时候是两项只选择一项，如：

(1) 感恩~忘恩，是对立的两个方面。

有时可以选择两项，如：

(2) 磕头~鞠躬都是中国古代的礼节。

(3) 忽略~忘记了别人的情谊，就可以叫做忘恩负义。

还可以表示交替关系，如：

(4) 天上的云千变万化，~像羊群，~像奔马，~像老虎。

辨析：或是—或者

做连词时意思和用法都相同，但是"或者"还可以做副词，意思是"也许"，"或是"无此用法。如：

(5) 你赶快走，或者还来得及。（或是×）

8. 历来—从来 ✽✽

都可做时间副词。均强调从过去到现在没有发生过任何变化，常用于表示规律、习惯、喜好、性质、脾性等："从来"一般只用于否定句，否定词位于"从来"后边，既可以出现"不"，也可以出现"没"，用"没"否定时，动词后常有"过"；"历来"书面语色彩浓，强调"有史以来"，一般不用"没"否定。如：

(1) 张文历来对人不卑不亢。（从来×）

(2) 中国政府历来坚持"一个中国"的原则。（从来×）

(3) 小张从来没有奢望过你能回报他。（历来×）

"从来"后边可以有"没有+这么/那么+形容词+过",意思与"没有+形容词+过"完全不同,甚至相反。如:

(4) 他从来没有胖过,一直都这么瘦。(历来×)
(5) 他从来没有这么胖过,以前瘦得像猴子似的。(历来×)

"从来"有时可用于肯定式,但后边一般要有"就"、"都"等副词,一般不修饰单个动词或形容词。"历来"还可以做形容词,做定语。"从来"不行。如:

(6) 这个人从来都目中无人。(历来√)
(7) 陈海做事历来认真。(从来×)
(8) 谦逊有礼是他们历来的作风。(从来×)

9. 下不来台 ❋❋

下台:从舞台或是讲台上下来。比喻摆脱困难的处境,多用可能补语的否定式,如"下不来/了台"。如:

(1) 他说:"你马上给我出去。"这句话使我~。
(2) 小王自尊心特别强,如果当众指出他的过失,他一定~。

肯定式"下得来/了台"一般用于反问句。如:

(3) 我曾经发誓不再管她的事情,现在你要我管,我怎么下得了台呢?

10. 钻钱眼(儿) ❋❋

钱眼:旧时铜钱当中的方孔。形容人贪财好利,一般用于贬义。常以"钻进/到钱眼里"的形式出现。如:

(1) 一心钻进钱眼里的人理所当然不懂得感恩。
(2) 有人担心如果过早教孩子理财,孩子会不会太早就钻到钱眼里了?

11. 别说(是)……(A),即使……(B)也/都……(C)
即使……(B)也/都……(C),别说……(A)了 ❋❋

表示递进关系,连接小句。"别说"是"不要说、不用说"的意思,"即使"表示假设兼让步。我们把"别说"后边的小句用"A"表示,"即使"后边的小句用"B"表示,"也/都"后边的小句用"C"表示。整个句式的意思是:如果 B 也/都 C,那么 A 就更不用说。如:

(1) 别说这么点儿小事,即使再大的困难,我们也能解决。(大困难能解决,小事就更能解决了。)
(2) 我们经理即使是多么琐碎的事情都亲自处理,别说是这么重要的事了。(经理很琐碎的事情都要亲自处理,这么重要的事就更要亲自处理了。)

12. 把……动词/形容词+得+像……一样 ❋❋

这是"把"字句和比况句"像……一样"两种句式套用在一起,"一样"后边还可以出现一个形容词。"像……一样"用于比喻或形容"把"后名词所代表的事物。如:

(1) 这个人把钱看得像自己的生命一样重要,简直就是钻进钱眼里了。
(2) 张青把自己女朋友形容得像天上的仙女一样漂亮,真是"情人眼里出西施"。

四、练 习

（一）把词语和解释用线连起来

1. 大恩大德，无以为报　　　A. 心中怀着怨恨或悔恨死去。
2. 无中生有　　　　　　　　B. 用仇恨回报别人对自己的恩惠。
3. 以德报怨　　　　　　　　C. 只根据外表来判断人的品质或能力。
4. 以怨报德　　　　　　　　D. 没有依据地假造事实。
5. 以貌取人　　　　　　　　E. 一点儿对的地方也没有。
6. 一无是处　　　　　　　　F. 眼泪像泉水一样涌出来。
7. 衔恨而死　　　　　　　　G. 恩德极重，无法报答。
8. 水滴石穿/滴水穿石　　　 H. 用恩惠回报与别人之间的仇恨。
9. 泪如泉涌　　　　　　　　I. 大风起来，乌云涌现。
10. 风起云涌　　　　　　　　J. 比喻力量虽小，只要坚持，就能成功。

（二）选择合适的词语填空

涌　图　团聚　渗　忽略　温馨　孤独　仰望　简而言之　历来

1. 这个人不_____名，不_____利，一心一意只为帮助孤寡老人，实在难得。

2. 春天来了，融化了的冰雪_____进土层深处，可以供应庄稼生长的需要。

3. 已经过了伤感流泪的年华，知道了聚散原来是这样的自然，便懂得珍惜每一次相聚的_____。

4. 闲暇时邀请几位朋友回家，备些酒菜，简简单单，不像请客，倒像家人_____。

5. 泰山极顶看日出，_____被描绘成十分壮观的奇景。

6. 幸福是什么？_____幸福就是没有痛苦的时刻。

7. 父母对孩子物质上的要求往往能够满足，却容易_____他们精神上的需要。

8. 少女时期居里在巴黎大学，_____地过着求学的岁月。

9. 每当一排排波浪_____起的时候，那映照在浪峰上的霞光，又红又亮，闪烁着，消失了。

10. 我躺在草地上，_____天空。深蓝色的天空上挂着无数星星，仿佛在对我眨眼。

（三）改错

1. 这段时间老师历来工作很忙。
2. 刚到中国的那段日子,我感到特别孤独,唯独一个朋友。
3. 别说二十年,即使是两年我也一定会等你。
4. 她从来喜欢读书看报。
5. 这次事故是有意或是无意的,目前尚未有结论。
6. 小梅一向哭了一天一夜,眼睛哭得像胡桃一样。
7. 儿子要历来陪伴母亲直到她永远闭上眼睛。
8. 经理对员工非常无微不至。

（四）选择合适的词语完成句子（每个词语限用一次）

> 下不来台　简而言之　滴水之恩,涌泉相报　钻钱眼　唯独　别说……,即使……也/都……　或是　把……动词/形容词+得+像……一样

1. 哥哥大声责备我说："难道这么浅显的道理你都不懂吗？"_____。
2. 并非所有的商人都_____。
3. 如果说中国的大战略可用一句话来概括,_____,即尽一切努力,为中国的现代化建设营造一个良好的外部环境。
4. 这个世界一切都在变,_____。
5. _____,回报政府靠什么,靠诚信纳税。
6. 这里的安全工作做得非常好,_____。
7. 干了一天的活儿,_____。
8. 除非有合同规定_____其他法律依据,否则金融机构无权对客户账户进行冻结。

(五) 根据意思选用以下词语改写句子(每个词语限用一次)

把……动词/形容词+得+像……一样　别说……,即使……也/都……　历来
谁言寸草心,报得三春晖　简而言之　无微不至　下不来台　唯独

1. 要我每天坐着练习两个小时书法,两年我都很难坚持下来,十年就更不用说了。
   _____

2. 她的全身在雪光的衬托下闪着水晶一样的亮光。
   _____

3. 这个学生上次提过一个很深的问题,让教授很尴尬。
   _____

4. 什么是排污权交易?简单地说,就是把排放污染物的权利拿到市场上去公开买卖。
   _____

5. 一切都可以是暂时的,只有爱是永恒的。
   _____

6. 他真是个孝顺的孩子,把年老多病的奶奶照顾得非常周到。
   _____

7. 母爱是最伟大、最真诚、最无私的爱,我们一辈子也报答不了。
   _____

8. 中方一向反对大规模杀伤性武器的扩散。
   _____

(六) 解释下列带点字在词语中的意思

1. 泉眼:_____ 2. 眼花:_____

3. 钱眼:_____ 4. 眼见为实:_____

5. 自以为是:_____ 6. 是否:_____

7. 是非:_____ 8. 淹没:_____

9. 埋没:_____ 10. 没完没了:_____

11. 不足为奇:_____ 12. 为人处世:_____

13. 为人民服务：_____   14. 滴水之恩：_____
15. 简而言之：_____   16. 人之常情：_____

（七）根据课文的内容判断正误

1. ( )感恩节时美国人一定要团聚在一起。
2. ( )中国人回家团聚时也是为了感恩。
3. ( )人们都知道亲情、友情和爱情的重要。
4. ( )中国自古以来就有古训教育人们不要忘恩负义。
5. ( )人们常常不容易忽略或忘记别人给予自己的帮助和情谊。
6. ( )很多人对同学或是情人的生日记得清清楚楚,却容易忘记父母的生日。
7. ( )具有谦逊品德的人对待比自己弱小的人知道要鞠躬行礼,具有敬畏之心的人感受上苍懂得要抬头仰视。
8. ( )只有恨多于爱的人和不懂得忏悔的人才容易缺乏感恩之情。
9. ( )感恩不一定要说出来,只要你存有感恩之心,不做忘恩负义之事就行了。
10. ( )对别人给予的微不足道的帮助和关怀,我们可以忽略忘记,但是救命之恩是绝对要记住的。

（八）用"A、B、C、D、E、F"把下面的句子连成一篇短文

1. ( )你的世界会变得孤独和黑暗,幸福快乐也就无从谈起。
2. ( )简而言之,要想得到幸福快乐,就必须重视亲情、友情和爱情。
3. ( )你就会被浓浓的温情所包围,于是从中得到一份满足、温馨、畅快。
4. ( )一个人如果没有感激之心,所有的情谊就会离你远去。
5. ( )亲情、友情、爱情是幸福和快乐的源泉。
6. ( )心存感激的人,会时时感受到上苍和周围的人们对你的关怀和爱护。

五　副课文

感激之心

科学调查表明,有宗教信仰的人,一生感受到的幸福多于没有宗教信仰的人。心理学家们认为,之所以有宗教信仰的人感受到的幸福更多,其中一个重要的原因就在于,几乎所有的宗教都强调感激之心的重要性。宗教信仰要求信徒们感激生活中的一切:他们感激空气、水、食物、亲人、朋友甚至一

天的平安。人心中经常有感激之情流过，感受到的生活就是充满温情的生活。很多有宗教信仰的人都怀有持久的感激心态和习惯，所以他们更容易快乐和满足。

一件好事发生在我们身上，或者别人帮了我们一个忙，我们可以非常感激，可以稍稍有些感激，可以感到无所谓，也可以不高兴或生气。对同样的事，人可以产生不同的感觉，又由不同的感觉产生不同的情绪。人的情绪的质量就是生活的质量。所以，拥有好情绪的人，就拥有高质量的生活。当人心存感激之情时，就会感到美好，感到爱和幸福；如果没有感激之情，也就没有这种美好、爱和幸福的体会。如果对于好事，人不但没有感激之情，反而生气，抱怨好事来得太晚或太少，那么这个人对生活的感受就只有人间的丑恶、冷漠和生活的艰难。对这样的人来说，无论有钱没钱、有闲没闲、有名没名，他的生活中都不存在幸福和快乐。

怎样去感觉生活是一个习惯。如果一个人从小生活的环境中有很多挑剔和抱怨，那么挑剔和抱怨就很可能成为这个人感觉生活的习惯。比如，别人帮了自家一个忙，家里的大人不但不表示感激，反而埋怨说："这事办得不怎么样，这人没有尽力，他本可以做得更好。"又如，家里发生了一件好事，家里的大人却说："小事一桩，没什么值得高兴的。"这种感觉生活的方式就是这个家庭的习惯。如果人们不是有意识地去改变它，这个习惯将成为家庭的传统习惯代代相传。

别人帮助了你或是为你做了一件好事，你心存感激并表达出来，为你做事的人也会从中体会到快乐。不断寻找快乐是人的行为规律，这个规律使得人对给自己带来快乐的事情非常感兴趣。下一次，这个帮助过你的人会更愿意帮助你。一件好事落到你头上，你应该心怀感激，感激之心能增强和延长人对好事的快乐感，而快乐又能使人的态度变得更好，办事效率更高。这样，好事会不停地落在心怀感激的人身上。同样，没有感激之心的人，从自己身边推走的也不仅仅是一件好事，而是成串儿的一系列好事。

很多把别人的帮助贬低或变小的人，自以为这种做法很聪明。他们可能以为，当自己把别人的帮助或给予变小时，一方面，下次别人会帮更大的忙或给得更多；另一方面，反正那些人给的不多，所以自己也不欠他们什么。这样对待别人的帮助或给予的人，表面上看起来挺复杂，但实际是一种心灵贫穷的复杂。这样对待别人帮助和给予的人真正贬低和损害的正是他们自己。因为贬低和轻视他人的好意，使人一辈子也不能体会到人间的温暖、关爱、

第五课 学会感恩

美好。这样的人,切断了自己一生快乐和幸福的源泉,他们的心将由于得不到滋润而变得贫困和干枯。

与贬低别人的好意相反,如果对别人的每一点帮助或给予都发自内心的感激,表面上这个人看起来有些简单,但这是一种极其丰富的简单。这样的人会有更多的机会感受到人间的温暖、关爱和美好。感激之心给人的一生接上了快乐和幸福的源泉。有了这样的源泉,人的心灵将由于经常得到美好情感的滋润而变得非常健康。

人的一切生活习惯都可以通过学习和训练来养成,怀有感激之心这个习惯也不例外。从小事做起,让自己的眼睛能看到值得感激之事,也让自己的心能体会到感激之情。人把自己的注意力放到什么事情上,什么事情就会变得又多又真实。只要能够坚持做下去,半年或一年后,你一定会发现生活中的好事很多,可以感激的事也很多。当你有了这个发现时,你的生活就会变得充满温情、快乐和令人满意。

(据《读者》2004年第18期)

 回答问题

1. 为什么本文说有宗教信仰的人一生感受到的幸福多于没有宗教信仰的人?
2. 如何才能拥有高质量的生活?
3. 什么人生活中不存在幸福和快乐?
4. 感激之心是怎样形成的?
5. 为什么好事会不停地落在心怀感激的人身上?
6. 贬低或轻视他人好意的人会有什么样的结果?
7. 怎样才能使自己的生活充满快乐?

第六课　郑和下西洋

一　生词语

1. 武力	wǔlì	（名）	军事力量。 >武器　武装　武将
2. 侄子 ≈侄儿	zhízi	（名）	弟兄或其他同辈男性亲属的儿子,也称朋友的儿子。
3. 扑灭	pūmiè	（动）	扑打消灭:~大火|~蚊子苍蝇。 扑—补—朴—仆—讣
4. 自杀 ↔他杀	zìshā	（动）	自己杀死自己。
5. 侍候 ≈伺候 照顾	shìhòu	（动）	服侍,照料:~父母|~病人。 侍—待　候—侯
6. 离奇	líqí	（形）	(情节)不平常;出人意料:~古怪|~的故事。
7. 风言风语	fēngyán-fēngyǔ		没有根据的话;私下里议论或暗中散布某种传说。
8. 组建	zǔjiàn	（动）	组织建立:~合唱团。 >组办　组合　建设　建造　建制 组—沮—狙—租—诅
9. 朝廷	cháotíng	（名）	君主时代君主听政的地方,也指以君主为首的中央统治机构。 廷—延
10. 名义	míngyì	（名）	做某事时用来作为依据的名称或称号:我以公司的~向你保证。
11. 水落石出	shuǐluò-shíchū		水落下去,石头就露出来。比喻真相大白。
12. 下落 （落在后面）là	xiàluò	（名）	寻找中的人或物所在的地方:~不明|打听失散亲人的~。
13. 莫非 ≈难道	mòfēi	（副）	书面语,表示推测或反问。

86

14. 航海 ≈航行	hánghǎi	（动）	驾驶船只在海洋上航行。 >航程 航天 航空 航运 航向 航—杭—肮—抗
15. 宣扬 ≈宣传	xuānyáng	（动）	广泛宣传,使大家知道:~好人好事。 扬—杨—汤—场—扔
16. 一举两得 ≈一石二鸟 一箭双雕	yìjǔliǎngdé		做一件事情,得到两种收获:种树既能生产木材,又能保持水土,是~的事。
17. 出使	chūshǐ	（动）	接受外交使命到国外去。
18. 非得（得到）	fēiděi dé	（动）	表示必须、应该(一般跟"不"呼应):生了病,~吃药(不成)。|干这种工作,~胆子大(不可)。
19. 跟随	gēnsuí	（动）	跟从,随从:他从小就~爸爸在国外生活。 >随访 随军 随同 随员 随葬
20. 信奉	xìnfèng	（动）	相信并且崇拜,成为一种信仰:基督教徒~上帝。 >迷信 信徒 信条 信念 信从
21. 圣地	shèngdì	（名）	与宗教教主生平事迹有重大关系的地方,如基督教徒称耶路撒冷为圣地,伊斯兰教徒称麦加为圣地。转指某些有重大历史意义的地方。
22. 使者 ≈使节	shǐzhě	（名）	接受出使命令办事的人,现在多指外交人员。 >大使 使命 公使 使馆 特使
23. 水手	shuǐshǒu	（名）	船上负责舱面工作的普通船员。
24. 艘	sōu	（量）	用于船只的量词:五~货船。
25. 如期 ←→改期	rúqī	（副）	按照期限:~举行会议|~完成任务。
26. 帆	fān	（名）	挂在船杆上的布,可以利用风力使船前进。
27. 声势	shēngshì	（名）	名声、威望和气势:~浩大|虚张~。 >势力 权势 形势 局势
28. 递交 ≈递送	dìjiāo	（动）	当面送交:~文件|~辞职信|~本人。
29. 借以	jièyǐ	（连）	表示把上半句所说的内容作为凭借,以达到某种目的。
30. 恐吓（惊吓）	kǒnghè xià	（动）	以威胁的话或手段来吓人:~他人|~信|不怕~。 >恐惧 恐慌 惊恐

31. 风浪	fēnglàng	(名)	水面上的风和波浪。比喻艰险的遭遇:~很大,船摇晃得厉害。|久经~。
			浪—粮—狼—娘
32. 海盗	hǎidào	(名)	出没在海洋上的强盗。
33. 头子	tóuzi	(名)	首领(含贬义):土匪~|流氓~|强盗~。
34. 抢劫	qiǎngjié	(动)	用暴力把别人的东西夺过来,据为己有:~银行
			>抢占 抢夺 抢购 劫持 劫机
			抢—枪—舱—沧 劫—动—切—却
35. 客商	kèshāng	(名)	往来各地运货贩卖的商人。
36. 分外	fènwài	(副)	超过平常,特别:~高兴|月到中秋~明。
(分钟)	fēn		
37. 商议	shāngyì	(动)	为了对某些问题取得一致意见而进行讨论。
≈商量 讨论			>商量 商讨 商谈
38. 而后	érhòu	(连)	从那时以后:北京一别,~音讯全无。
39. 提防	dīfáng	(动)	小心防备:~你身边的小人。|~走漏消息。
≈防范 谨防			
(提高)	tí		
40. 毅然	yìrán	(副)	坚决地,毫不犹豫地:~献身祖国的科学事业。|~放弃。
			>毅力 刚毅
41. 解散	jiěsàn	(动)	集合的人分散开:队伍~后,大家都在操场上休息。
⟷集合			
(散文)	sǎn		
42. 火药	huǒyào	(名)	一种炸药。
43. 严阵以待	yánzhènyǐdài		摆好严密整齐的阵势,等待前来侵犯的敌人。
44. 火把	huǒbǎ	(名)	夜间行路时照明的东西,有的用竹子等编成长条,有的在棍棒的一端扎上棉花、涂上油。
45. 俘虏	fúlǔ	(名)	打仗时捉住的敌人。
			俘—浮 虏—虑—虎—虐—虚
46. 捆绑	kǔnbǎng	(动)	用绳子捆住(多用于人)。
⟷松开			
47. 鉴于	jiànyú	(连)	表示以某种情况为前提加以考虑,多用于书面。
			>鉴别 鉴定 引以为鉴 以史为鉴

48.	威望	wēiwàng	（名）	声誉和名望：崇高的~|享有~。
				＞威名 威信
49.	花费	huāfei	（名）	消耗的钱：这次搬家需要不少~。
	≈开销 花销			
50.	顽强	wánqiáng	（形）	坚强，强硬：~的斗争|他很~，从不向困难低头。
	≈坚强			
				＞顽固 顽症 顽抗 顽皮 顽敌
51.	储藏	chǔcáng	（动）	保藏：~粮食|~淡水|~生活用品。
	≈贮藏			
	（宝藏）	zàng		＞储蓄 储存 储备
52.	昼夜	zhòuyè	（名）	白天和黑夜：~不停|不分~|~兼程。
53.	沿途	yántú	（名）	靠近道路的一带：~景色迷人。
	≈沿路			
				＞沿海 沿岸 沿街 沿江 沿用
				沿—铅

专 名

1.	郑和	Zhèng Hé	(1371—1435)，明代航海家。
2.	明成祖	Míngchéngzǔ	明代皇帝朱棣(1403—1424 在位)。
3.	建文帝	Jiànwéndì	明代皇帝朱允炆(1399—1402 在位)。
4.	麦加	Màijiā	地名，在今沙特阿拉伯。
5.	占城	Zhànchéng	地名，在今越南南方。
6.	爪哇	Zhǎowā	地名，印度尼西亚的一个岛。
7.	旧港	Jiùgǎng	地名，在今印度尼西亚苏门答腊岛东南岸。
8.	苏门答腊	Sūméndálà	地名，印度尼西亚最西面的一个大岛。
9.	锡兰	Xīlán	地名，今斯里兰卡。
10.	木骨都束国	Mùgǔdūshù Guó	地名，在今索马里的摩加迪沙一带。
11.	迪亚士	Díyàshì　Bartolomeu Dias	(约 1450—1500)，葡萄牙航海家。
12.	好望角	Hǎowàngjiǎo　Cape of Good Hope	非洲大陆最西南端突入海中的尖形陆地。
13.	哥伦布	Gēlúnbù　Columbus	(约 1451—1506)，欧洲航海家。
14.	达·伽马	Dá Jiāmǎ　Vascoda Gam	(约 1460~1524)，葡萄牙航海家。

二 课　文

> **提示一**　郑和是什么人？"西洋"是指什么地方？郑和下西洋最初的目的是什么？

明成祖用武力从他侄子建文帝手里夺得了皇位，有一件事总使他心里不大踏实。皇宫大火扑灭之后，并没有找到建文帝的尸体。那么建文帝到底是不是真的死了？京城里传说纷纷：有的说建文帝并没有自杀，趁宫里发生火灾混乱的时候，带着几个侍候他的人从地道里逃出城外去了；别的地方传来的消息更离奇，说建文帝到了什么什么地方，后来还做了和尚，说得有鼻子有眼睛。这些风言风语使明成祖不得不怀疑。他想，如果建文帝真的没死，万一他在别的地方重新组建军队，用朝廷的名义派兵围攻自己，岂不可怕！为了把这件事查个水落石出，他派了几个最信得过的人，到各地去秘密调查寻找建文帝的下落，但是又不好公开宣布，就借口说是求神仙。这一找，就找了二三十年。

明成祖又想，莫非建文帝会跑到海外去？那时候，我国的航海事业已经开始发展起来。明成祖心想，派人到海外去宣扬国家强大的实力，跟外国人做点儿生意，采购一些贵重的东西，顺便打听一下建文帝的下落，岂不是一举两得？

这样，他就决定派一支队伍，出使国外。让谁来带这支队伍呢？当然非得是自己最信得过的人不可。他思前想后，想到跟随他多年的郑和，倒是个挺合适的人。

郑和，原来姓马，小时候的名字叫三保，出生在云南一个回族家庭里。他的祖父、父亲都信奉伊斯兰教，还到伊斯兰教的主要圣地——麦加去过。郑和小时候就从父亲那里听说过外国的一些情况。后来，他进宫里做事，因为聪明能干，得到明成祖的信任。这郑和的名字还是明成祖给他的。

公元1405年6月，明成祖正式派郑和为使者，带一支船队出使"西洋"。那时候，人们叫的"西洋"，并不是指欧洲大陆，而是指我国南海以西的海和沿海各地。郑和带的船队，一共有两万七千八百多人，除了士兵和水手外，还有技术人员、翻译、医生等。他们乘坐六十二艘大船,这种船长四十四丈,宽十八丈,在当时是少见的。船队如期从苏州刘家河出发,经过福建沿海,扬帆南下,声势很大。

> **提示二** 郑和出使的国家对郑和的到来态度如何?在出使的路上是否遇到过麻烦?最后结果如何?

郑和第一次出海,先到了占城,接着又到爪哇、旧港、苏门答腊、锡兰等国家。他带着大批金银财物,每到一个国家,先把明成祖的信递交国王,并且把带去的礼物送给他们,借以表达同他们友好交往的愿望。许多国家见郑和带了那么大的船队,态度友好,并不是来用武力恐吓他们,所以都热情地接待他。

郑和这一次出使,一直到第三年9月才回国。西洋各国国王趁郑和回国,也派了使者带着礼物跟着他一起去中国访问。在出使的路上,虽然遇到几次大风浪,但是船上有不少经验丰富的老水手,船队从来没有出过事。只是在船队回国经过旧港的时候,遇到了一件麻烦事。

旧港有个海盗头子,他占据了海上的一个小岛,组建了一支海盗队伍,专门抢劫来往客商的财物。这回听到郑和船队带着大批财物经过,分外眼红,就和他人商议,假装准备迎接,而后趁郑和不提防,就动手抢劫。

这个计划被当地的一个人知道了,他偷偷地派人告诉了郑和。郑和心想,我有两万士兵,还怕你小小海盗?既然你要来偷袭,就非给你点儿教训不可。他毅然命令把大船解散开来,在旧港港口停下来,命令船上的士兵准备好火药、刀枪,严阵以待。

夜深的时候,海面上风平浪静,海盗头子带领一群海盗乘着几十艘小船直接驶向港口,准备偷袭。只听到郑和坐的船上一声巨响,周围的大船都驶过来,把海盗船围住。郑和他们人多势大,早有准备,把海盗们打得大败。大船上的士兵投下火把,把海盗船烧着了。海盗头子想逃也逃不了,只好当了俘虏。

郑和把俘虏捆绑了起来,带回中国。到了京城,向明成祖献上了俘虏。各国的使者也会见了明成祖,送上大批珍贵的礼物。明成祖

见郑和把出使的任务完成得很出色,高兴得眉开眼笑。

> 提示三 郑和一共出海几次?有何意义?后来为何没有继续下去?

后来,明成祖相信建文帝确实是死了,没有必要再去找了。但是鉴于出使海外既能提高国家的威望,又能促进跟西洋各国的贸易往来,好处颇多,所以从那以后,一次又一次派郑和带领船队下西洋。从公元1405年到1433年的将近三十年里,郑和出海七次,前前后后一共到过印度洋沿海三十多个国家,最远到达非洲的木骨都束国。

到郑和第六次出使回国的那年,明成祖得病死了。他的儿子当上皇帝后,不到一年也死了。继承皇帝之位的,是一个八九岁的孩子,由祖母和三个老臣掌握朝廷的大权。后来大臣们认为郑和出使七次,国家花费太大,到国外航行的事业这才停了下来。

郑和的七次航行,表现了中国古代人民顽强的探索精神,也说明当时中国航海技术已经有相当高的水平。由于船上储藏淡水、船的稳定性等问题都得到了合理的解决,船队能够在危险恶劣的条件下昼夜不停地航行,很少发生意外事故。1433年郑和船队最后一次航行的时间,比世界著名航海家迪亚士到达非洲南端的好望角、哥伦布到达美洲大陆、达·伽马沿非洲西岸绕过好望角到达印度的时间,都早了约半个世纪。郑和的出使,重新唤醒了沿途国家对中国航海业的印象,恢复和加强了他们与中国的经济文化交流和友好往来。直到现在,那些国家里还传说着郑和的事迹。

(据《上下五千年》)

注 释

1. 有鼻子有眼睛 ✳✳

形容叙述描写得活灵活现,很生动,像真的一样。如:
(1) 虽然村民们说得~,但记者始终将信将疑。
(2) 报纸一连几十天登了很多批评他的材料,~,他承受不了了。

2. 风言风语 ✽✽

成语。指私下议论、暗中流传的没有根据或恶意中伤的话。如：

(1) 他不在乎关于自己的那些~，只要开心，别的什么都不重要。
(2) 办公室里的~让他对身边的同事非常失望。

3. 莫非 ✽✽

副词。莫不是，用于书面语，跟"难道"意思差不多，常和"不成"搭配使用，表示推测或反问。如：

(1) ~错怪了他不成？
(2) ~海盗头子改变了主意？

4. 如期 ✽✽

副词。按照规定的期限。如：

(1) 这部电视连续剧~在今年春节播出了，收视率还算不低。
(2) 虽然遇到了一些问题，该国的选举仍将~进行。

"如"表示依照，同样的意思也出现在以下词语中：如实(按照实际)/如数(按照规定的或原来的数目)/如约(按照约定)。

5. ……，借以…… ✽✽

连词。作为凭借，以便做某事或达到某种目的。一般前一分句表示凭借，如：

(1) 略举几件事实，~证明这项工作的重要性。
(2) 我给这首歌重新填了词，~表达我现在无比激动的心情。

6. 恐吓—威胁 ✽✽

都是动词。"恐吓"指抓住对方的弱点，用语言或其他手段来吓唬对方，使其害怕，恐吓的对象一般是人、机构或团体。"威胁"意思是用权势或威力使对方屈服，威胁的对象可以是事物、人物、状态和情形。二者有时可以互换，但"恐吓"偏重使用语言等手段，"威胁"偏重使用权势和威力，例如"恐吓信"一般不能改为"威胁信"。如：

(1) 绑架者打电话恐吓客商不要报警。(威胁√)
(2) 该歌手因遭人恐吓而取消了演唱会。(威胁√)

"威胁"还可以表示(某些因素)造成危险或危害。如：

(3) 环境污染威胁着人类健康。(恐吓×)

另外，"威胁"还可做名词，指可能形成危险或危害的因素。如：

(4) 噪声对人类生存构成威胁。(恐吓×)

7. 分外 ✽✽

副词，又做"份外"。格外，特别。如：

(1) 拉着车，街上是那么乱，地上是那么滑，他得~地小心。
(2) 我的侄子把以前的成功看得~光荣。

形容词。本身职责或义务范围以外。反义词为"分内"。如：

(3) 怎么能说保护环境是公民~的事？

8. 商议—讨论—商量 ✱✱

均为动词。"商议"指通过商量讨论求得意见一致;"讨论"指对所提出的问题交换意见或进行辩论;"商量"指互相讨论和交换意见。通常我们说"讨论问题、商量对策"。

"商议"常用于较正式的场合,商议的是大事;"讨论"后面既可接大事,也可接小事;"商量"后常接小事。如:

(1) 我市各级领导昨天商议关于中学收费的问题。(讨论√商量√)

(2) 三个国家共同商议建立一个儿童医疗中心,以帮助遭受战争灾难的儿童。(讨论√商量×)

(3) 他已和女朋友商量过了,找工作尽量在同一个城市。(讨论√商议×)

"商量"比"讨论"、"商议"更礼貌更客气。下级跟上级、晚辈跟长辈交换意见时,一般用"商量",如:

(4) 主任,我跟您商量个事,行不?

9. 而后 ✱✱

连词。表示"从那时以后"。多用于连接分句,一般不单用。如:

(1) 那个皇帝先改革政治,~又用武力统一了中国。

(2) 一男子当众抢劫,~逃跑。

10. 提防—注意—小心 ✱✱

这三个都是动词。具体的意义有差别:"提防"指预防由某人或某事形成的危险或预防出现不好的结果,不能用来指防止出现错误;"注意"指把思想集中到某一方面,注意的目的,可以是避免出现不好的结果,也可以是使出现好的结果,还可以仅仅是提醒集中精神;"小心"做动词指做事时要留神、谨慎,以避免出现危险和错误。"小心"还可以作形容词,指慎重。"提防"和"注意"都不做形容词。"注意"和"小心"后面可不带任何成分,"提防"则一般要带宾语、补语等成分。如:

(1) 沿途你们要提防海盗。(小心√注意√)

(2) 上学一定要注意交通安全。(小心×提防×)

(3) 同学们请注意,我们要学习新课文了。(小心×提防×)

(4) 出门旅行要小心,别丢了东西。(注意√提防×)

(5) 你要小心谨慎地完成任务。(注意×提防×)

"注意"和"小心"可单用,表示紧急情况下的提醒。这时"注意"和"小心"意思相近,可以互换。"提防"没有这种用法。如:

(6) 小心!前面有车来了!(注意√提防×)

如果"注意"后面接的是动词,句子的意思是要避免出现不好的结果,这个动词要用否定格式;"提防"后的动词不能用否定式;"小心"后接肯定式或否定式有时意思一样。如:

(7) 注意不要发生事故。(提防×小心√)

(8) 提防发生事故。(小心√注意×)

11. 非……不……/非……才……

"非……不……"表示不具备某一条件就不行,即一定要这样。"非"后多为动词或动词性短语,也可以是代词、名词或名词性词组。"非"后有时加"得"、"要"。后一部分常用"不行"、"不可"、"不成"搭配。如:

(1) 这个事非我自己办不可。
(2) 这些条件你非要接受不可。
(3) 实验要有结果,非得两三天不行。
(4) 她知道非如此不能在这个世界上活着。

"非……才……"表示一定要具备某一条件才能怎么样,后一部分可以是分句,也可以是"才行"、"才成",但不能用"才可"。如:

(5) 非要过了这一关,他才能取得更大的成功。
(6) 你非亲自去一趟才成。(才行√才可×)

"非……不……"和"非……才……"的意思基本相同,当后一部分是"不成/才成"、"不行/才行"时可互换,其他情况不能互换。

12. 毅然

副词。坚决地,毫不犹豫地。一般不用于贬义。如:

(1) 他~挑起这副重担。
(2) 完成学业后,他~放弃国外优越的生活条件回到祖国的怀抱。

13. 鉴于

介词。表示以某种情况为前提加以考虑,常用于句首,多用于书面语。如:

(1) ~这样的条件,我们还是别在当地过夜为好。
(2) ~上述情况,我建议会议提前召开。

连词。用在表示因果关系的复句中前一分句句首,指出后一分句行为的依据、原因或理由。如:

(3) ~他多次违反工作纪律,公司决定让他停职一个星期。
(4) ~群众反映,我们准备马上开展质量大检查。

四 练习

(一) 选择合适的词语填空

离奇　名义　下落　恐吓　分外　而后　提防　鉴于

1. 那个人好像消失了一样,他的家人四处打听他的_____,可一点儿消息也没有。

2. 太阳把后院的花儿都照起一层亮光。微风吹来,花朵和叶子的颤动,把四周的空气变得_____清新。

3. 他也不知道自己是先坐下_____睡着,还是先睡着_____坐下的。

4. _____他对中国电影的非凡贡献,决定授予他最杰出贡献奖。

5. 那个水手总能想出很多_____的故事,在航海过程中给他的同伴带来了不少欢乐。

6. 事先对银行行长的_____,是他们抢劫银行计划的一部分。

7. 你应该_____那个使者,他很可能是一个从事秘密工作的人。

8. _____上明成祖的儿子是皇帝,可实际上他却没有什么大权。

(二) 把词语和解释用线连起来

1. 以礼相待　　　A. 等待有高价钱才卖出去。
2. 落井下石　　　B. 形容高兴或得意的神态。
3. 一石二鸟　　　C. 白天不出门,晚上才出来。
4. 待价而沽　　　D. 投一个石头打到两只鸟。比喻做一件事达到两个目的。
5. 眉飞色舞　　　E. 比喻轻微的动荡或变故。
6. 昼伏夜出　　　F. 按照规定的或原来的数目赔偿。
7. 风吹草动　　　G. 用应有的礼节对待人。
8. 如数赔偿　　　H. 见人掉到井里,不但不救,反而往下扔石头。比喻在别人遇到危难时乘机加以陷害。

(三) 解释下列带点字的意思

1. 水手:_____　2. 手册:_____

3. 手抄:_____　4. 严阵以待:_____

5. 以少胜多:_____　6. 长江以南:_____

7. 如期:_____　8. 如果:_____

9. 几十年如一日:_____　10. 我不如他:_____

(四) 选择合适的词语完成句子(每个词语限用一次)

借以　莫非　有鼻子有眼睛　风言风语　毅然　鉴于　非得　提防　而后　非……不……

1. 昨天我以为同屋拿了我的书,跟他吵了一架,可是今天突然发现书在我自己的书包里,_____?

2. 这件事情谁都处理不好，_____。

3. 他们_____，那些原来不相信的人也完全相信了。

4. 不少中国企业同国际知名的大公司、大企业结成合作伙伴关系，_____
_____。

5. 在困难面前，他_____，最终度过了难关。

6. 他很爱苏小姐，甚至发誓_____。

7. _____，企业可依据上述原则结合自身实际情况进行研究，并按有关规定提出申请。

8. 因为儿子进了监狱，母亲_____。

9. 政府要根据部长出使外国的结果，_____。

10. _____，那个人可是刚从监狱放出来的。

（五）改错

1. 妈妈，寒假去旅游的事，我想跟您商议一下。

2. 暂时不给你安排而后的工作任务。

3. 一个运动员非要经过刻苦的训练不可以成为世界冠军。

4. 我们终于如期按时完成了任务。

5. 敌人毅然决定向我们发起进攻。

6. 我们应该提防地过马路。

7. 这个事情非你自己解决才可。

8. 鉴于老师的耐心教导，他很快就掌握了这一门技术。

9. 为注意丈夫的尸体被拖走，叶娜坐在丈夫的尸体旁边等待家人赶来。

10. 城市里的化工厂恐吓着城市和市民的安全。

（六）请选择可以替换句中画线部分的词或短语

1. 我军已<u>摆好严密整齐的阵势</u>，等待前来侵犯的敌人。
   A. 做好准备　　B. 即将出发　　C. 严阵以待

2. <u>考虑到</u>这种产品的功能还不完善，先不要投入生产。
   A. 借以　　　　B. 鉴于　　　　C. 在于

3. 经过了二十多天的航海生活后,水手们终于到达了目的地,个个都显得**特别**高兴。
   A. 分外 B. 过分 C. 特地

4. 为了赶在国庆节前完工,他们连续几天不分<u>白天和黑夜</u>地工作。
   A. 时间 B. 昼夜 C. 黑白

5. 到底谁是杀死那位客商的凶手,今天终于<u>真相大白</u>了!
   A. 水落石出 B. 一举两得 C. 风言风语

6. 他总有那么多<u>出人意料</u>的想法。
   A. 惊讶 B. 意外 C. 离奇

7. 我们<u>一路上</u>欣赏了很多风格各异的建筑。
   A. 前途 B. 沿途 C. 旅途

8. 中国女子排球队具有<u>顽强</u>的毅力,她们的精神感动了无数中国人。
   A. 坚强 B. 顽固 C. 强大

9. <u>注意</u>,别把衣服弄脏了!
   A. 提防 B. 防止 C. 小心

10. 去北京的事等我跟朋友们<u>商量</u>一下再说。
    A. 谈论 B. 讨论 C. 议论

(七) 根据课文的内容判断正误

1. (　) 关于建成帝的死有很多风言风语。
2. (　) 明成祖最初派队伍出使国外,只是为了宣扬国家强大的实力。
3. (　) 郑和每到一个国家,都把带去的礼物送给他们,借以表达同他们友好交往的愿望。
4. (　) 郑和回国时,西洋各国国王也都派了使者带着礼物跟着他一起到中国访问。
5. (　) 在出使的路上,船队从来没有出过事是因为船上有很多经验丰富的士兵。
6. (　) 旧港的海盗头子对郑和的大船分外眼红。
7. (　) 郑和出使海外既能提高国家的威望,又能促进跟西洋各国的贸易往来。
8. (　) 郑和船队第一次航行的时间,比世界许多著名航海家都早了约半个世纪。

(八) 请根据下面的提示,把课文的大意写出来

1. 明成祖用武力从他侄子手里夺得了皇帝的地位。
2. 明成祖决定派一支队伍出使国外,顺便打听他侄子的下落。
3. 明成祖正式派郑和为使者,带一支船队出使"西洋"。
4. 船队如期从苏州刘家河出发。
5. 船队先到了占城,接着又到爪哇。
6. 郑和的船队回国经过旧港。

7. 海盗头子带领一群海盗准备偷袭郑和他们。
8. 海盗被打得大败,海盗头子也当了俘虏。
9. 明成祖得病死了,他的儿子当上皇帝。
10. 郑和航海的事业停了下来。

五 副课文

郑和为什么没有带来"地理大发现"

在研究郑和下西洋的学者中,中国科学院自然科学所研究员宋正海称自己是一个"持不同意见者"。根据他的观点,郑和不能完成地理大发现,由欧洲人发现美洲是历史的必然。他甚至还提出,即使郑和航海到达西欧,今日世界历史的格局也不会有根本性不同。

英国海军退役军官、航海史学家孟席斯(Gavin Menzies)用了14年时间,走访了120多个国家、900多个档案馆、图书馆之后,提出惊人理论:郑和船队早在哥伦布之前72年就航行到了美洲;早在达·伽马之前77年就绕过了好望角;早在麦哲伦之前一个世纪就完成了环球航行;早在库克之前350年就到达了澳洲。孟席斯的新理论震惊了世界。

而在宋正海看来,孟席斯的这些"发现"不可靠,因为郑和的船队根本不可能进行环球航行。

宋正海认为:首先地理大发现需要强大持续的动因,这样的动因在当时的欧洲存在,但在明代的中国是不存在的。

从13世纪开始,西方的商人和冒险家们一心专注于《马可·波罗游记》极力描绘的东方财富,纷纷做起"黄金梦"。然而,当时土耳其帝国控制了地中海到东方的商业往来的传统道路,而另一条海路又控制在阿拉伯人手里。因此,西欧各国迫切想寻找一条绕过地中海通向东方的新航路。这就是地理大发现的动因。

和当时西欧统治者积极支持远航、发展海外事业相反,明代中国统治者采取重视农业、抑制商业的政策,大部分时间实行"海禁",缺少推动地理大发现的经济动因。

郑和下西洋的主要目的不是经济,而是政治。七次远航归来,各国已与朝廷建立政治、外交关系,来华使节增加。政治目的达到之后,远航再没有了强大的动因。

郑和七次航海不仅没有像后来西欧航海家的远航那样带来数量巨大的利润,反而使国家开销加大。每次出访,带去大量金银、瓷器、丝绸等物,而换来的只是专供皇帝和官僚用的各种奢侈品。每次远航花费巨大,致使郑和航海被政敌指责,再也无法进行下去了。

从唐朝开始,中国航海就名震海外,但自郑和的航海壮举后,反而一蹶不振,从此落后于西欧。

其次,宋正海指出,无论是哥伦布向西远航,还是麦哲伦环球航行,之所以能进行,并非完全出于冒险,而是和他们本人及其资助者相信大地是球形分不开的。但在中国,"大地是平的"这一观念却很难改变。

明初中国占统治地位的宇宙理论是球形大地半个在水中,半个在水上。水中的半球并非人居住的世界,是永远无法到达的。因此,中国传统的大地观从根本上否定了环球航行的可能性,也不会去讨论环球航行问题。

最后,郑和的地图中没有"未知世界"。中国古代地图学制图理论和方法均以平面大地为基础,根本没有考虑大地是球形,甚至连拱形也没有考虑。尽管古希腊出现不少世界地图,但中国古代一幅也没有过。

《郑和航海图》并非是实际的位置和方位。用这种航海图导航,无论在开始还是中途,均不知目的地的准确方向,只是利用航线各处的山形、水势、星星的位置等来判断船的位置,这样一步步地前进。

如果根据地球大小和已知世界来绘制的世界地图,就必然要对地球的未知世界部分进行较科学的猜测。这种猜测包括:大西洋有多大,从西欧航行到东方的中国、印度和日本需要多少时间,大西洋中会不会有大块陆地存在等等。这些问题的长期科学猜测,对地理大发现有着推动作用,但是中国古代似乎从来没有从科学上考虑未知世界的存在。

"地理大发现最根本的条件还是经济动因。"宋正海说,"如果明初中国资本主义有迅速的发展,从而产生强大持续的经济动因,那么种种不利条件都会改变并按经济要求而向前发展,那么中国人也会完成地理大发现。"

(据《中国青年报》)

回答问题

1. 宋正海的不同观点是什么？
2. 英国航海史学家孟席斯提出了什么惊人理论？
3. 为什么宋正海认为孟席斯的发现不可靠？
4. 宋正海认为地理大发现所必需的强大持续的动因是什么？
5. 为什么郑和航海不仅没有带来巨大利润，反而使国家开销加大？
6. 中国明代关于大地的观念是怎样的？
7. 宋正海认为中国人完成地理大发现的条件是什么？

第七课 世界体坛大变动分析

生词语

1. 体坛	tǐtán	（名）	体育界:~精英|国际~。 ＞影坛 歌坛 文坛
2. 取代 ≈代替	qǔdài	（动）	排除别人或别的事物而占有其位置:用机器~手工生产。 ＞取而代之
3. 格局	géjú	（名）	结构和格式:这篇文章写得很乱,简直没个~。
4. 极力 ≈尽力 竭力	jílì	（副）	用尽一切力量;想尽一切办法:~主张|~克服困难。
5. 捍卫 ≈保卫 保护	hànwèi	（动）	保卫:~祖国的领土|~人民的主权。
6. 霸主 ≈霸王	bàzhǔ	（名）	在某一领域或地区最有声势的人或集团:文坛~。 ＞霸道 霸占 霸权
7. 减弱 ⟵⟶增强 ≈减轻	jiǎnruò	（动）	(气势、力量等)变弱;使变弱。 ＞减肥 减价 减慢 减速 减压 弱小 软弱 弱化
8. 呈现 ≈显现	chéngxiàn	（动）	显出;露出:到处~欣欣向荣的景象。|暴风雨过去,大海又~出碧蓝的颜色。 ＞呈露 出现 呈献 呈报
9. 确立	quèlì	（动）	稳固地建立或树立:~制度|~信念。 ＞确定 确认 确切 确实 确信
10. 枚 ≈个	méi	（量）	多用于形体小的东西:三~奖章|不胜~举。
11. 局势 ≈形势	júshì	（名）	(政治、军事等)一个时期内的发展情况:最近这里的~进一步紧张。

102

12. 划分 (划船)	huàfēn huá	（动）	把整体分成几部分：~范围。 >划界 划定	
13. 分类	fēn lèi	（动）	根据事物的特点分别归类：图书~法｜把药~放好。 >分开 分离 分配	
14. 面 ⟵⟶点	miàn	（名）	指较大的范围，与"点"意思相反。很少单用，常跟在别的词语后面：覆盖~｜点~结合｜你是经理，工作~要宽一点儿，不要只看到眼前的小事。	
15. 田径	tiánjìng	（名）	体育运动项目的一大类，包括各种跳跃、投掷、赛跑和竞走等。	
16. 十全十美	shíquán-shíměi		各方面都非常完美，毫无缺陷。	
17. 缩减	suōjiǎn	（动）	紧缩减少：~开支｜~机构 >缩短 缩小 缩写 缩影 缩衣节食	
18. 王牌	wángpái	（名）	桥牌等游戏中最强的牌。比喻最强有力的人物、手段等：~军。 >王权 王位 王法 王室	
19. 兴奋剂 (高兴)	xīngfènjì xìng	（名）	使人兴奋的药物，在各种体育比赛中禁用。	
20. 丑闻 ≈丑事	chǒuwén	（名）	指有关人的隐私、丑事的传言或消息：政治~。 >丑行 丑陋 丑恶 丑态 丑化	
21. 削弱 ⟵⟶增强 ≈减弱 (削皮)	xuēruò xiāo	（动）	（力量、势力）变弱；使变弱。 >削价 削发 削平	
22. 名次	míngcì	（名）	依照一定标准排列的姓名或名称的次序：比赛中他成绩较好，所以~也靠前。 >名称 名单 名额	
23. 倒退 (倒霉)	dàotuì dǎo	（动）	往后退；退回（后面的地方、过去的年代、以往的发展阶段）：~三十年，我也是个壮小伙子。 >倒流 倒车	
24. 蹦床	bèngchuáng	（名）	体育竞技运动项目之一。在弹簧床上跳，并在空中完成各项规定动作和自选动作。	
25. 摔跤	shuāijiāo	（名）	体育运动项目之一，两人相抱运用力气和技巧，以摔倒对方为胜。 >摔倒	

26. 拳击	quánjī	(名)	体育运动项目之一,比赛时两个人带着特制的皮手套互相击打,以击倒对方或击中对方有效部位次数多为胜。
27. 无缘 ←→有缘	wúyuán	(动)	没有缘分:我和他~,最后只能分手。 >缘分 姻缘
28. 波动	bōdòng	(动)	起伏不定;不稳定:情绪~|物价~。 >波及 波浪 波涛 波折
29. 从中	cóngzhōng	(副)	在其间;在其中:~捣乱|~学到做人的道理。
30. 竞技	jìngjì	(动)	指体育竞赛:~场|~状态不佳。 >竞赛 竞争 竞走
31. 后劲	hòujìn	(名)	用在后一阶段的力量:他~足,最后冲刺时超过了所有的对手。 >带劲儿 有劲 来劲儿
32. 自强不息	zìqiángbùxī		自己努力向上,永不停歇。
33. 均势	jūnshì	(名)	体育比赛上指自己跟别人比既不是优势也不是弱势的项目,即跟别人实力差不多:~项目。 >均衡 均匀 平均
34. 跆拳道	táiquándào	(名)	体育运动项目之一,原是朝鲜半岛的民族传统武术,以用脚踢、踹为主,用手击打为辅。
35. 不胜	búshèng	(副)	书面语。非常;十分(用于感情方面)。多修饰双音节动词或形容词,能搭配的词语只有感激、欢喜、荣幸、感慨、惋惜等。
36. 阴盛阳衰	yīnshèng-yángshuāi		指女的比男的做得更好或取得更好的成绩。
37. 东道主	dōngdàozhǔ	(名)	请客的主人。
38. 成效 ≈功效 效果	chéngxiào	(名)	功效;效果:这项新措施实施三个月以来,已经初见~。 >成功 成败 成果 成绩 成就
39. 奔腾 ≈奔跑 (投奔)	bēnténg bèn	(动)	(许多马)跳跃着奔跑;常用来比喻某些液体或感情的涌动:万马~|黄河水~而来|思绪~。 >奔驰 奔赴 奔放 奔命 奔跑 奔走
40. 黑马	hēimǎ	(名)	比喻实力难测的竞争者或出人意料的优胜者。
41. 跃居	yuèjū	(动)	指极快地到达某一位置:公司创办才两年,营业额便~全市之首。 >跃进 跃跃欲试

第七课　世界体坛大变动分析

42.	柔道	róudào	（名）	起源于日本的一种武术，它强调选手对技巧掌握的娴熟程度，而非简单的力量对比，英文为 Judo。
43.	凿	záo	（动）	打孔；挖掘：~井｜~一个洞。
44.	精兵	jīngbīng	（名）	训练有素、战斗力强的士兵：~猛将｜率~十万。 ＞精华　精品　精辟　精彩
45.	典范	diǎnfàn	（名）	可以作为学习、仿效标准的人或事物：~作品｜他是大家学习的~。 ＞典型　典章
46.	马术	mǎshù	（名）	体育运动项目之一，是人在马上进行的竞技运动。
47.	何	hé	（代）	表示反问：~足挂齿？｜谈~容易？｜有~不可？ ＞何不　何其　何必　何苦
48.	王国	wángguó	（名）	比喻某种特色或事物占主导地位的领域：北京是自行车的~。
49.	验证	yànzhèng	（动）	通过检验使结论、知识等的正确性得到证实：我们可以做实验来~一下这个想法。 ＞验货　验血　查验　考验　试验
50.	返回	fǎnhuí	（动）	回；回到（原来的地方）。 ＞往返　返还　返修　返工　返航
51.	崛起	juéqǐ	（动）	书面语，兴起：E-mail 是 20 世纪末迅速~的一种通讯方式。

课文

　　2004年雅典奥运会上，中国取代俄罗斯获得金牌榜第二的位置，世界体坛格局发生了变动。美国虽然极力捍卫奥运金牌霸主的地位，但优势已减弱。中国乘2008年北京奥运会的东风，跨入了世界体育强国的第一集团，并呈现出超俄赶美的实力。

世界三强局面确立

> **提示一** 以前的世界体坛是什么格局？现在又是什么格局？国际上对世界体坛格局是怎么划分的？

本届奥运会金牌榜前三名的顺序为美国35金、中国32金、俄罗斯27金，排在第四位的澳大利亚仅获17枚金牌，被第一集团的三个代表团远远抛在身后。

世界体坛局势的变化打破了以往把美、俄划分为第一集团（在悉尼奥运会前还有德国队），把中国、澳大利亚等十几国划为第二集团，将其余国家和地区归为第三集团的分类法。

国际上对世界体坛格局的划分，有的不以金牌榜为准，而以奥运奖牌榜定位。依此法，美国仍以103块奖牌居第一，俄罗斯以92块奖牌排第二，中国以63枚奖牌排第三，而第四名澳大利亚队奖牌数只有49枚。此外，从夺金面来看，第二集团与美、中、俄的差距也比较大。因此，无论是按照金牌数、奖牌数还是夺金面，美国、中国、俄罗斯都可被归为第一集团。

中国体育代表团团长在评价中国队时表示，从综合实力来看，中国仍处于俄罗斯之后。

评论体坛三强

> **提示二** 本届奥运会上美、中、俄分别有什么表现？取得了什么样的成绩？

在本届奥运会上，美、中、俄组成的第一集团共赢得了301枚金牌中的94枚，比上届少了5枚。美国在15个大项上夺金，在23个大项上获奖牌。美国靠"金牌大户"田径和游泳打天下的传统没有改变，在两个项目上狂夺20枚金牌，总共52枚奖牌，其中游泳巨星菲里普斯一人就贡献了6金。此外，美国在以往并不具优势的体操和射击项目上各捞2金。但比赛总难以十全十美，在田径、网球和男子篮球等强项中，美国丢了几枚本应得到的金牌。

第七课　世界体坛大变动分析

美国在 1996 年亚特兰大奥运会上以绝对优势登上世界体坛霸主位置后，金牌数从悉尼的 39 枚缩减到今天的 35 枚，呈现了小幅度下降趋势。一来是遇到了强劲的挑战，二来是因"王牌项目"田径受到兴奋剂丑闻的影响。

俄罗斯在本届奥运会上是中国的强劲对手，但以往强大的实力已经明显削弱。俄罗斯本届奥运会的金牌总数比上届减少 5 枚，在 11 个大项中夺得金牌，在 22 个大项上获得奖牌。

俄罗斯金牌榜名次倒退主要源于以往占据优势的体操项目优势不再，从上届的 5 金到本届吃了"零蛋"；蹦床也从上届的 2 金变成本届的一无所获。但俄罗斯在摔跤项目上依然保持着强势，获得 5 金。田径从上届的 3 金增加到 6 金，射击和拳击也从上届的与冠军无缘增长到此次的 3 金。俄罗斯的优势项目呈现波动状态，夺金项目也比以往有所减少。从悉尼到雅典，俄罗斯的成绩不断下降，从中反映出其可持续性增长的竞技体育后劲不足。

同美国和俄罗斯相比，中国队自强不息，在 13 个大项中夺金，在 18 个大项上获奖牌，金牌数远远超过了赛前目标——20 至 25 枚。中国的传统优势项目继续占优势，除体操从上届 3 金掉到 1 金，表现较差外，跳水得 6 金，举重得 5 金，射击得 4 金，羽毛球和乒乓球各 3 金。别说是这些优势项目，就连落后的田径、游泳、水上三大项目，中国队也从上届的 1 枚金牌增长到 4 枚金牌。同时，在均势项目的女子跆拳道上夺得 2 金，在落后的女子网球和女子摔跤项目中也实现了金牌的突破，让人不胜欢喜。

除金牌大丰收外，中国体育界的"阴盛阳衰"现象有所转变。奖牌总数和进入前 8 名的选手大大超过上届，成功地达到了为 2008 年北京奥运会培养新人的目标。

第二集团发生变动

> 提示三　哪些国家属于第二集团？他们发生了什么变动？

在悉尼奥运会上，东道主澳大利亚名列金牌榜第四，本届依然保住了第四的位置。该国"王牌项目"突出，游泳狂夺 7 金，自行车抢得 6 金，夺金面虽然只有七大项，但成效显著。

日本是本届奥运会上奔腾而出的一匹"黑马",从上届夺得5枚金牌,上升到本届的16块金牌,跃居金牌榜第五,实现了20年来在奥运会上从未超过10金的历史性飞跃。日本的优势项目突出,在柔道上夺8金,靠游泳突破获3金,摔跤得2金,以"三板斧"凿出世界第五,可算是"精兵策略"在奥运会上成功的典范。

德国队名次被首次挤到可怜的第六,仅获得14枚金牌,和上届相同。德国除在水上项目中保持优势而获得6金,在射击和马术上各得2金外,已经没有其他优势,想以此保住名次,谈何容易?可以肯定,这个曾经的体育王国经过两届奥运会的验证,短期内不太可能重新返回第一集团。

雅典奥运会上冲进第二集团(5到20金)的共有13个国家,比上届多出1个国家。金牌总数第七到第十六位按顺序是法国(11金)、意大利(10金)、韩国(9金)、英国(9金)、古巴(9金)、乌克兰(9金)、匈牙利(8金)、罗马尼亚(8金)、希腊(6金)、挪威(5金)。其中,上届赢得13金的荷兰队本届仅获4金,掉到第三集团;乌克兰从3金跃升到9金,挤进第二集团。英、古等国的金牌大幅度减少,都掉到双位数之下。

第三集团强劲崛起

提示四 第三集团发生了什么变化?有什么表现?

本届奥运会登上金牌榜的国家和地区达到了57个,比上届多出7个;上奖牌榜的达到75个,较上届少5个。雅典奥运会的一大特点是第三集团对第一和第二集团发起了挑战,抢走了不少金牌。

上届奥运会上,第二集团中超过10金的国家有8个,本届仅有4个;上届奥运会,第二集团共夺走133枚金牌,本届仅得120块;上届奥运会,获得2枚金牌的国家和地区仅有8个,本届一下变成14个。金牌变动最大的就是这一部分,

从无到有,或从一到二,显示出身处"底层"的第三集团正在崛起。

雅典奥运会胜利闭幕了。四年之后,奥运大战将在北京上演。

(据新华社记者杨明《中国再上台阶,世界三强确立》)

注 释

1. ~坛

"坛"原来指古代举行祭祀等活动时用的台,多用土石等建成,如北京的天坛、地坛等;还可以指用土堆成的台,如花坛,后来"坛"可以指讲学或发表言论的场所,如:

(1) 我们学校每周都有一个"名师讲坛",请在各方面有突出成就的专家给大家演讲。

(2) 这个月的"财富论坛",讨论的是理财的问题。

"坛"还可以指文艺界或体育界。如:

(3) 明天报纸将会揭晓今年体坛的十大明星。

(4) 这场关于诗歌命运的讨论使诗坛、文坛出现了前所未有的热闹场面。

2. 取代—代替

都是动词:"取代"指排除别人或别的事物而占有其位置;"代替"指用甲换乙,起乙的作用。在表示乙换成了甲这个意义上,可以互换。如:

(1) 随着时代的发展,Email已经逐渐取代往日的平信,成为人们联系的一种重要工具。(代替√)

(2) 这位民族英雄在人们心中的地位是谁也不能代替的。(取代√)

"取代"强调别人或别的事物已经被排除,其位置已经被占有,而且这种占有是长期性的甚至是永久性;"代替"只说明原先的人或事物换成了别的人或事物,原先的事物不一定被排除,替换可能是暂时性的。当表示甲换成乙只是暂时性时,用"代替"而不用"取代";当替换具长期或永久性时,一般不能用"代替",如:

(3) 他不能去,你代替他去一趟吧。(取代×)

(4) 董事长的位置被一位年轻有为的小伙子所取代。(代替×)

3. 极力

副词。意思是用尽一切力量,想尽一切办法。多修饰动词,有时可以加"地",还可以跟否定形式。如:

(1) 这是件好事,我们正在~争取。

(2) 小姑娘的眼泪已经在眼眶里打转了,但她还是~地不让自己哭出来。

4. 捍卫—保卫—保护

三个都是动词:"保护"指尽力照顾,使不受损害;"保卫"指保护使不受侵犯;"捍卫"指保卫、抵御外来侵略。

"保护"强调在人和事物还没受到伤害或损害的时候尽力照顾好,以免其受到伤害或损害,含有"爱护"的意思,如"保护皮肤"、"保护花草";"保护"的对象可以是重要人物,也可以是普通人,还可以是个人的东西。"捍卫"的对象不能是人或个人的东西,"保卫"的对象不能是个人的东西,如:

(1) 看书的时间不应过长,要注意保护好自己的眼睛。(捍卫×保卫×)
(2) 天黑了,路上要小心,注意保护自己。(捍卫×保卫×)
(3) 他的工作是负责保卫大明星(的安全)。(保护√捍卫×)

"保护"、"保卫"、"捍卫"有时可以互换,但意义有差别:"保护"和"保卫"都是预防性的,但"保卫"强调预防侵犯,"保护"偏重于免受损害;"捍卫"则强调正面临外来的侵略或损害,语义比"保卫"重,且有时间的紧迫感,多用于重大的事物。如:

(4) 我们要拿起法律的武器,保护妇女儿童的合法权益。(保卫√捍卫√)
(5) 美国政府认为全球的企业应该捍卫它们的知识产权。(保护√保卫√)

"保卫"还可用于机构名称,如保卫科、保卫处等,"捍卫"和"保护"一般没有这个用法。"保护"可以直接做定语,不带"的",如保护神、保护色、保护措施等。

5. 打天下 ❋❋

惯用语。用武力夺取政权,也比喻创立事业。如:

(1) 丈夫在外面~,妻子在家里照顾老人小孩。
(2) 我们这天下是你们一手打下的。

6. 十全十美 ❋❋

成语。表示各方面都非常完美,毫无缺陷。如:

(1) 咱们再慢慢想个~的办法。
(2) 父母对她的要求特别高,总希望她做一个~的人。

7. 一来……,二来…… ❋❋

连接表原因或目的的句子,表示依次列举出两个原因或目的。可先说情况,再列举原因或目的;也可先列举原因,再说结果。如:

(1) 大家都走不动了,~天太热,~早饭没有吃饱。
(2) 我决定提前跟他一起走,~路上有个伴儿,~可以早去早回。

8. 减弱—削弱 ❋❋

都是动词,都有表示气势、力量等变弱或使变弱的意思。但"减弱"的使用范围比"削弱"宽。表示气势、力量等变弱时,都不带宾语,"削弱"多指气势或力量的变弱由人为因素形成,"减弱"可以指气势或力量的强度自然变弱,并非由人为因素形成,如:

(1) 风势正逐渐减弱。(削弱×)
(2) 几名主力队员离队后,球队的实力有所削弱。(减弱√)

表示使减弱的意思时,都可带宾语,但"削弱"多表示人为的因素使其变弱,"减弱"还可以表示非人为的因素使其变弱。如:

(3) 暴风雨减弱了火势。(削弱×)
(4) 我们要想方设法削弱敌人的武装力量。(减弱√)
(5) 过高的房价会在很大程度上削弱城市的经济竞争力。(减弱√)

第七课　世界体坛大变动分析

9. 从中 ✻✻
副词。在其间,在其中。如:
(1) 如果不是他~捣乱,事情早就办成了。
(2) 只有细心观察生活,才能~发现事物之间的联系。

10. 自强不息 ✻✻
成语。表示自己努力向上,永不停歇。如:
(1) 这位~的残疾人最后成了一位有名的作家。
(2) 小时候,老师就教导我们应该~、奋发向上,勇敢地面对各种困难。

11. 别说……,连……也/都……(连……也/都……,别说……) ✻✻
"别说"的意思是"不用说","连……也/都……"表示不该如此的都如此。如果举出的事例是一个事实,并且可以换成"不管谁/什么时候/怎么样……"时,"连"可以换成"即使",否则只能用"连",不能用"即使"。如:
(1) 别说现在,连最困难的时候,爸爸也没有放弃过。(意思是:"爸爸什么时候都没有放弃过。")(即使√)
(2) 别说你,连我当时也想不通呢。(意思不是:"谁都想不通。")(即使×)

"连"前边可以有"就","即使"不行。如:
(3) 陈老师别说平时,就连双休日都闲不住。(即使×)

"即使"后面可以有"多(么)、再"等表示让步假设的词语,"连"后不能有这些词语。如:
(4) 别说下毛毛雨,即使下再大的雨,也改变不了我去听音乐会的决心。(连×)
(5) 别说羊皮大衣,即使多贵的衣服,玛丽都舍得买。(连×)

"连"的后边可以是一个动词,"也/都"后边接同一动词的否定式。"即使"没有这一用法。如:
(6) 这个电影别说看,连听也没听过。(即使×)

12. 成效—效果 ✻✻
都是名词。"成效"指已经取得的好的效果,多用于抽象事物,可与"卓有"搭配,不能说"好成效"、"成效良好"、"成效很好"、"成效不好"等。"效果"则是中性的,可指好的结果,也可指不好的结果,还可以指未确定的结果,常跟"良好"、"很好"、"不良"、"不好"等搭配,但不能与"卓有"搭配。指好的结果时,用"成效"的地方一般可以换成"效果"。如:
(1) 这次治疗成效显著,病情很快得到了控制。(效果√)
(2) 这次改革卓有成效,生产效率得到了大大的提高。(效果×)
(3) 一些广告中的女性穿着过于暴露、俗气,造成了不良的社会效果。(成效×)

"效果"既可用于抽象事物,也可用于具体事物。特别是常用来表示由某种做法所产生的具体结果,这种结果常常是人可以感知的。如"建筑设计效果图"、"动画效果"、"文字凹陷效果"、"艺术效果"、"音响效果"等。"成效"没有这些意思。如:
(4) 她只在裙子上加了一条花边,没想到竟收到意想不到的效果。(成效×)

13. 三板斧 ✽✽

惯用语。语出《隋唐演义》，混世魔王程咬金善于使用大斧，开头三下很厉害，三斧头过后就没有力量了。比喻只有开头几下厉害，没有后劲。又做"三斧头"。

(1) 他是个急性子，做什么事情都只有~的硬功夫。

(2) ~再猛也抵不过对方的持久战。

14. ……何…… ✽✽

文言词。疑问代词，用于反问句相当于"怎么"或"为什么"。如：

(1) 请人帮忙，谈~容易？

(2) 这样的好事，我们~乐而不为？

四 练 习

(一) 把词语和解释用线连起来

1. 想方设法　　　　A. 用完所有力量和办法。
2. 取而代之　　　　B. 成绩、效果显著。
3. 不胜枚举　　　　C. 精简人员，缩小机构。
4. 何足挂齿　　　　D. 以某一事物代替另一事物。
5. 竭尽全力　　　　E. 比喻捣乱，挑起事端。
6. 卓有成效　　　　F. 想尽办法。
7. 欣欣向荣　　　　G. 省吃省穿，指节俭。
8. 兴风作浪　　　　H. 不值得老是提起(这些事情)。
9. 精兵简政　　　　I. 形容同一类的人或事物极多。
10. 缩衣节食　　　　J. 比喻事业蓬勃发展。

(二) 选择合适的词语填空

> 凿　呈现　确立　削弱　无缘　从中　减弱　极力　跃居　不胜

1. 在体操比赛的决赛中，他出现了严重失误。很可惜，这位曾经的世界冠军这次与奥运金牌_____。

2. 经过十年努力，他终于_____了自己在足坛上的霸主地位。

3. 村长让人在村子里_____了一口井，解决了村民的饮水问题。

4. 据中央气象台预报，台风达维的中心将继续向偏西方向移动，强度逐渐_____。

5. 最近这几年，崛起中的中国打破了体育王国里的平静，使体坛_____一种新的格局。

6. 第一次参加比赛的这位选手后劲十足,最后竟然夺得冠军,令人_____惊讶。

7. 能源价格过高会_____消费者的购买力,还可能会影响全球经济的增长。

8. 学校下个月要举行运动会,班长_____劝说我们参加。

9. 他是大家学习的典范,我_____学到了自强不息的可贵精神。

10. 以前成绩平平的她在这次比赛中一下子_____世界第八。

(三) 改错

1. 我今天身体不舒服,你取代我去参加比赛吧。

2. 小青一来长得漂亮好,二来聪明伶俐。

3. 体育界的兴奋剂丑闻让人不胜生气。

4. 这张相片经过处理之后,竟有一种怀旧的成效。

5. 他被辞退了,其职位已经被新来的博士所代替。

6. 别说这么小的雪了,连再大的雪我都不怕。

7. 为了捍卫好我们的皮肤,夏天去游泳时最好涂上防晒油。

8. 今年第9号台风麦莎的强度已逐渐削弱。

(四) 选择合适的词语完成句子(每个词语限用一次)

三板斧　十全十美　自强不息　打天下　从中　不胜　极力
别说……,连……也/都……　一来……,二来……　……何……

1. 很多人都在追求完美,但_____是不存在的。

2. 他是白手起家的典型,_____。

3. 要不是我_____,他们早就离婚了。

4. 他这人就喜欢_____捣乱,经常是成事不足、败事有余。

5. 他_____,在那么艰苦的条件下用了十年时间写出了一部巨著。

6. 这个小姑娘很讨人喜欢,_____。

7. 大家对这个方案提了很多宝贵意见,对此_____感激。

8. ——"现在天气很热,不知道去哪儿旅游好?"
　——"_____?很多人去那里避暑。"

9. 水资源污染越来越严重,＿＿＿＿＿＿＿＿＿＿＿＿＿＿＿＿＿＿＿＿。

10. 做任何事情都不能性急,＿＿＿＿＿＿＿＿＿＿是办不成事情的。

（五）根据意思用本课学过的词语改写句子

1. 这种水果见都没见过,更不用说吃过了。
   ＿＿＿＿＿＿＿＿＿＿＿＿＿＿＿＿＿＿＿＿＿＿＿＿＿＿＿＿＿

2. 既然她忙得没空过来,我们为什么不直接到她家去找她呢?
   ＿＿＿＿＿＿＿＿＿＿＿＿＿＿＿＿＿＿＿＿＿＿＿＿＿＿＿＿＿

3. 这次的旅行是去不成了。第一,这几天一直下大雨;第二,单位临时加班走不开。
   ＿＿＿＿＿＿＿＿＿＿＿＿＿＿＿＿＿＿＿＿＿＿＿＿＿＿＿＿＿

4. 在这种竞技运动中,这个动作专业运动员都很难做好,业余的就更难做好了。
   ＿＿＿＿＿＿＿＿＿＿＿＿＿＿＿＿＿＿＿＿＿＿＿＿＿＿＿＿＿

5. 他做什么事情都只有开头几下功夫,然后就不行了。
   ＿＿＿＿＿＿＿＿＿＿＿＿＿＿＿＿＿＿＿＿＿＿＿＿＿＿＿＿＿

6. 考完试去唱唱歌轻松一下,这有什么不行呢?
   ＿＿＿＿＿＿＿＿＿＿＿＿＿＿＿＿＿＿＿＿＿＿＿＿＿＿＿＿＿

7. 前两届影坛影帝的位置一直由梁朝伟占着,这一届换成成龙了。
   ＿＿＿＿＿＿＿＿＿＿＿＿＿＿＿＿＿＿＿＿＿＿＿＿＿＿＿＿＿

8. 毕业后他独自一人到北京开创自己的事业。
   ＿＿＿＿＿＿＿＿＿＿＿＿＿＿＿＿＿＿＿＿＿＿＿＿＿＿＿＿＿

9. 能得到邀请来中山大学做报告,大卫感到非常荣幸。
   ＿＿＿＿＿＿＿＿＿＿＿＿＿＿＿＿＿＿＿＿＿＿＿＿＿＿＿＿＿

10. 我一向嘴笨,再加上紧张,面试时我竟一句话也说不出来。
    ＿＿＿＿＿＿＿＿＿＿＿＿＿＿＿＿＿＿＿＿＿＿＿＿＿＿＿＿＿

（六）解释下列带点字在词语中的意思

1. 自强不息:＿＿＿＿＿＿＿＿＿＿＿＿   2. 休息:＿＿＿＿＿＿＿＿＿＿

3. 胜利:＿＿＿＿＿＿＿＿＿＿＿＿＿＿   4. 不胜欢喜:＿＿＿＿＿＿＿＿

5. 足球：_____ 6. 何足挂齿：_____

7. 精兵：_____ 8. 博而不精：_____

9. 精彩：_____ 10. 精神：_____

11. 打天下：_____ 12. 打人_____

13. 一打毛巾：_____

（七）根据课文的内容判断正误

1. ( ) 本届奥运会第一集团的成绩和澳大利亚队的成绩相差不大。
2. ( ) 以前世界体坛格局中属于第一集团的国家是美国、俄国和中国。
3. ( ) 国际上对世界体坛格局的划分标准不一。
4. ( ) 本届奥运会中,中国金牌数虽比俄罗斯少,但其综合实力已超过俄罗斯,跃居第一集团。
5. ( ) 一直以来,美国都是靠田径和游泳取得金牌的。
6. ( ) 美国在本届奥运会中的成绩比前面两届有所下降,主要是受到兴奋剂丑闻的影响。
7. ( ) 俄罗斯的优势项目呈现不稳定状态,但还有望继续发展。
8. ( ) 不管是优势项目还是弱势项目,中国队都取得了可喜的成绩。
9. ( ) 日本和德国在本届奥运会上的成绩差不多,发展趋势也相似。
10. ( ) 第三集团的变动很大,金牌数不断上升。

（八）用 A、B、C、D、E 把下面的句子连成一篇短文

1. ( ) 国际上对世界体坛格局的划分标准各异,但无论依据哪个标准,当前的第一集团都应是美、中、俄。
2. ( ) 第二集团也有所变化:日本迅猛发展,而德国却逐渐减弱。
3. ( ) 雅典奥运会使世界体坛格局开始发生变动。
4. ( ) 第三集团强劲崛起,对第一和第二集团发起了挑战。
5. ( ) 以前第一集团只有美、俄的格局被中国打破了。

五　副课文

体育精神有感

体育精神的具体体现首先是尊重规则。任何事情必须要制定规则,大家

按照共同的规则去进行比赛,参与竞争。

体育精神的实质是公平。参与竞争的任何人,无论地区和民族、无论富贵和贫穷,大家都是站在同一个起跑线上公平竞争。

体育精神的基础是专业精神。任何人要想干好一件事,就必须热爱所从事的这一事业,专注于这一事业。如果一个运动员没有这种专业精神,就不能想象他可以成为优秀的运动员。

体育精神的内容是尊重对手。既是竞争的对手,又是不断前进道路上的伙伴,尊重对手就是尊重自己所从事的事业。一个没有对手的世界就失去了竞争的原动力。尊重对手还是和平和爱心在体育精神中的体现。

体育精神的最高境界是尊重失败。只要是比赛,只要有竞争,就会有失败,此所谓胜败乃兵家常事!竞争中的胜者自然受到奖励,受到称赞,但是失败者同样令人尊重。如果胜者永远胜利,那么就不会有新的竞争。奥运的"更高、更快、更强"就是没有止境的追求,今天的胜者,在不久的将来必然被超过而成为失败者。尊重失败,实际上就是尊重为成功所付出的代价和努力!

本届奥运会,我国取得了可喜的成就,进入体育强国之列。但是从奥运前后所反映出来的种种情况看,我们还存在许许多多的不足,其中之一就是国民还缺少真正的体育精神。我们太多地关注了金牌,忽视了银牌和铜牌,更不要说那些没有取得名次的运动员了。国民似乎对于第二、第三名已失去了热情。媒体总是在讲什么金牌的意义,讲某某企业、某某富翁对金牌获得者及其所属运动队赞助多少个百万等等。可一个不能忽视的事实是,金牌的取得就像金字塔尖,不能没有下面的无数层次的支持。中国女足姑娘们多少有一点儿悲哀的命运总是让我喘不过气来。与中国男足相比较,她们没有那么多赞助和支持,没有大量的出场费和奖金,甚至没有多少球迷的摇旗呐喊,但她们却出现在奥运赛场上,她们应该获得更多的尊重和关怀!女足姑娘们的遭遇,决不会是中国奥运军团中的例外。

从振兴中国体育事业、实现中华民族的伟大崛起出发,我们要扎扎实实地做好大量的基础性工作,国家决不会因为几枚金牌的获得就变得强大起来!与许多国家的业余选手比起来,我们的运动员能够受到更专业、更系统化的训练,所以取得胜利没有什么可以骄傲的。

从中国在28届奥运会上的胜利中总结成功的经验是需要的,但更需要的是国民从中学习到体育精神的精髓。中国男子双人跳水彭勃、王克楠在最后一跳中出现失误后,我不知道失误选手王克楠是如何游出水面、走出赛场的,但是彭勃给予伙伴的一个拍拍肩膀的动作,让我大为感动!他没有因为

第七课 世界体坛大变动分析

伙伴在关键时刻的失误影响了自己获得金牌而埋怨,反而去安慰对方,这是非常高尚的体育精神!从这件小事中我看到了运动员身上的闪光点。果然,彭勃以自己在 3 米板的决赛中勇夺金牌向全世界证明了自己的实力,王克楠也在这一时刻冲上去与自己的伙伴热情拥抱。这正是体育精神的完美体现!

(据牛寿雁《体育精神有感》)

 回答问题

1. 体育精神的实质和具体体现是什么?
2. 为什么说体育精神的内容是尊重对手?
3. 怎样才算是体育精神的最高境界?为什么?
4. 作者为什么认为中国虽然在本届奥运会上取得了可喜的成绩,但却缺少真正的体育精神呢?请举例说明。
5. 怎样才是体育精神的完美体现?请举例说明。

117

第八课 "生态定时炸弹"2070年引爆

生词语

1. 引爆　　yǐnbào　　（动）　　用发火设备使爆炸物爆炸。
2. 应对　　yìngduì　　（动）　　采取措施、对策以应付出现的情况：~措
   （应该）　yīng　　　　　　　　施｜~挑战。
3. 挑战　　tiǎozhàn　（动）　　故意激怒对方，使他出来应战；鼓动对方跟
   （挑选）　tiāo　　　　　　　　自己比赛或竞赛：他们向我们~，要跟我们比
   　　　　　　　　　　　　　　　赛足球。｜迎接~。
4. 临界　　línjiè　　　（形）　　由一种状态转变为另一种状态：~点。
5. 旱灾　　hànzāi　　（名）　　由于长期干旱缺水造成作物枯死或大量减
   ⟵⟶水灾　　　　　　　　　　产的灾害。
6. 歉收　　qiànshōu　（动）　　收成不好：粮食~。
   ⟵⟶丰收
7. 降临　　jiànglín　　（动）　　来到：夜色~｜大驾~。
   （投降）　xiáng
8. 负面　　fùmiàn　　（名）　　坏的、消极的一面；反面：~影响｜~作用｜~效
   ⟵⟶正面　　　　　　　　　　果。
9. 列举　　lièjǔ　　　（动）　　一个一个地举出来。
   　　　　　　　　　　　　　　　>列队 列岛 列车
10. 大惊小怪　dàjīng-xiǎoguài　　形容对于不足为奇的事情过分惊讶。
11. 必将　　bìjiāng　　（副）　　必定将会。
    （将帅）　jiàng
12. 狰狞　　zhēngníng　（形）　　面目凶恶。
    　　　　　　　　　　　　　　　狰—睁—诤
13. 脆弱　　cuìruò　　　（形）　　禁不起挫折；不坚强：感情~｜~的心灵。
    ⟵⟶坚强
    ≈软弱

118

第八课 "生态定时炸弹"2070年引爆

14. 承受 ≈禁受	chéngshòu	（动）	接受；禁受；继承：~考验｜~遗产。 ＞承担 承包 承租
15. 物种 （种植）	wùzhǒng zhòng	（名）	生物分类的基本单位,是由共同的祖先演变发展而来的,也是生物继续进化的基础。
16. 预测	yùcè	（动）	预先推测或测定。 ＞预定 预计 预告 预报
17. 北纬	běiwěi	（名）	地球表面南北距离的度数,以赤道为零度,赤道以北为北纬,赤道以南为南纬。
18. 珍稀	zhēnxī	（形）	珍贵而稀有：~动物。 ＞珍惜 珍贵 珍爱
19. 濒临	bīnlín	（动）	紧接；临近：我国~太平洋。｜精神~崩溃的边缘。｜~灭绝。
20. 冰冠	bīngguàn	（名）	地理学名词。某一地域如果常年被冰覆盖,这层冰就叫做冰冠。
21. 海平面	hǎipíngmiàn	（名）	反映海面高度变化的多年平均值。
22. 生存 ⟵→死亡	shēngcún	（动）	保存生命：没有空气和水,人就无法~。
23. 何等	héděng	（副）	用感叹的语气表示不同寻常；多么；什么样的。
24. 严峻	yánjùn	（形）	严厉；严肃；严重：~考验｜形势~。
25. 何曾 （曾祖）	hécéng zēng	（副）	用反问的语气表示未曾。
26. 不宜	bùyí	（动）	不适宜：~种植｜儿童~。 ＞宜人 相宜 老少咸宜
27. 关注	guānzhù	（动）	关心重视：多蒙~。｜这件事引起了各界人士的~。 ＞关怀 关切 关爱 注目 注视 注重
28. 二氧化碳	èryǎnghuàtàn	（名）	空气中的一种气体,其分子式为CO_2。
29. 排放 ⟵→吸收	páifàng	（动）	排出（废气、废水、废渣）。
30. 含量	hánliàng	（名）	一种物质中所包含的某种成分的数量：这种食品糖的~很高。
31. 伴随	bànsuí	（动）	随同；跟：~左右,不离寸步。
32. 步伐	bùfá	（名）	行走的步子；比喻事物进行的速度：前进的~｜改革的~｜加快建设的~。

33. 肆意	sìyì	(副)	不顾一切由着自己的性子(去做)。 ＞放肆 肆虐 大肆攻击
34. 挥霍	huīhuò	(动)	任意花钱。
35. 日趋	rìqū	(副)	一天一天地走向：~繁荣｜~没落。
36. 迹象	jìxiàng	(名)	表露出来的不很显著的情况,可借以推断事物的过去或将来。
37. 与此同时	yǔcǐtóngshí		在某事发生的同一时间里：你去商店买东西,~,我们在家里做准备工作。
38. 呼吁	hūyù	(动)	向个人或社会申述,请求援助或主持公道：奔走~｜~各界人士给灾区捐款。
39. 督促 ≈敦促	dūcù	(动)	监督催促：已布置了的工作,应当认真~检查。 ＞督学 督战 督导 督办
40. 除此之外 ≈除此以外	chúcǐzhīwài		表示除了上文所说的以外：他有点儿调皮,~,别的都可爱。｜他当过教师、医生,~他还当过工人。
41. 议定	yìdìng	(动)	商议决定。
42. 惩罚 ≈惩处	chéngfá	(动)	严厉地处罚：从重~｜无论是谁,违反了法律都要受到~。
43. 框架	kuàngjià	(名)	比喻事物的组织、结构。
44. 公约	gōngyuē	(名)	条约的一种名称,一般指三个或三个以上的国家订立的条约。
45. 缔结	dìjié	(动)	订立(条约等)：~同盟｜~贸易协定。
46. 宗旨	zōngzhǐ	(名)	主要的目的和意图：本学会以弘扬中国文化为~。｜办学~。
47. 削减 (削铅笔)	xuējiǎn xiāo	(动)	从已定的数目中减去：~不必要的开支。
48. 效力 ≈功效	xiàolì	(名)	事物所产生的有利的作用：西药的~。
49. 据悉	jùxī		根据得到的消息知道：~,今年去北京旅游的人数已超过千万。
50. 首相 (相当)	shǒuxiàng xiāng	(名)	君主国家内阁的最高官职。
51. 渺茫	miǎománg	(形)	因遥远而模糊不清；因没有把握而难以预期：前途~。 ＞渺无人迹 渺无声息 茫茫 茫然

第八课 "生态定时炸弹"2070年引爆

52. 签署	qiānshǔ	（动）	在重要文件上正式签字。
			＞签证 签约 签名 签到 署名
53. 致力	zhìlì	（动）	把力量用在某个方面：~写作。

专名

| 格陵兰 | Gélínglán | Greenland | 世界第一大岛，法律上为丹麦的一个州。1979年5月1日正式实行内部自治。 |

二、课文

> **提示一** 《应对气候挑战》这份调查报告提出了一个什么问题？为什么全球气温会上升？气温上升会造成什么后果？

据英国《独立报》报道，一个由高层政治家、商界领袖和学术专家组成的工作小组，近日公布了一份题为《应对气候挑战》的全球气候调查报告。这份报告由英国公共政策研究所、美国发展中心和澳大利亚研究所合作完成。联合国气候变化专门委员会负责人拉金德拉·帕乔里担任该报告的科学顾问。该报告指出，全球平均气温比工业革命时期——即1750年时已升高0.8℃，当全球平均气温比1750年升高2℃之后，将出现导致地球生态灾难的临界点，引起大范围的旱灾、庄稼歉收和水资源短缺等问题。目前，人类距离这一临界点只有1.2℃。英国的斯蒂文·拜尔斯是工作小组的负责人之一。他在形容这份报告内容时说："这是一枚正在嘀答滴答响的生态定时炸弹。"全球生态灾难的降临已经进入倒计时！

2005年2月1日，避免气候恶化国际会议在英格兰西南部城市埃克塞特召开。德国研究气候变暖领域最著名的研究小组和波茨坦大学"气候影响"研究小组的成员比尔·哈里于次日公布了一份由多个科学领域的研究机构合作而成的全球变暖时间表。这份时间表首次总结了在未来100年内全球气温的上升预计对生态系统和世界各地经济所造成的负面影响，首次详细列举了气候变暖的速度和带来的影响。

全球平均气温上升2℃究竟意味着什么？也许，有人会不以为然，不就是热一点儿吗？有什么大惊小怪的？参加埃克塞特大会的科学家比尔·哈里称，如果全球平均气温上升1—2℃的话，全球生态系统必将遭到"可怕的打击"。

哈里说，上升的气温如果低于1℃，破坏力普遍都比较低，如果高于1℃，破坏力就会急剧上升。届时，全球的生态系统灾难将初露"狰狞的面目"，那些脆弱的生态系统将更无法承受。譬如，南印度洋、澳洲、南非、北冰洋和中欧的生态系统必将遭到严重破坏，物种灭绝的数量会急剧上升。

报告预测：在未来的25年，气温将比1750年前高出1℃；可能在2026年—2060年之间突破上升2℃的临界点，2070年将有灾难性后果。而且全球气温的变化不同，其中北纬60度的气温可能增高3.2—6.6℃。科学家们称，这会导致北冰洋的冰融化，生活在那里的一些珍稀动物会濒临灭绝。现实的威胁是，北冰洋的冰山融化速度正在加快，南极半岛的冰山融化速度是过去几年的6倍。而哪怕只是格陵兰岛的冰冠全部融化，全球的海平面也会上升7米，孟加拉国、美国的佛罗里达州、菲律宾和荷兰等地就会大面积被淹没，数亿人的生存就会受到威胁。

这是一个何等严峻的问题？这个后果我们一般人何曾考虑过？在这个关系到人类生存的问题上，我们不宜仅关注眼前的利益，人类未来的利益应高于国家和个人的利益，每个人都要承担起自己的责任。

《应对气候挑战》这一报告指出，造成全球变暖的原因主要是二氧化碳排放量的不断增加。报告提供的数据显示，当大气中二氧化碳含量的比例达到400ppm（ppm为百万分之一）时，全球气温就会升高2℃。目前二氧化碳含量的比例已达379ppm。伴随着人类文明前进的步伐和现代化的生活，人们肆意地挥霍各种资源，使全球日趋变暖，且一直没有停止的迹象。如果再不采取任何措施，二氧化碳含量比例上升到400ppm只需要短短的10年时间。

> **提示二** 《应对气候挑战》这一报告提出了哪些建议？《京都议定书》的宗旨和内容是什么？美国政府和英国政府各是什么态度？

报告不仅指出了人类面临的生态灾难，与此同时，报告还提出了许多具有建设性的改善环境的措施。报告呼吁西方8国集团在2025年之前利用可再生能源生产其四分之一的电力，并督促这些国家在2010年前将环保能源的研究经费再增加一倍。除此之外，报告还呼吁发达国家联合印度和中国两个能源消费大国组建全球气候集团，呼吁美国和澳大利亚两国重新考虑加

第八课 "生态定时炸弹"2070年引爆

入《京都议定书》。

为了使地球免遭气候变暖的惩罚,1997年12月,149个国家和地区的代表在日本京都召开《联合国气候变化框架公约》缔结公约方第三次会议,会议通过了《京都议定书》,其宗旨是限制发达国家温室气体排放量以抑制全球变暖。

《京都议定书》规定,到2010年,所有发达国家二氧化碳等6种温室气体的排放量,要比1990年减少5.2%,从2008年到2012年各发达国家必须完成的削减目标是:与1990年相比,欧盟削减8%,美国削减7%,日本削减6%,加拿大削减6%,东欧各国削减5%—8%,新西兰、俄罗斯和乌克兰则不必削减,可将排放量维持在1990年的水平。《京都议定书》需要在占全球温室气体排放量55%的至少55个国家批准之后才具有国际法效力。去年3月,欧盟环境部长会议批准了《京都议定书》。6月,

日本政府也批准了《京都议定书》。至此,批准议定书的国家已超过55个,但批准国家的温室气体排放量仅为全球温室气体排放总量的36%。

据悉,自京都大会以来,全球温室气体的排放量不但没有减少,反倒增加了20%。为此,英国首相布莱尔指出,美国人口仅占全球人口的3%—4%,而所排放的二氧化碳却占全球排放量的25%以上,如果美国不承担起应负的责任,世界各国抑制全球日趋变暖的希望将变得极为渺茫。

事实上,美国曾于1998年11月签署了《京都议定书》。但后来布什政府认为,减少温室气体排放量会影响美国的经济发展。抑制全球变暖不单是发达国家的责任,发展中国家也应该承担相应的义务,为此,美国拒绝承担《京都议定书》规定的义务。

据悉,这份调查报告的研究工作得到英国首相布莱尔的支持。在调查报告完成之后,布莱尔表示,他将利用英国今年担任欧盟主席国以及8国集团主席国的机会,致力于督促西方国家改善全球气候的工作。

(据《北京科技报》)

注释

1. 大惊小怪

成语。形容对于不足为奇的事情过分惊讶。如：

(1) 如果人们认为全球气温升高1—2℃不必~，那么地球的明天就很难预测了。

(2) 看到平日里不起眼的王涛一下子被提升为部门经理，同事都觉得奇怪，可总经理说："有什么~的，王涛的设计才能是本公司最优秀的。"

2. 必将

副词。意思是一定将会。如：

(1) 全球气温的上升，~给人类的生存环境带来严重的后果，我们必须想办法应对一切灾难。

(2) 种种迹象表明，如果不采取任何措施，这里的珍稀动物~灭绝。

3. 狰狞—恐怖—可怕

都可用做形容词，但"恐怖"还可以做名词，"狰狞"和"可怕"没有这种用法。如：

(1) 在大自然的灾难面前，人类显得那么渺小，为了把自己从恐怖中解脱出来，人们千方百计地寻求精神支柱。（狰狞×可怕×）

"狰狞"是指面目凶恶，如"狰狞的面目"。"恐怖"和"可怕"都有使人害怕的意思，但稍有区别："可怕"多用于口语；"恐怖"常用于书面语，可以指由于生命受到威胁而引起恐惧，程度比"可怕"高，如恐怖组织、恐怖电影、恐怖分子、恐怖气氛、恐怖事件等都不能用"可怕"代替。如：

(2) 我们不希望呈现在我们面前的家园是一副狰狞可畏的面目。（恐怖×可怕×）

(3) 一看恐怖电影，她脆弱的神经就不能承受。（狰狞×可怕×）

(4) "9·11"事件是恐怖分子所为。（狰狞×可怕×）

(5) 可怕的是，很多人至今还没有意识到环保的重要性。（狰狞×恐怖×）

"恐怖"还可以指自己害怕，因此有时候有歧义。如：

(6) 当时她那恐怖的表情我怎么也忘不了。（可怕？狰狞×）

上例如果指自己害怕，不能用"可怕"代替，但如果指使人害怕则可以代替。"可怕"还可以置于某些动词或形容词后边，构成"……得可怕"，表示程度高，"狰狞、恐怖"无此用法。如"冷得可怕"、"静得可怕"等。

4. 何等

副词。用感叹的语气表示不同寻常，多么、什么样的。如：

(1) 他们两人的经历，是~相似！简直让人惊讶不已。

(2) 目前，人类居住环境的恶化，是~的惊人！

5. 何曾 ❋❋

副词。用反问的语气表示未曾。如：

(1) 离别故乡这些年来,他~忘记过家乡的一草一木?
(2) 全球生态环境的日趋恶化,动、植物种类的日趋减少,这个问题导致的后果我们~考虑过?

6. 肆意 ❋❋

副词。不顾一切由着自己的性子(去做)。如：

(1) 为了追求经济效益,这家工厂~排放废物,严重破坏了周边环境。
(2) 在一些地区,由于人们缺乏环保意识,~砍伐森林,使水土严重流失。

7. 挥霍——浪费 ❋❋

都是动词:"挥霍"是指不加控制地、随便地、任意地花钱;"浪费"是指对人力、财物、时间等用得不当或没有节制,跟"节约"相对。如：

(1) 他原来是个亿万富翁,可是后来赌博成性,家产很快就被挥霍一空了。(浪费×)
(2) 这么有才能的人,一定要好好发挥他的长处,不要浪费人才。(挥霍×)

8.《京都议定书》 ❋❋

为了使地球免遭气候变暖的惩罚,1997年12月,149个国家和地区的代表在日本京都召开《联合国气候变化框架公约》缔结公约方第三次会议,会议通过了《京都议定书》,这是作为全球范围内现存的唯一的关于抑制全球变暖的国际公约,是世界各国为扭转全球气候变化共同迈出的第一步。其宗旨是限制发达国家温室气体排放量以抑制全球变暖。《京都议定书》规定了所有发达国家在一定期限内二氧化碳等6种温室气体的排放量的削减目标。

9. 温室气体 ❋❋

石油、煤、汽油等矿物燃烧时产生的二氧化碳等气体,在大气中起着温室玻璃那样的作用,让阳光射入又把热量存留下来,从而使地球气温持续上升,这种情况被称做"温室效应"。这些能产生温室效应的气体被称之为温室气体。

10. 不但(不光)……,反倒(反而)…… ❋❋

表示递进关系的复句。"不但"可用"不光"代替,但"不但"常用于书面语,"不光"则常用于口语;"反倒"与"反而"意思也一样。前一分句以否定形式出现,后一分句表示比前一分句的程度更深,而且是出乎预料和常情的。说话者要强调的是后一分句的意思。如：

(1) 风不但没有停下来,反倒越刮越大。
(2) 他们不但不植树造林,反倒肆意砍伐森林。
(3) 这孩子不但不做作业,反而逃起课来了,这样下去,前途很渺茫。

11. 不单(是)……,也/都/还…… ❋❋

表示递进关系的复句。"不单"的意思与"不但"、"不只"、"不仅"相同,后一分句的意思比前一分句更进一步。当前后分句主语相同时,主语位于"不单"前,主语不同,则位于"不单"后。如：

(1) 琼斯不单自己致力于环保事业,还劝说身边的朋友也来关注环保。
(2) 印度洋海啸发生后,不单受灾国的政府呼吁人民积极帮助受灾人民,世界各地许许多多的国家和人民也呼吁向受灾地区的人民提供帮助。

四、练习

(一) 把词语和解释用线连起来

1. 肆意攻击　　　　A. 滥用钱财,没有节制。
2. 挥霍无度　　　　B. 世间很少有的、非常有价值的东西。
3. 挥金如土　　　　C. 不顾一切随意恶意批评。
4. 稀世珍宝　　　　D. 挥霍钱财如同撒土,形容极端挥霍浪费。
5. 对答如流　　　　E. 临近灭绝的动物。
6. 大声疾呼　　　　F. 回答问话像流水一样迅速、流畅。
7. 濒危动物　　　　G. 没有一点儿消息。
8. 渺无音信　　　　H. 高声而急促地呼喊,以唤起人们警觉注意或请人援助。

(二) 选择合适的词语填空

　　列举　应对　预测　承受　濒临　关注　降临　效力　致力　排放

1. 关于如何_____紧急情况,公司已经制订了一系列的方案。

2. 全球变暖可能给自然生态系统和社会经济部门带来难以_____的、持久的严重影响。

3. 据悉,欧盟委员会制订了新的_____目标:从2008年到2012年期间,在1990年排放水平的基础上减少8%。

4. 究竟是什么造成全球气候变化,科学家们_____了很多原因。

5. 随着全球日趋变暖,世界上陆地动植物有100多万个物种已_____灭绝。

6. 2004年底,发生在印度洋的海啸引起了世界人民的_____。

7. 夜色_____,小山村沉浸在一片祥和、安静之中。

8. 这种药的_____很大,但其负面影响也很大,服药期间要注意身体的各种变化。

9. 他一生_____于山区教育事业,为贫困山区的孩子点燃了希望之灯。

10. 有关专家_____,21世纪末,我国海平面每年将上升30厘米至70厘米。

(三) 改错

1. 他学习一向不努力,白白地挥霍了一年又一年的时间。
2. 今年旱灾严重,湛江已经接连几个月没下雨了,居民缺水严重,这是一个何曾严峻的问题。
3. 他不单致力于保护环境,他的家人也致力于保护环境。
4. 2001年9月11日在美国发生了震惊全球的狰狞事件。
5. 雨不但停下来了,反倒越下越大。
6. 伴随着生活水平,饮食日趋成为影响人体健康的突出问题。
7. 拥有私家车确实方便了自己的生活,提高了生活质量,但与此同时也带来一些正面影响。
8. 看到沙发底下盘着一条大蛇,她非常大吃一惊。

(四) 选择合适的词语完成句子(每个词语限用一次)

与此同时　除此之外　何等　不宜　必将　何曾　大惊小怪　据悉

1. 众所周知,沙漠地区人烟稀少的原因是_____。
2. 这边下着雨,_____,那边却出了太阳,真是十步不同天。
3. 全球气温上升,会引发地球生态灾难,如大范围的旱灾、庄稼歉收、水资源短缺,_____,还会使大量生物绝代灭种。
4. 原来我并不了解他,经过这次挑战,我总算知道_____。
5. _____,比这种杂技表演更刺激的我也看过很多次了。
6. 尽管我们生存的环境日趋恶劣,可是,_____?
7. 人类肆意破坏生态环境,_____。
8. _____,2003年,欧洲各地气温连续几个月比往年同期平均值高5℃,而且酷热天气扩大到了整个北半球。

(五) 根据意思选择合适的词语改写句子(每个词语限用一次)

何等　不宜　随着　致力　何曾　不单……也……　必将
不但……反倒……

1. 这是一个至关重要的问题,大家一定要高度重视。
   _____

2. 他拒绝接受学校和家庭的教育,甚至把学校和家庭作为他泄愤的对象。
   _____

3. 公共场所不适合抽烟。
   _____

4. 人们的生活水平提高了,对生活的质量也要求高了。
   _____

5. 作为一名环保主义者,他把毕生的精力献给了环保事业。
   _____

6. 水灾过后,如果不对灾区彻底消毒、清除废物,一定会引发流行性疾病。
   _____

7. 世界人口的不断增长,环境的恶化,导致了农作物歉收,这个问题引发的后果有谁预测过?
   _____

8. 发展中国家呼吁美国重新加入《京都议定书》,发达国家也呼吁美国重新加入《京都议定书》。
   _____
   _____

(六) 解释下列带点字在词语中的意思

1. 不在此列：_____　　2. 列举：_____
3. 除此之外：_____　　4. 临界：_____

5. 降临：_____ 6. 濒临：_____

7. 日趋：_____ 8. 据悉：_____

9. 歉收：_____ 10. 抱歉：_____

11. 高于一切：_____ 12. 致力于写作：_____

13. 出于自愿：_____

(七) 根据课文的内容判断正误

1. (　)《应对气候挑战》这一全球气候调查报告是由学术专家独自完成的。
2. (　) 该报告指出，2004年全球平均气温比工业革命时已升高0.8℃。
3. (　) 哈里公布的全球变暖时间表首次总结了在过去100年内全球气温上升对生态系统和世界各地经济所造成的负面影响。
4. (　) 该报告指出全球气温的变化不同，尤以南纬60度的气温上升最为显著。
5. (　) 报告指出，造成全球变暖的原因主要是二氧化碳排放量的不断增加。目前二氧化碳的含量是379ppm，如果不采取任何措施，上升到400ppm只需要短短的10年时间。
6. (　) 报告呼吁印度和中国两个能源消费大国加入《京都议定书》。
7. (　) 美国政府从一开始就拒绝加入《京都议定书》。
8. (　) 欧盟、加拿大、东欧、日本、澳大利亚等加入了《京都议定书》。
9. (　) 自京都大会以来，全球温室气体的排放量减少了20%。
10. (　) 布莱尔表示要致力于督促西方国家改善全球气候的工作。

(八) 用A、B、C、D、E、F、G把下面的句子连成一篇短文

1. (　)《京都议定书》只是《公约》的第一阶段安排，其有效期至2012年。
2. (　) 发达国家应对全球变暖承担更多的历史责任。
3. (　)《京都议定书》的全称是《〈联合国气候变化框架公约〉京都议定书》。
4. (　)《京都议定书》规定每个国家都要承担起各自的责任，同时必须考虑各个国家的实际情况。
5. (　)《联合国气候变化框架公约》只是制订了控制温室气体排放的原则，却没有规定任何具体指标。
6. (　) 因此，《议定书》只给工业化发达国家制订了减排任务，没有对发展中国家做这个要求。
7. (　) 占世界人口22%的发达国家消耗着世界上70%以上的能源，排放着50%以上的温室气体。

五、副课文

关注气候变暖　直面生存危机

据有关资料统计,全球不少地区都受到了高温的影响。

2003年,欧洲各地气温连续几个月比往年同期平均值高5℃,而且酷热天气扩大到了整个北半球。德国气象学家米夏埃尔·克诺贝尔斯多夫说,自有记录以来还没有见过欧洲有如此长时间的干旱天气,令人吃惊的是这种极端天气发生的频率如此之高。意大利国家地球物理研究所首席气候学家安东尼奥·纳瓦拉说,地中海地区的平均气温比往年上升了3℃—4℃。

中国东北地区近年冬天的平均气温比历史常年同期高出了5℃,气温变暖的表象非常明显。加拿大、美国、俄罗斯部分地区,都创下了当地最高气温纪录。在印度的某些地区,最高气温甚至高达45℃—49℃。

专家根据有关资料分析预测,气候变暖将导致生态恶化。伴随着全球进一步变暖,到2050年,我国西部冰川面积将减少27.2%,其中海洋性冰川减少最为显著,可达52.2%。

气候变化所导致的湖泊水位下降和面积萎缩,已经在很大范围内显现。我国青海湖水位在1908年到1986年间下降了约11米,湖面缩小了676平方公里。

我国海平面近50年呈明显上升趋势。专家预测,到21世纪末我国沿海海平面上升幅度将达到30厘米—70厘米。这将使我国许多海岸区遭受洪水泛滥的可能性增大,遭受风暴影响的程度和严重性加大。

气候变化的原因在于生态、环境的恶化,已成为大多数科学家的共识。

美国科学家最新公布的一项研究表明,煤烟颗粒是造成近一百多年来地球表面温度升高的重要原因之一,其危害程度是温室气体二氧化碳的两倍。

美国国家冰雪数据中心的马克·塞瑞兹教授说,2002年北极夏季的温度较往年高,而且暴风雨频繁,冰块容易碎裂和融化,这是造成海洋冰面缩小的直接原因。但是,究其深层原因,塞瑞兹认为,自然界循环变化、温室气体排放、臭氧层遭破坏等等都与之有关。

也有其他专家指出,北极冰块融化加速与北半球大气流动方式改变有关;还有专家称,其原因是大自然的多变性、温室气体排放,或者两种原因都有。

第八课 "生态定时炸弹"2070年引爆

全球气候变化研究领导小组(IPCC)指出,煤炭和其他燃料燃烧释放出的二氧化碳以及其他有害气体笼罩着地球,而极地地区的气候变化对地球的影响最严重,也是最深远的。

而世界自然基金会(WWF)的气候变化项目负责人詹尼弗·摩根指出:"北极冰块消失是环境恶化的又一例证,而二氧化碳的排放就是罪魁祸首。"

除了温室气体的过度排放之外,生态环境的恶化也有直接原因。日本环境厅最新发表的"城市热岛现象"调查报告表明,人类活动越频繁,气温上升速度就越快。横滨等东京周边地区城市在过去100年中,平均最低气温上升了2℃,而东京市中心的平均最低气温却上升了4℃。

全球变暖的现实正不断地向世界各国敲响警钟。应对气候变化,关键在行动。随着"全球化"这一概念不断地被赋予新的含义,扭转全球变暖趋势,给人类的子孙后代留下一个可供生存和可持续发展的环境,应成为世界各国的共识。

一些国家和组织已采取了新的措施。欧盟委员会制订了新的排放目标。20年来,特别是最近几年,中国已经通过实施可持续发展战略、提高能源效率、开发利用水电和其他可再生能源等措施,为减缓全球温室气体排放的增长速度做出了世界公认的贡献。在生态建设上,我国也取得了巨大的成就。

尽管不少国家采取了不少措施,但仍然存在不和谐的声音。要真正解决气候变暖的问题,我们还有很长的路要走,但我们没有别的选择。

(据《中国绿色时报》)

 回答问题

1. 本文列举了哪些国家和地区的高温现象?
2. 气候变暖导致生态恶化,本文用了哪些例证?
3. 气候变化的原因究竟有哪些?你认为呢?
4. 应对气候变化关键在行动。作为一个地球人,你将会怎样做?
5. 谈谈你对生态环境恶化的感受。

单元练习(二)

一、把下列成语和相关的解释用线连起来

  1. 风吹雨打   A. 比喻不畏艰险勇往直前。也形容事业迅猛地向前发展。
  2. 举棋不定   B. 比喻某一事物或文章议论等新奇惊人。
  3. 水中捞月   C. 指对人照顾和关怀十分细致周到。
  4. 目光短浅   D. 比喻(做事)犹豫不决。
  5. 十指连心   E. 形容非常害怕、惊恐。
  6. 体贴入微   F. 形容处于非常危险的情况中。
  7. 大惊失色   G. 形容只看到眼前的利益,没有远大的理想。
  8. 乘风破浪   H. 比喻白费力气,干无法达到目标的事。
  9. 石破天惊   I. 比喻遭受困难、挫折。
  10. 九死一生   J. 比喻关系非常密切。

二、给下列多音字注音并组词

没 { (　　)_____ / (　　)_____ }　　落 { (　　)_____ / (　　)_____ }　　得 { (　　)_____ / (　　)_____ }

吓 { (　　)_____ / (　　)_____ }　　分 { (　　)_____ / (　　)_____ }　　提 { (　　)_____ / (　　)_____ }

散 { (　　)_____ / (　　)_____ }　　藏 { (　　)_____ / (　　)_____ }　　削 { (　　)_____ / (　　)_____ }

奔 { (　　)_____ / (　　)_____ }　　应 { (　　)_____ / (　　)_____ }　　降 { (　　)_____ / (　　)_____ }

曾 { (　　)_____ / (　　)_____ }　　相 { (　　)_____ / (　　)_____ }　　将 { (　　)_____ / (　　)_____ }

三、写出下列词语的近义词

取代—— 　　　极力—— 　　　捍卫——

成效—— 　　　督促—— 　　　惩罚——

忽略—— 　　　效力—— 　　　历来——

四、写出下列词语的反义词

无意—— 　　　生存—— 　　　脆弱——

歉收—— 　　　团聚—— 　　　排放——

负面—— 　　　旱灾—— 　　　忽略——

五、熟读下列句子,指出加点词语的含义,并用这些词语造句

1. 他能把一件根本没有发生过的事情说得有鼻子有眼睛的,真是当演员的材料啊!

2. 王小力靠烤鸭打天下,居然也干出一番事业。

3. 父亲去世后,是母亲独力把他们几个抚养成人的。"谁言寸草心,报得三春晖",母亲的养育之恩一辈子也无法报答的。

4. 我就不相信林卫国能把事儿办成,他就那么"三板斧"的功夫,骗得了别人可骗不了我。

5. 滴水之恩，涌泉相报。越是在困难的时候，我越要记住曾经帮助过我的人，哪怕是仅给过我一杯水或者一个微笑的人。

_____

_____

6. 张大爷，这四年您都拿出自己的工资帮助我读完大学，我一定会衔环结草，以报恩德。

_____

_____

7. 你的孩子不爱学习不爱劳动，就只会钻钱眼儿，你应该好好地教育教育他。

_____

_____

8. 小李昨天当众许诺说他可以把那位有名的专家请到学校来，结果今天专家并没有来，弄得小李下不了台。

_____

_____

六、找出与画线词语意义和用法最接近的词语

1. 他在我们心目中的地位是谁也无法<u>取代</u>的。
   A. 代表　　　B. 选取　　　C. 代替　　　D. 交换
2. 那些人写了一封信<u>恐吓</u>他，说如果他不答应他们提出的要求，就拆他的房子。
   A. 恐怖　　　B. 惊吓　　　C. 恐怕　　　D. 威胁
3. 这次行动是绝对保密的，大家一定要打起精神，<u>提防</u>走漏任何消息。
   A. 注意　　　B. 小心　　　C. 担心　　　D. 提醒
4. 全公司的人都同意采用李工程师的方案，<u>唯独</u>他极力反对。
   A. 唯一　　　B. 单独　　　C. 只有　　　D. 仅仅
5. 本次调查结果显示，许多学生能够清楚地记住同学<u>或是</u>朋友的生日，却不知道父母的生日。
   A. 还是　　　B. 或者　　　C. 也许　　　D. 而且
6. 各位代表，现在正式通知，明天上午的会议将<u>讨论</u>几个子公司合并的问题，请各位认真阅读材料，做好发言准备。
   A. 商议　　　B. 商量　　　C. 谈论　　　D. 评论

单元练习(二)

7. 中国三年来治理教育乱收费<u>效果</u>显著。
   A. 成效　　　B. 生效　　　C. 效率　　　D. 有效
8. 这次大型活动预计<u>花费</u>很大,请大家注意节约,控制各项支出。
   A. 花钱　　　B. 开销　　　C. 消费　　　D. 用钱
9. 我父亲是一位非常<u>顽强</u>的人,他的一生中遭遇了许多困难,可是他从不放弃,最终取得了很大的成就。
   A. 顽固　　　B. 强大　　　C. 坚强　　　D. 强烈
10. 陈大夫是我们医院最有名的大夫,你第一次给病人做那么大的手术,<u>何不</u>向他请教请教呢?
    A. 怎么　　　B. 何必　　　C. 何况　　　D. 那么

七、选择合适的词语填空

鉴于　非得　或是　不胜　分外　威望　何曾　莫非　必将　借以　声势　何等　简而言之

1. 风那么大,雨那么密,他一手拿着伞,一手扶着老人,_____小心地向远方走去。

2. 现在我想为大家唱一首歌,_____表达我_____感激的心情。

3. 如果小错不断,_____会出现更大的差错。

4. 您母亲这次病得非常严重,_____开刀不可。

5. 天黑下来了,云又那么厚,_____要下雨了?

6. _____事故的发生已经严重影响了工厂的正常工作,现决定停工一周,进行设备的全面检查。

7. 这几年我都没有回过家乡,我_____说过那样的话?做过那样的事?

8. 那位老人在村里有很高的_____,村里人有什么矛盾的时候,都去找他评理。

9. 所谓规律,_____,就是客观事物之间的联系。

10. 无论他来_____不来,我们的实验都会按计划进行。

11. 他为了保护国家财产和人民安全失去了生命,这样的人是_____伟大啊!

12. 人们要看到的是你实际做出的成绩和为单位做出的贡献,虚张_____是没有用的。

135

八、选择适当的词语填空

> 非……才…… 别说……,即使……也…… 不但不……反倒……
> 把……得+像……一样 别说……,连……也……
> 不单……也(都)…… 一来……,二来……

1. _____是外语,_____是他的母语他_____说不好。

2. 春姑娘_____大地装扮_____一幅幅山水画_____美。

3. 张老师_____让大家做完了所有的练习_____同意大家离开。

4. 我这次来中国,_____想学学汉语,_____想了解一下中国的国情。

5. _____你没考及格,_____平时成绩比你好的班长_____没考及格。

6. _____是他的父母,他的同学和老师_____很喜欢他。

7. 面对强大对手的挑战,我们_____害怕,_____更加有信心了。

九、用括号中的词语完成句子

1. 那家工厂完全不考虑环保问题,_____。(肆意)

2. 随着经济的发展,城市里私人拥有的小车越来越多,但_____
_____。(与此同时)

3. 这篇课文实在是太难了,_____
_____。(别说……,连……也……)

4. 我什么都不在乎了,_____。(唯独)

5. 在国外留学几年后,他找到了一份待遇很好的工作,过着优越的生活。去年,当他听说国内急需像他这样的专业人士时,_____。(毅然)

6. 要知道,老王是个非常爱面子的人,_____。(下不了台)

7. 近几年来,各大学每年都在扩大招生量,这_____。(必将)

8. 我们一定要先做调查,分析调查结果,_____。(而后)

9. 这几年村民们陆陆续续都建了房、买了电视什么的,有的村民家庭还买了小汽车,_____。(从中)

10. 他们家原来非常富裕,_____。(挥霍)

十、给下面的句子重新排序,使它们连接成一个语段

1. 因此,想念亲人和朋友,对人而言,是一件很自然的事。
2. 有时,即使亲如家人,也难免天南地北,各居一方。
3. 人是有感情的动物。
4. 或是因为长期相处,或是因为一见就感觉有缘,人和人之间都会产生一种情感的联系。
5. 虽然精神的密切接触不能取代形体隔绝的痛苦,但给朋友发去问候,收到亲朋的祝福,那种温暖愉快的感觉,也是非常难得的呀!
6. 但人生的聚散常常不由人决定。
7. 好在我们有了书信,有了电话,有了网络,使我们可以随时和亲朋联系。

(顺序:)

十一、改错

1. 持续三天的水灾正恐吓着整个村庄。
2. 他一向是个小心提防的人,把这个任务交给他准没错儿。
3. 这些要求你非答应才可。
4. 看着从山上滚滚而下的泥石流,村民们都流露出狰狞的神情。
5. 你赶紧出发,或是还赶得上火车。
6. 那个公司从来坚持"安全第一"的原则。
7. 明天我一天都没有时间,你取代我去参加会议吧!
8. 那位警察为了捍卫人民的生命安全光荣牺牲了。
9. 她对自己要求特别高,希望自己能做一个非常十全十美的人。
10. 从中这次考试,我知道了自己有哪些不足。

十二、阅读下面的文章,完成文后的练习

我要的是果子

从前,有个人种了一棵果树。很快,树上就长满了绿叶,开出了雪白的小花,整棵果树看上去分外美丽。

花谢以后,树上挂上了几个小果子。小果子好像每天都在长大,那个人每天都非常高兴,每天都要去看几次。

有一天,树叶上出现了一些小虫子,而且伴随着果子的生长,那些小虫子也越发多起来。

一个邻居经过的时候看见了,赶紧对他说:"叶子上长虫了,好在发现得早,还来得及,你赶紧想办法治治。否则你的果树就不行了。"

那个人听了邻居的话很生气,他说:"有什么大惊小怪的?不就几个虫子吗?还用得着治?再说了,我要的是果子,又不是虫子。别人看了都没说什么,唯独你那么紧张,你是不是看我的果子长得好,心里嫉妒呢?"

邻居又尴尬又生气,说道:"果树长虫子就结不出好果子,这么浅显的道理你都不懂。我只是好心提醒你而已,你不听就算了。"

没过几天,叶子上的虫子更多了。小果子逐渐变黄变干,一个一个都落下来了。

1. 回答问题:种果树的那个人看到果子都落下来了,他心里会想些什么呢?
2. 改写文章:前四段不变,从第五段开始改写,写成一篇完整的文章。第五段要以下面的句子开头:

那个人听了邻居的话,觉得很有道理……

十三、作文

全球气候变暖会导致什么样的后果?我们应该做些什么来解决气候变暖带来的问题?请将你的看法写成一篇500字左右的文章。

第九课　秘密旅行

一　生词语

1. 替代　tìdài　（动）　由这个人或物充当那个人或物；代替：在许多地方，机器都~了人力。
　≈代替

2. 蜜月　mìyuè　（名）　新婚第一个月：~旅行｜婚礼后他们就到北京度~去了。

3. 豪华　háohuá　（形）　(建筑、设备或装饰)富丽堂皇；十分华丽：~轿车｜~游轮｜房间的摆设非常~。

4. 轿车　jiàochē　（名）　供人乘坐的、有固定车顶的汽车：小~｜大~｜门口停着几辆~。

5. 安置　ānzhì　（动）　使人或事物得到适当的安排或处理：先把他们~在学校里吧。
　>安排　安放

6. 落款　luòkuǎn　（名）　在书画、书信、礼品等上面题的作者或赠送对象的姓名：从~看，这幅画儿确实是那位大画家的作品。

7. 动心　dòng xīn　　思想、感情发生波动：见财不~｜第一次看见小王姑娘，我就~了。

8. 调剂　tiáojì　（动）　把多和少、忙和闲等加以适当的调整：~物资｜~生活｜最近您太忙了，最好出去旅游一次，~一下精神。
　>调节　调整　调理　调控

9. 提名　tí míng　　在评选或选举中提出有可能当选的人或事物：获得最佳电影奖~的影片有三部。

10. 候补　hòubǔ　（动）　等候依顺序补充缺额：~委员｜这支女排队伍共有六名~队员。

11. 趁早　chènzǎo　（副）　抓紧时机或提前时间(采取行动)：~动身｜~罢手。

139

| 12. 清一色 | qīngyísè | （形） | 比喻全部由一种成分构成或全部一个样子：到会的人穿的都是~的西装。\|我们班~都是女孩子。 |

| 13. 伴侣 | bànlǚ | （名） | 在一起生活、工作或旅行的关系非常密切的人；夫妻：生活~。\|这两个人终于结成了终身~。 |

>伙伴 陪伴 老伴 结伴

| 14. 似笑非笑 | sìxiào-fēixiào | | 又像笑又不像笑：王林脸上~，不知道他是高兴还是生气。 |

>似乎

| 15. 亏 | kuī | （动） | 由于别人的帮助或某种有利的因素而避免了不好的事情或得到好处。 |

>幸亏 多亏

| 16. 幸好 ≈幸亏 好在 | xìnghǎo | （副） | 凑巧有某种有利条件而避免了灾难：他心脏病发作时，~有医生在场，才没出危险。 |

| 17. 攒 ≈存 | zǎn | （动） | 积累；积聚；储蓄：积~\|好不容易才~下来的钱，一下子就花光了。 |

18. 操	cāo	（动）	说某种语言或者方言：他~一口流利的普通话。
19. 麦克风	màikèfēng	（名）	话筒：他走到舞台上的~前，开始说话。
20. 有声有色	yǒushēng-yǒusè		形容表现得十分生动。
21. 侃	kǎn	（动）	闲谈：两个人~到深夜。
22. 亲密	qīnmì	（形）	感情好，关系密切：~的朋友|他俩非常~。

>亲热 亲近

| 23. 故障 | gùzhàng | （名） | (机械、仪器等)发生的毛病：发生~\|排除~\|汽车出现~，开不动了。 |

| 24. 序号 | xùhào | （名） | 按次序排的号码：请大家按自己拿到的~排队。 |
| 25. 通道 | tōngdào | （名） | 往来的大路；通路：往来~\|这条小路是通向山顶的唯一~。 |

| 26. 单间 | dānjiān | （名） | 饭馆、旅馆里供单人或一起来的几个人用的小房间：我喜欢安静，请给我一个~。\|学校规定，学生只能住两人间或四人间，不能住~。 |

| 27. 简陋 ⟷完善 完备 | jiǎnlòu | （形） | (房屋、设备等)简单粗糙，不完备：设备~\|房间布置得很~。 |

>简便 简短 简洁 简要 精简 粗陋

| 28. 齐全 ⟷残缺 | qíquán | （形） | 应该有的都有了，什么也不缺少：开会的各种材料都准备~了。 |

| 29. 茶几 （几个） | chájī jǐ | （名） | 放茶具用的家具，比桌子小：~应该放在沙发前面，这样喝起茶来很方便。 |

30. 疗养	liáoyǎng	(动)	在特设的医疗机构里进行以休养为主的治疗：~院｜~所｜他在海滨~了半年。
			>医疗 治疗 理疗
31. 散发	sànfā	(动)	向外发出；分发：~广告单｜~宣传品｜她的头发~出一种淡淡的香味。
			>分发 分散
32. 谦让	qiānràng	(动)	谦虚地不肯担任，不肯接受或不肯占先：大家都坐下吧，别互相~了。｜您当会议主席是最合适的，您就不必再~了。
			>谦虚 谦恭 自谦 礼让
33. 海涛	hǎitāo	(名)	海里的波涛：晚上我们住在海边的宾馆里，可以听着~声入睡。
			>海浪 波涛
34. 真切	zhēnqiè	(形)	清楚确实；一点儿也不模糊：看得~｜听不~｜我~地听到了他的声音。
			>真实 确切 切实
35. 兴致勃勃 ≈兴高采烈	xìngzhìbóbó		形容兴趣很浓厚、情绪热烈的样子：我们~地参加了晚会。
(兴旺)	xīng		>兴冲冲 野心勃勃 雄心勃勃
36. 海岸	hǎi'àn	(名)	靠着海边的陆地：~线｜在大海中航行了一个星期，终于望见了曲曲折折的~。
37. 人山人海	rénshān-rénhǎi		形容聚集的人极多：体育场内~。｜春节期间，商店里、公园里，到处都是~的。
38. 视线	shìxiàn	(名)	用眼睛看东西时，眼睛和物体之间的假想直线；比喻注意力：大山阻挡了我们的~。｜~模糊。
39. 抹	mǒ	(量)	用于云霞等的量词：一~红霞｜一~晚霞。
40. 霞	xiá	(名)	阳光斜照而形成的彩色的云：彩~｜晚~｜云~｜~光｜早晨，天上布满了艳丽的朝~。
41. 蘑菇	mógu	(名)	可以食用的高级菌类，生长在树林里或草地上，外形像伞：白~｜鲜~｜~汤。
42. 挣	zhèng	(动)	用力使自己摆脱束缚；用劳动换取：~脱｜~钱｜他用力一~，~脱了身上的绳子。
(挣扎)	zhēng		
43. 大饱眼福	dàbǎoyǎnfú		眼福：看到珍奇或美好事物的福分。指可以看到许多珍奇或美好的事物：这个历史古城让各国旅行者~。
			>大饱口福 一饱眼福

44. 额外	éwài	(形)		超出了规定的数量或范围之外的：~负担|~开支|这是老师~给你布置的作业。
45. 礁石	jiāoshí	(名)		河流、海水中距水面很近的岩石：船撞上了一片~。|水退下去以后，两块~露出了海面。
46. 凶猛	xiōngměng	(形)		气势、力量凶恶强大：来势~|老虎是~的野兽。 ＞凶狠 凶恶 猛兽
47. 越发 ≈更加	yuèfā	(副)		表示程度上又深了一层或者数量上进一步增加或减少。
48. 就势	jiùshì	(副)		就：趁着，借……的方便。顺着动作姿势上的便利（紧接着做另一个动作）：他把行李放在地上，~坐在上面。 ＞就位 就座 各就各位
49. 短暂 ⟵⟶漫长	duǎnzàn	(形)		时间短：他将在北京做~的停留，然后去美国。|经过~的休息，大家又继续干活。
50. 生生不息	shēngshēngbùxī			世世代代永远不停息：我们要保护黄河，让她~地流淌下去。
51. 开阔 ⟵⟶狭窄	kāikuò	(形)		（面积或范围）宽大广阔：这里场地~，开运动会很合适。|他的视野很~，看问题很全面。 ＞宽阔 广阔 辽阔
52. 胸怀	xiōnghuái	(名)		见识、眼界；远大的志向：~狭窄|宽广的~。
53. 或许 ≈也许	huòxǔ	(副)		也许；可能：老师~会同意我们的要求。|~他还不知道这件事情。
54. 小心翼翼	xiǎoxīnyìyì			做事认真，一举一动都十分谨慎，丝毫不敢马虎大意：他~地走过那段结了冰的路。
55. 螃蟹	pángxiè	(名)		生活在水中的节肢动物，全身有甲壳，眼有柄。足有五对，横着爬行。
56. 亲手	qīnshǒu	(副)		自己动手（做）。 ＞亲自 亲身 亲口 亲耳 亲眼
57. 满载而归 （记载）	mǎnzài'érguī zǎi			装满了东西回来，形容收获极丰富：这次去旅行，大家都是~。|在这次机器人大赛中，我校代表团~。

专名

1. 王蒙　　Wáng Méng　　（1934—），中国当代作家。
2. 北戴河　Běidàihé　　　地名，在河北省。
3. 唐山　　Tángshān　　　地名，在河北省。

第九课　秘密旅行

🗎 课　文

> **提示一**　为什么早年的北戴河之旅让作者和王蒙无法忘记？他们为什么会在那个时间出去旅游？

旅行，是我和王蒙共同的爱好。近几年，我们几乎走遍了祖国各地，游了大半个地球，欧洲、亚洲、美洲、非洲……短的几周，长的数月，每去一处，那种轻松和愉快，世界各地给人的新奇感，确是无可替代的享受。

在所有的旅行经验当中，让我无法忘记的是早些年的北戴河之旅，虽然那次的物质条件与以后的旅行无法相比。当时我和王蒙瞒着家人，秘密随旅行团前往北戴河旅游，没想到，却误入了一个小年轻的蜜月旅行团。

那是1982年9月的一天，我在新侨饭店前的一个窗口旁看到一个广告："去北戴河五日游，乘豪华轿车，安置食宿，每人七十八元。"落款是"首都汽车公司"。当时我就动了心。1978年王蒙去北戴河的时候我在新疆看家，没去成。我想这回我们能一起去了。回到家跟王蒙一说，他立刻就同意了。

那时刚刚改革开放，人们的消费水平还比较低，旅游未普及。当时王蒙日夜写作，正需要调剂一下情绪。又听说他已被提名为中共中央候补委员，越是这样，就越是想趁早过几天轻松和普通的生活。

26日清晨七点，我们谁也没有告诉，就在新侨饭店前上了车，坐在离前车门不远的第二排座位上。等游客陆陆续续地上车后，我们惊讶地发现，来的都是清一色的年轻人，双双对对，绝大部分都是工人、店员，很少有干部模样的人，只有我们是年长者。一了解，他们都是新婚伴侣，去北戴河度蜜月，我们反倒觉得不好意思了。这时司机转过身，问道：

"您二位是做什么工作的？"

"教师，都是教师。"王蒙似笑非笑地说。

"亏你反应快，我差点儿就说实话了。"我小声地称赞老伴儿，心里多多少少有点儿紧张。

幸好司机没有在意，接着说："当教师辛苦，这么大岁数了，攒点儿钱出来玩儿玩儿，也不容易。"

143

看得出这位好心的司机，见我们这一对年近半百的老夫老妻也来参加"蜜月之旅"，感到很新奇。

"各位旅客，我是您的导游，您遇到什么问题，尽管找我。您所乘坐的大型轿车即将出发，预计晚六点到达，那里为您备好晚餐，中途在唐山附近用午餐，您可买到又大又甜的西瓜……祝您一路平安！旅途愉快！"

这是一位瘦高个儿的年轻人，操着一口流利的北京话，一路拿着麦克风，与大家有声有色地侃个不停。

车子是进口旅游车，座位也算得上豪华。不过一路上空调只开了一小会儿，于是每次下车大家都是满头大汗。

旅途轻松愉快，双双对对，亲亲密密，多数时候都是在说悄悄话。车子行驶途中出了一回故障，大家有秩序地下车，站在路边，不急不慌地边吃东西边聊天。我们和他们不时相互问候。虽然车子耽误了三个多小时，但没有听到多少怨言，那时生活水平没有现在高，文明程度反倒比现在高。

> **提示二** 到了目的地，作者和王蒙参加了一些什么活动？面对大海，他们想到一些什么？

晚上近九点我们才到达目的地。

导游熟练地按车票的序号为大家分配了房间，两人一间。住房实际只有一层，通道两旁有数个单间。每间卧室设备简陋然而齐全：两张床、一个床头柜、一个茶几、两把椅子、一个洗脸池。地面虽然有点儿潮湿，但整体来说还是相当干净的。

这里是位于东山地区的外国专家疗养所，位置好，在海边。外面有精心搭起来的花坛，有整齐的松林，大块绿绿的草地，散发着潮湿的香气，分布有序的石屋，都是大块的虎皮石墙壁，路边站立着扁圆型的夜灯。

大家收拾好之后，就去食堂用餐。互不相识的双双对对，十人凑一桌，六菜一汤共用，彼此都很谦让，吃得很文明。

夜幕降临，蛙鸣、海涛声响起。

我们看海去！我做了一辈子海的梦，活了四十九岁，竟然从没见过大海！我俩牵着手，摸着黑，顺着声音去找大海。

第一次真切地听到海浪声，就觉得一切的不快都被海浪卷走了。

导游把我们的活动安排得很充实，第二天去山海关参观，第四天去爬联峰山,我俩都放弃了。王蒙说:到这儿来不去游泳,爬什么山啊?当年属于专家疗养所的浴场游人很少,海面显得很宽阔。这也是我俩认识以来第一次一块儿下海,虽然喝了几口海水,但感觉从未有过的好。

我们还兴致勃勃地参加了凌晨五点去看日出的活动。

一大早,来看日出的人都早早地占好了有利地势,东山的海岸前、亭子前人山人海,大家的视线一刻也不离开东方的海平面。

晨起气温很低,许多人挨着冻等候日出。幸好我们准备了厚厚的外衣,不然也要挨冻了。不久,只见一抹红霞出现在海天相接之处,接着,露出一个火球的边,很像一顶蘑菇帽,慢慢地,火球挣脱海平线的束缚,跳了出来——一轮火红的太阳!

我们大饱眼福。导游一再说,你们的运气真好,夏天阴云多,来的旅客十有八九是看不上日出的。

当天傍晚我们原计划去看晚霞,但却又有了一次额外的收获。

我们出了疗养所的大门,摸索着往左拐上海滨路,沿着曲曲折折的海岸线向前走,可以看到中海滩,连接到西山。我们很兴奋,王蒙建议沿着海边一直散步,我自然同意了。

大约走出一小时的工夫,发现海边有高高激起的浪花,隐隐约约看见一大片礁石,被海浪凶猛地冲刷着。当我们走近时,冲击声越发大了。我俩小心地走上巨石,从一块奇形怪状的礁石又跳上临海的一大块船式大石。我们就势坐下,享受海涛的声响。后来王蒙以"听海"为题,写了一个短篇小说。我们许多共同的经验,最后都变成了他的小说题材。

我俩面朝大海,感慨人生。生命短暂,一转眼就可能消失,而大海则是生生不息。斤斤计较一得一失,有意思吗?王蒙喜欢开阔的景色,这是他的个性,也是他的胸怀。或许是大海给他的启示吧!

晚霞慢慢地消失了,天黑下来,游人陆续地离开,只剩下了我们两个人和大海。我们轻轻地、小心翼翼地躺在大礁石上。我们虽然年长,却也加入了年轻人的蜜月旅行,仿佛我们也是其中的一对,这种感觉很有意思。

30日一大早,导游把一车人带到市场,指点大家在什么地方买螃蟹,在什么地方可以加热处理。大家都学着亲手挑选螃蟹,几

乎每人都买了满满一袋子。据说到这里的游客都是以这样的方式满载而归。而我们收获的是一生中最难忘的记忆。

(据方蕤《我的先生王蒙》)

注 释

1. 趁早

抓紧时机或提前(采取行动)。如：

(1) 听说今晚的表演非常精彩，我们~动身，早点儿去占个位置，免得到时人山人海，站的地方都难找。

(2) 这种调查方法难度太大，你最好~换一种方法试试，或许容易些。

2. 似……非……

固定格式。在"似"与"非"后可以各放上一个相同的单音节名词、形容词或动词，表示又像又不像的意思。如：

(1) 我兴致勃勃地讲我们在海边捉螃蟹的经历，他没有专心听，那似笑非笑的表情让我觉得有点儿尴尬。

(2) 尽管他小心翼翼地走过客厅、走进房间，可他那似醉非醉的样子，还有身上散发出来的酒气，让妻子一下就知道他又去喝酒了。

(3) 这种茶几的颜色似红非红，似黄非黄，一点儿也不好看。

3. 亏

"亏"可以表示由于别人的帮助或某种有利的因素而避免了不好的事情或得到好处。如：

(1) 这次全~他捐出那么多名画给我们，我们的画展才能办得那么有声有色，让参观的人大饱眼福。

"亏"的后面如果只出现名词或代词，"亏"后常常带"了"。如：

(2) 这次~了你，不然我的轿车就可能半路出故障了。

"亏"的后面如果是小句，可以不带"了"。如：

(3) ~他能侃，这一路才不会很闷。

(4) ~了那些礁石挡着，他才没有被卷到海里去。

"亏"还可以表示对别人的言行不满，常用于讽刺别人或者说反话，常用在"亏+你(他)+动词+得……"或"亏+你(他)+还……"等格式中。如：

(5) 这种情侣间才会说的亲密话，亏他说得出口。

(6) 听着海涛声就睡不着？~你还是在海边长大的呢。

4. 幸好

指由于某种有利条件而避免了不好的后果。如：

(1) ～他及时挣脱了身上的绳子,跳到了岸上。
(2) 他不小心摔到了花坛下面,～没有摔伤。

"幸好"可以和"才"搭配,构成"幸好……,才……"格式,"才"后面表示的是好的结果。如:

(3) 我们～走了这条小路,才没有碰到那只凶猛的老虎。
(4) ～我们听了他的建议,才顺利地解决了机器的故障问题。

"幸好"可以和"不然"搭配,构成"幸好……,不然……"格式,"不然"后面表示的是不好的后果。如:

(5) ～当时天下起了大雨,不然火灾损失就越发大了。
(6) ～他去疗养院看望父亲,没有吃到这种有毒的蘑菇,不然他也要被送进医院抢救了。

5. 有声有色 ✳✳

成语。形容表现得十分生动或工作、活动展开得很有活力。如:

(1) 来自世界各地的艺术家们～的表演,让大家大饱眼福。
(2) 虽然体育场馆有限,然而这里的群众体育活动却开展得丰富多彩、～。

"有……有……"格式中可以放两个意思相同或相近的名词或动词,表示强调。如:

(3) 老王是个有情有义的人,出国前,他把几位老人都安置到了设备齐全的疗养院里,而且出国后每个月都按时寄钱给他们用。
(4) 那对情侣一路上都有说有笑,亲亲密密。

"有…… 有……"格式中还可以放两个意思相反或相对的名词或动词,表示既有这个又有那个,两方面兼而有之。如:

(5) 把他提名作为候补队员有利有弊,我们还是应该再慎重考虑一下。
(6) 幸好他是个做事情有始有终的人,不然他一走就麻烦了。

6. 不时—时时 ✳✳✳

"不时"表示间隔时间不长而不断地重复发生;"时时"表示每时每刻,经常。二者有时可以互换,但表示事件发生的频率不一样。如:

(1) 这里海水平静,礁石不多,所以不时有船只到这里的海岸停靠。(时时√)

如果表示动作或事件的发生有一定的间隔时间,常用"不时"。如:

(2) 小王在度蜜月时,不时给办公室打几个电话询问公司的情况。(时时×)

如果表示动作或事件的发生是经常性的,常用"时时"。如:

(3) 他时时不忘自己的妻儿,从不乱花钱,把钱都攒起来寄回家。(不时×)

当事件发生在某个场景,即短时的动作行为时,即使频率再高,也不能用"时时",但可用"不时"。如:

(4) 他说这番话的时候,额头上仍不时有汗珠沁出。(时时×)

7. 一再—再三 ✳✳✳

两个都是副词,都可以表示一次又一次、反复的意思。如果动词表示的是有意识的动作行为,那么它既可以和"一再"搭配,也可以和"再三"搭配。如:

(1) 校长一再提醒我们,出发前要把汽车送去检查,以免路上出故障、影响活动的顺利进行。(再三√)

(2) 王老师向学生再三强调到海岸边去捉螃蟹要注意的几件事。(一再√)

如果动词表示的是无意识的动作行为,那么它只能和"一再"搭配,不能和"再三"搭配。如:

(3) 由于他及时发现机器故障、使工厂避免了巨大损失而一再获得领导的表扬。(再三×)

"再三"有时还可以用在动词后面,"一再"则不能。如:

(4) 我们考虑再三,还是决定不参加那个蜜月豪华旅行团了。(一再×)

8. 越发—更加 ✽✽

都表示程度进一步增加,都可以用在形容词前面。如:

(1) 我们离大海越来越近,海涛声听起来也越发真切了。(更加√)

都可以用在动词前面。如:

(2) 别谦让了,赶紧就座吃饭吧,不然就越发没有时间讨论了。(更加√)

"越发"可用在"越(是)……,越发……"的格式中,"更加"不行。如:

(3) 在海上航行的时候,越是离海岸近的地方,就越发需要小心翼翼地避开那些礁石。(更加×)

"越发"限用于同一事物的进一步变化;比较两种事物时不用"越发"。如:

(4) 今年的汽车展览会人山人海,而广交会展厅却更加热闹。(越发×)

9. 就 ✽✽

"就"除了经常做副词外,还可以做动词和介词。

做动词可以表示"凑近"、"靠近"、"到",如:就位、避难~易、各~各位;可以表示"开始从事"、"进行",如:~业、~职;可以表示"完成"、"确定",如:一挥而~、功成名~;还可以表示"两种以上的食品搭着吃喝",如:用花生~酒。

做介词可以表示引进动作的对象或范围。如:

(1) 大家~机器故障的解决方法进行了激烈的讨论。

(2) ~我们公司的财政情况来看,买豪华轿车、建豪华办公楼是不实际的。

还表示从某方面论述,多用于限制比较的对象范围,常用在"就……来说"、"就……来讲"、"就……而言"的格式中。如:

(3) ~我来说,再简陋的房间我也能睡得很好,可是他就不行了。

(4) ~设备而言,这个山上的疗养院比那个海边的差远了。

还表示"趁着"、"借着"、"借……的方便"。如:

(5) 我们应该~地取材,这里的蘑菇品种多、味道好,不吃岂不可惜?

(6) 小李学习很刻苦,宿舍熄灯后,他还~着通道的灯光把作业做完了。

10. 一……一…… ✽✽

两个"一"可以分别用在两个同类的名词前面,表示整类事物。如:

(1) 许多情侣结婚时都相信自己会一心一意地爱自己的伴侣一生一世。

两个"一"可以用在不同类的名词前面,表示事物之间的关系。如:

(2) 人生短暂,如果时时都斤斤计较一得一失,生活还有什么意思啊?

两个"一"可以用在同类或相对的动词前面,表示动作的连续或者动作交替进行。如:

(3) 昨天王强在礁石上跳来跳去,不小心摔了下来,现在走路一扭一扭的。

(4) 赵师傅亲手教我们做肉丸,手抓两根木棒,一起一落地打在肉上,动作漂亮,节奏清楚,真是让人大饱眼福。

(5) 那两个推销员在介绍产品时一问一答,真可以说表演得有声有色。

11. 或许—也许—可能 ✿✿

三个都可以做副词。

做副词时,三者用法大致相同,都表示"不很肯定"、"有可能","或许"多用于书面语。它们后面一般接动词或形容词短语,常有"可以"、"会"等助动词在句中出现,都可以放在主语之前,一般都可以互换。如:

(1) 他拥有开阔的胸怀,这或许和他成长在海边,常常面对大海有关系吧。(也许√可能√)

"可能"还可以做形容词,常做定语。"或许"、"也许"不能。如:

(2) 他们用尽了一切可能的办法,也没能离开这个与世隔绝的地方。(或许×也许×)

另外,"可能"还可以做谓语。例如:

(3) 他临时改变计划,这完全可能。

"可能"做形容词时,可以受"很"和"不"修饰,"很可能"表示加强肯定的估计,可用在主语前或后;"不可能"表示否定估计,用在主语后面。如:

(4) 很可能他已经到家了。(√他很~已经到家了。)

(5) 他不可能这么快就到家。(×不可能他这么快就到家了。)

"可能"还可以做名词,表示能成为事实的属性,可能性。如:

(6) 事情的发展不外有两种可能。(或许×也许×)

12. 亲手 ✿✿

副词,表示用自己的手(做)。如:

(1) 王经理昨天在疗养院~给老人们做饺子吃,老人们都非常感动。

(2) 那个花坛中所有的花都是他~种的。

"亲"还可以跟表示和身体有关的眼、口、耳、身等结合,强调动作由自己进行,动作要和相应的词语搭配。如:

(3) 我亲眼看到太阳出来的整个过程,真是大饱眼福。

(4) 这种蘑菇有毒,不能吃。这是王大爷亲口告诉我的。

(5) 我亲耳听到他们说要提名你做学校足球队的候补队员。

(6) 这种事情一定要自己亲身体验一下才会印象深刻的。

四、练习

(一) 在下列四字词语中填入缺少的汉字,并分别用这些词语造句

(1) 年__半百　　(2) 十__八九　　(3) 有声有__　　(4) 奇形__状

(5) 大饱__福　　(6) __载而归　　(7) 兴致__ __　　(8) 小心__ __

(9) __ __不息　　(10) __ __计较　　(11) __山__海　　(12) 不__不__

(二) 选择合适的词语填空,并用这些词语各造一个句子

　　落款　清一色　亏　攒　操　序号　真切　额外　就　或许

1. 对面学校的护士班全是_____的女生,所以男生们一到周末就往那边跑。

2. 你亲自去一趟,和他们当面谈谈,_____可以改变现在这样的局面。

3. 虽然他是一个外国人,可是从小就在北京生活,所以他_____一口流利的汉语。

4. 我俩都是工人,家庭挺困难的,_____点儿钱真是不容易,您就再便宜点儿吧。

5. 导游说,除了旅游合同上安排好的旅游项目外,他还可以_____给我们安排一些有意思的活动,不过要另外付钱。

6. 我看见许多年纪大的中国人吃早饭的时候都喜欢_____着咸菜吃稀饭。

7. 秘书王小姐收到一张卡片,_____为"一个为你动心的人",她觉得莫名其妙。

8. 这里人山人海的,请大家不要拥挤,按刚才拿到的_____排队。

9. _____你还是当哥哥的,弟弟有了女朋友都不知道?

10. 看到太阳从海面上慢慢升起来,我_____地感受到了大自然的美丽和奇妙。

(三) 用括号中的词语完成句子

1. 为了参加豪华蜜月旅行团,他们_____。(攒)

2. _____,连这么小的故障都处理不了。(亏)

3. 那位年轻的导游_____,一路上都在给游客介绍沿途的风景名胜。(操)

4. 八点左右大家都出门去上班,是交通高峰期,你_____。(趁早)

5. 老李夫妇虽然年纪很大了,＿＿＿＿＿＿＿＿＿＿＿＿＿＿＿＿。(兴致勃勃)

6. 昨天我们去爬山,爬到山顶时突然下起了大雨,＿＿＿＿＿＿＿＿
＿＿＿＿＿＿＿＿＿＿＿。(幸好……,不然……)

7. 就要毕业了,明天晚上我们班准备开一个晚会,大家要互相赠送礼物,老师希望
＿＿＿＿＿＿＿＿＿＿＿＿＿。(亲手)

(四) 根据课文填出相应的词语,并在后边括号中写出这些词语的同义词
(可以写一个或多个)

1. 等游客陆陆续续地上车后,我们＿＿＿＿＿＿＿＿地发现,来的都是清一色的年轻人,双双对对,绝大部分都是工人、店员,很少有干部模样的人,只有我们是年长者。
(　　　　)

2. 看得出这位好心的司机,见我们这一对年近半百的老夫老妻,也来参加"蜜月之旅",感到很＿＿＿＿＿＿。(　　　　)

3. 这是一位瘦高个儿年轻人,操着一口流利的北京话,一路拿着麦克风,与大家有声有色地＿＿＿＿＿个不停。(　　　　)

4. 每间卧室设备＿＿＿＿＿然而齐全:两张床、一个床头柜、一个茶几、两把椅子、一个洗脸池。(　　　　)

5. 第一次＿＿＿＿＿地听到海浪声,就觉得一切的不快都被海浪卷走了。(　　　　)

6. 我们还＿＿＿＿＿地参加了凌晨五点去看日出的活动。(　　　　)

7. 当我们走近时,冲击声＿＿＿＿＿大了。(　　　　)

8. 王蒙喜欢开阔的景色,这是他的个性,也是他的胸怀。＿＿＿＿＿是大海给他的启示吧!(　　　　)

(五) 改错

1. 我们离海岸越近,海涛声就更加大。

2. 你亏是个老司机,连这条路都没有走过。

3. 他的视线不太好,不戴眼镜就看不到黑板上的字。

4. 因为这一段时间大家工作都特别辛苦,所以公司发给大家的钱的额外作为奖金。

5. 他不时不忘自己作为老师的责任,每天都认真地工作,得到了所有学生的好评。

6. 这种错误再三发生,公司经理应该负责。

(六)用 A、B、C、D、E、F 把下面的句子连成一篇短文

1. (　)而且这里空气清新,水质良好。
2. (　)这里冬无严寒,夏无酷暑,夏天平均气温只有 24.5℃。
3. (　)气候,是北戴河海滨成为驰名中外的旅游避暑胜地的重要因素。
4. (　)这些都为北戴河旅游事业的发展提供了理想的条件。
5. (　)再加上山中文物古迹众多,奇岩怪洞密布,各种风格的建筑分布有序。

(七)熟读下列各句并用括号里的格式造句

1. 在所有的旅行经验当中,让我无法忘记的是早些年的北戴河之旅,虽然那次的物质条件与以后的旅行无法相比。(在所有的……当中,让我无法忘记的是……,虽然……。)

2. 晨起气温很低,许多人挨着冻等候日出。幸好我们准备了厚厚的外衣,不然也要挨冻了。(……。幸好……,不然……。)

3. 不久,只见一抹红霞出现在海天相接之处,接着,露出一个火球的边,很像一顶蘑菇帽,慢慢地,火球挣脱海平线的束缚,跳了出来——一轮火红的太阳!(不久,只见……,接着,……慢慢地,……。)

(八)根据下列格式写词语,并用这些词语造句

1. 似……非……　(例:似笑非笑)

　　似__非__　　似__非__　　似__非__

2. 有……有……　(例:有声有色)

　　有__有__　　有__有__　　有__有__

3. 无法……　(例:无法忘记)

　　无法__　　无法__　　无法__

4. 一……一……　(例:一得一失)

　　一__一__　　一__一__　　一__一__

(九) 联系课文说说下列句子的含义

1. 在所有的旅行经验当中,让我无法忘记的是早些年的北戴河之旅,虽然那次的物质条件与以后的旅行无法相比。
2. 当时王蒙日夜写作,正需要调剂一下情绪;又听说他已被提名作为中共中央候补委员。越是这样,就越是想趁早过几天轻松和普通的生活。
3. 虽然车子耽误了三个多小时,但没有听到多少怨言。那时生活水平没有现在高,文明程度反倒比现在高。
4. 生命短暂,一转眼就可能消失,而大海则是生生不息。斤斤计较一得一失,有意思吗?

五 副课文

欢迎走进我的世界

　　我叫姚明,人们都这样称呼我。在美国,我姓名的叫法是明姚,因为姚才是我的姓。我爸爸叫姚志源——但妈妈不姓姚,妈妈叫方凤娣。在美国,妻随夫姓。中国很久以前也是如此,如今中国妇女婚后都保留自己的姓名,因为政府提倡男女平等。

　　姓名的变化,只是中国今天许多变化中的一个。有些方面,中国变得越来越像美国,但我认为,两个国家永远不会变得完全一样。这就意味着我生活在两个世界里——一个是与过去经历完全不同的、全新的世界,另一个是我熟悉的、正在发生着日新月异变化的世界。

　　中国正经历着巨大变革,但要了解这些变化并非易事,也许是因为在回国期间我没有处处留意。我更感兴趣的是那些自己深信不会改变的事物,比如饮食习惯和朋友。我难以觉察外界所有的变化,我内心的感觉总是一样的。如果你阅读这本书,我想是因为想对我有更多了解。但我希望你了解的不止是我个人的事。从中国到美国是一个巨大的转变,很少有人尝试过我正着手做的事情——同时成为美国和中国的一部分。

　　我不知道本书是否能让你了解我及我生活的全部,但我会尽力而为。我不喜欢跳过几步,就让我从头开始吧,先告诉你我名字的中文写法:姚明。我的名——"明",字面的意思是"光亮"。"明"字由两个字组成,左边的"日"意指太阳,右边的"月"意指月亮。日月在一起意思是所有时间,无论白天黑夜都有光亮。我的姓——"姚"单独用没有任何意义,它只是一个姓。但是组成姚字的两个字单独看都有实在的意思。左边的"女"意指女人,右边的"兆"意指许许多多——是比十亿还要大的数字。两个字合在一起指众多的女人。如果了解我,你会明白我是在开玩笑。首先,我喜欢开玩笑。其次,十七岁以来,我只对一个女孩着迷过。我跟别人这么说,他们不相信。也许像我这样的人,在球员中是绝无仅有的,但我说的是大实话。

英文和中文有一个很大的区别:中文字声调不同则意思也不同。比如说"shui",可以是水、睡或者谁,就看你的声调。名字也是这样。我的名字如果声调不对的话,就变成了"要命"——致命或者"要你性命"的意思。很多美国人念起来就像"要命"。"要命"还有一种意思是难以置信。"要命"和"姚明"在中文里写起来完全不同。

你是知道我本来是拒绝写书的。有许多原因,一是我这人不喜欢公开谈论自己的事情,这是我的天性;另外我一直觉得只有英雄才写书,或者别人为他们写书立传。我不是英雄,也不觉得我做的事情会使我成为一个大英雄,我只是在做自己的分内事。

再者,我觉得自己要活的年头还很长,没什么非说不可的话。在中国,一个篮球运动员,不管他如何出色,都不会像在美国一样被人看成一个大人物。我喜欢读历史书和重要历史人物的传记。历史上许多人承受的压力比我可能面临的要大得多。

我很自豪我是一个中国人,我很自豪我在中国学会了打篮球。我从没想过要更改国籍,当我的NBA生涯结束后,我会回中国生活。为了来NBA打球我经历了很多,但如果你让我在NBA和在中国国家队打球选择其一,我的选择一定是中国国家队。

一开始,我认为写出我的经历未必能帮助别人。许多同胞初来美国,试图在一个新的文化中生活,我的经历如此不同,是否对他人有借鉴意义呢?但转念一想,我这种想法也许是错误的。我还想,如果我写了一本书,国内同胞会怎么看呢?有几个中国运动员出过书,但都是在运动生涯结束的时候才动笔,而非在运动生涯刚刚开始的时候。中国人中出自传的,大都是已退休的政府要人。或者,在他们去世以后,由别人为他们立传。非常重要的大人物也许会例外。我不觉得自己可以作为一个例外,也不觉得自己是一个超级明星,现在还不是,也许有一天会是吧。我还没打算退休,也许这本书出版后我会被迫退休。我又在讲笑话了,我希望仅仅是笑话而已。

(据姚明《我的世界我的梦》)

第九课　秘密旅行

 回答问题

1. 在美国,姓名的叫法、夫妻姓名的关系和中国有什么不同?
2. 姚明是怎么看待中国的变化的?
3. 为什么姚明说他正着手做的事情是"同时成为美国和中国的一部分"?
4. 姚明的姓名有什么含义?
5. 为什么别人不相信姚明十七岁以来只对一个女孩着迷过?
6. 姚明拒绝写书的原因是什么?
7. 本文认为在中国写自传或传记的大多是什么人?和他们比起来,姚明有什么特殊的地方?

155

第十课　失踪的国家

一　生词语

1. 沉没 （没有）	chénmò méi	（动）	沉入水中。 ＞埋没　淹没　吞没
2. 延伸	yánshēn	（动）	延长、伸展：这条铁路一直~到北京。 ＞延长　延期　延缓　拖延　蔓延 廷—建
3. 波涛 ≈波浪	bōtāo	（名）	大波浪。
4. 创建 （创伤）	chuàngjiàn chuāng	（动）	创立：他们~了一个新的政党。 ＞创办　创立　创造　创作　组建　建立　建设
5. 管辖	guǎnxiá	（动）	管理：北京市由国务院直接~。 ＞管理　保管　主管 辖—割
6. 难 （难道）	nàn nán	（名）	不幸的遭遇,灾难：遇~|大~临头|多灾多~。 ＞难民　难兄难弟　灾难　苦难 难—摊—滩
7. 国土	guótǔ	（名）	国家的领土。
8. 辽阔 ←→狭窄	liáokuò	（形）	面积宽大,地方广阔：~的土地。
9. 开采	kāicǎi	（动）	挖矿物。
10. 牲畜 ≈家畜	shēngchù	（名）	人类为了经济或其他目的而养的兽类,如猪、牛、羊、马、兔、狗等。 牲—特
11. 乃至	nǎizhì	（连）	甚至。
12. 遍地	biàndì	（名）	到处：~开花。 遍—编—偏—骗
13. 提炼	tíliàn	（动）	用化学或物理方法从混合物中提取所要的

第十课　失踪的国家

	(提防)	dī		东西:从植物中~香水。
				题—堤
14.	香水	xiāngshuǐ	(名)	用香料、酒精和蒸馏水等制成的化妆品。
15.	谋生	móu shēng		设法寻求维持生活的途径:他靠写小说~。当地人靠养绵羊~。|外出~。
				谋—煤—媒
16.	稠密	chóumì	(形)	多而密:人口~。
	⟵⟶稀少			稠—绸—雕
17.	繁华	fánhuá	(形)	(城镇、街市)兴旺热闹:这一带是城里最~的地方。|香港是一个~的大都市。
	(华先生)	huà		
				＞繁荣　繁盛　繁多　华丽
18.	寺庙	sìmiào	(名)	敬奉神佛或历史上有名人物的地方。
19.	浴池	yùchí	(名)	供许多人同时洗澡的设备,形状像池塘。
				浴—裕—俗—欲　池—他—她—地
20.	强盛	qiángshèng	(形)	(多指国家)强大而兴旺。
	⟵⟶弱小			
	(强迫)	qiǎng		
21.	野心	yěxīn	(名)	对领土、权力或名利等巨大而非分的欲望(含贬义):他的~是征服全世界。
	⟵⟶雄心			
22.	贪得无厌	tāndéwúyàn		贪心极大,总不知满足(含贬义)。
	(非得)	děi		＞贪污　贪图　贪心
23.	驱使	qūshǐ	(动)	强迫别人按自己的意志行动;推动:在野心的~下,他决定发动更大的战争。|在好奇心的~下,他独自一人去西藏旅行。
24.	进而	jìn'ér	(连)	表示在已有的基础上进一步。
25.	念头	niàntou	(名)	心里的打算:他突然有了回家的~。
				＞看头　听头　想头
26.	无影无踪	wúyǐng-wúzōng		没有一点儿影子和踪迹,形容完全消失或不知去向。
				＞身影　阴影　行踪　踪迹　失踪
				踪—综
27.	推算	tuīsuàn	(动)	根据已有的数据计算出有关的数值:我们可以~出这棵树的年龄。|科学家们~出了恐龙灭绝的大概时间。
				＞推断　推理　推想　推测　推论　类推
28.	历代	lìdài	(名)	过去的各个朝代:~皇帝。|~书法。

157

>历年 历来
历—厉

| 29. 空想 (空白) | kōngxiǎng kòng | （名） | 不切实际的想法;离开了客观现实的想象就成了~。 |
| 30. 声望 | shēngwàng | （名） | 为人们所敬仰的名声:周恩来在中国人民心中很有~。 |

>名声 威望

| 31. 僧侣 | sēnglǚ | （名） | 和尚的总称,也指其他宗教的修道人。 |
| 32. 轰动 =哄动 | hōngdòng | （动） | 同时惊动很多人:精彩的演出~了全城。\|他的英勇事迹~了全国。 |

>轰响 轰鸣

| 33. 无边无际 | wúbiān-wújì | | 没有边际,形容极其辽阔。 |
| 34. 潜水 | qiánshuǐ | （动） | 在水面以下活动:~员\|~艇\|~衣。 |

>潜泳 潜航

35. 不约而同	bùyuē'értóng		没有经过商量而彼此一致：他们~地唱起了歌。
36. 长方形	chángfāngxíng	（名）	长和宽不相等、四个角都是直角的四边形。
37. 外观 ≈外貌	wàiguān	（名）	物体从外表看的样子:这套家具~很大方。
38. 相继	xiāngjì	（副）	一个跟着一个。
39. 获取 ≈获得	huòqǔ	（动）	取得:记者们都想~第一时间的新闻。
40. 推测 ≈推算	tuīcè	（动）	根据已经知道的事情来想象不知道的事情:未来的情况还无从~。|科学家在~火山爆发的时间。
41. 相似 ≈近似 (似的)	xiāngsì shì	（形）	相近或相像,但不相同:这两个地方的方言有些~。|韩语有些语法同日语~。
42. 组合	zǔhé	（动）	组织成为整体:这本书是由三部分~而成的。

>组织 组成 组建

43. 庞大	pángdà	（形）	很大（有时含过大或大而不当的意思）:机构~|支出~。
44. 魔鬼 ⟷天使	móguǐ	（名）	宗教或神话传说里迷惑人、害人性命的鬼怪,也用来比喻邪恶的势力。
45. 金字塔	jīnzìtǎ	（名）	古代某些民族的一种建筑物,是用石头建成的三面或多面的角锥体,远看像汉字的"金"字,著名的有埃及金字塔。

46. 肥沃	féiwò	（形）	（土地）含有适合植物生长的养分、水分。
			>肥料 化肥
			把—吧
47. 纵横	zònghéng	（形）	横一条竖一条的：~交错｜铁路~。
			>纵向 纵队 横向
48. 未免	wèimiǎn	（副）	不免，实在不能不说是……。
49. 过于 ≈太	guòyú	（副）	表示程度或数量过分：~疲劳｜~着急。
			>过分 过度 过剩
50. 探测	tàncè	（动）	对于不能直接观察的事物或现象用仪器进行考察和测量：~海的深度｜~海底金字塔的具体位置。
			>探索 探讨
51. 迄今	qìjīn	（动）	到现在：~为止｜自古~。
52. 遗址	yízhǐ	（名）	毁坏的年代较长的建筑物所在的地方：圆明园~。
53. 半真半假 （假期）	bànzhēn-bànjiǎ		好像是真的，又好像是假的，不能让人完全相信。
54. 确信	quèxìn	（动）	确实地相信，坚定地相信：考古学家~这里就是那个古城的遗址。
			>确认 确定 确立 确保 确诊
55. 标本	biāoběn	（名）	保持实物原样或经过整理、供学习研究时参考用的动物、植物、矿物：蝴蝶~。
56. 无从	wúcóng	（副）	（做某件事时）没有门径或找不到头绪。
57. 考古学	kǎogǔxué	（名）	根据挖出来的或古代留传下来的遗物和遗迹来研究古代历史的科学。
58. 谜	mí	（名）	还没有弄明白的或难以理解的事物：这个问题到现在还是一个~，谁也搞不懂。
			>猜谜 谜语

专名

1. 大西洋	Dàxī Yáng	the Atlantic Ocean	地球上四大洋之一。位于欧洲、非洲与南北美洲之间，南接南极洲。
2. 希腊	Xīlà	Greece	国名，位于欧洲的国家。
3. 柏拉图	Bǎilātú	Platon	（前427—前347），古希腊哲学家。
4. 埃及	Āijí	Egypt	地跨亚洲和非洲、在非洲东北部的国家。

5. 地中海	Dìzhōng Hǎi	Mediterranean Sea	位于欧洲、亚洲、非洲之间的海。
6. 雅典	Yǎdiǎn	Athens	古希腊的城市国家,现希腊首都。
7. 苏格拉底	Sūgélādǐ	Sokrates	(前469—前399),古希腊哲学家。
8. 巴哈马	Bāhāmǎ	Bahamas	拉丁美洲的岛国。
9. 苏联	Sūlián	The Soviet Union	(1922—1991),位于欧洲东部。
10. 魔鬼三角	Móguǐsānjiǎo		北大西洋西部的一片三角形海域,因经常在这里发生空难、海难,故被称为"魔鬼三角"。
11. 挪威	Nuówēi	Norway	位于欧洲北部的国家。
12. 比米尼岛	Bǐmǐní Dǎo		巴哈马群岛的一个小岛。

课文

提示一 传说中的大西国是一个什么样的国家?为什么会一夜之间消失得无影无踪?

根据传说,在深深的大西洋的洋底,有一个沉没的国家,据说那就是大西国。

最早记载大西国的人是希腊大哲学家柏拉图。他在著作《克里齐》里说,大西国原来是全世界的文明中心。这个国家比有些国家加在一起还要大,它的势力一直延伸到埃及等地。

后来,大西国对埃及、希腊和地中海沿岸所有其他民族都发动过战争。有一次大西国对雅典发动了战争,雅典人进行了顽强的抵抗,打败了大西国。不久,一场大地震使大西国沉没于波涛之中。

大西国的创建人是波塞冬。波塞冬娶了当时一位美丽的姑娘为妻。她为波塞冬生了10个儿子。波塞冬把大西国分成10部分交给他的10个儿子分别管辖。他们就是大西国最初的10名管理者。波塞冬的大儿子是国王地位的继承者。最初的10名管理者曾有过协定:彼此决不侵犯,一方有难,各方支援。

第十课　失踪的国家

大西国的海岸很长,高山壮丽、国土辽阔,自然资源丰富,农作物一年可收获两次。人民多数依靠种植农作物、开采金银和养牲畜来维持生活。城市乃至农村遍地是鲜花,大西国的许多人便靠提炼香水谋生。

在大西国的城市中,人口稠密,热闹繁华。城中到处是花园以及用红、白、黑三种颜色的石头盖起来的寺庙、圆形剧场、斗兽场、公共浴池等高大的建筑。码头上,船来船往,许多国家的商人都同大西国进行贸易。

随着大西国越来越强盛,国王的野心也变得越来越大。在贪得无厌的野心驱使下,他们进而有了征服全世界的念头,决心要发动更大的战争。然而一场强烈的地震和随之而来的水灾,使整个大西国在一天一夜之间便消失得无影无踪了。

大西国沉没的时间,根据柏拉图在另外一本书中所记载的说法推算,大约是11150年前。

柏拉图曾不止一次地说,大西国的情况是历代口头传下来的,绝不是他自己的空想。据说柏拉图为此还亲自去埃及请教过当地有声望的僧侣。

柏拉图的老师苏格拉底在谈到大西国时也曾说过:"好就好在它是事实,这要比空想的故事强得多。"

如果确实有柏拉图所说的事,那么早在12000年前,人类就已经创造了文明。

> **提示二**　大西国究竟在哪里?在大西洋西部海域以及巴哈马群岛附近的海底发现过什么轰动全世界的奇迹?大西国之谜已经解开了吗?

但这个大西国在哪里呢?千百年来人们对此一直有着极大的兴趣。

20世纪60年代以来,在大西洋西部的海域以及巴哈马群岛等附近海底,都接连发现过轰动全世界的奇迹。

1968年的某一天,巴哈马群岛附近的大西洋洋面上一片平静,无边无际的海水像透明的玻璃,一望到底。几名潜水员坐小船返回的途中,有人突然吃惊地叫了起来:"海底有条大路!"几个潜水员不约而同地向下看去,果然是一条用巨石铺成的大路躺在海底。这是一条用长方形和多边形的平面石头铺成的大道,石头的大小和厚度不同,但排列整齐,外观鲜明。

70年代初,一群科学工作者相继来到了大西洋的某个群岛附近,他们从800米深的海底里获取了一些物质。经过鉴定,发现这个地方在12000年前确实是一片陆地。用现代科学技术推测出来的结论,竟同柏拉图的描述如此惊人地相似！究竟这里是不是大西国沉没的地方呢？

1974年，苏联的一只海洋考察船在大西洋下拍摄了8张照片——组合起来是一座庞大的古代人工建筑！这是不是大西国人建造的呢？

1979年，美国和法国的一些科学家使用十分先进的仪器，在"魔鬼三角"海底发现了金字塔！塔底边长约300米，高约200米，塔尖离洋面仅100米，比埃及的金字塔大得多。塔的下部有两个巨大的洞，海水以惊人的速度从洞底流过。

这大金字塔是不是大西国人修的呢？大西国军队曾征服过埃及，是不是大西国人将金字塔文明带到了埃及？美洲也有金字塔，是来源于埃及，还是来源于大西国？

1985年，两位挪威水手在"魔鬼三角"海区之下发现了一座古城。在他俩拍摄的照片上，有肥沃的平原、纵横的大路和街道、圆顶住房、寺庙……他俩说："绝对不要怀疑，我们发现的是大西国！和柏拉图描述的完全一样！"这一说法未免过于主观。

遗憾的是，"海底金字塔"是用仪器在海面上探测到的，迄今还没有一位科学家能证实它究竟是不是一座真正的人工建筑，因为它也可能就是一座水下山峰。

即便是苏联人拍下来的海底古建筑遗址照片也显得半真半假，目前还不能使人确信它就是大西国的遗址。

比米尼岛大西洋底下的石路，据说后来有科学家曾经潜入洋底，在"石路"上采集回标本进行过化验和分析。结果表明，这些"石路"距今还不到10000年。如果这条路是大西国人修造的话，它至少不应该少于10000年。至于那两个挪威水手的照片，至今也无从验证。

唯一可以得到的正确结论是，在大西洋底确实有一块沉下的陆地。

所以，假设大西洋上确实存在过大西国，大西国确实像传说那样沉没在大西洋底，那么，在大西洋底就一定能找到大西国遗留下来的古迹。

遗憾的是，至今还没有任何一个考古学家宣布说他已经在大西洋底发现了大西国的遗迹。所以直到今天，大西国依然是一个谜。

(据《世界上下五千年》改写)

第十课　失踪的国家

注　释

1. 乃至

连词,也说"乃至于",表示递进关系,一般用在若干个词语、短语或小句的最后一项之前,表示突出最后一项所指的内容。多用于书面语。

可连接名词性词语,如:

(1) 这个娱乐节目引起了全市~全国的轰动。

(2) 我国人民的生活水平要普遍达到小康水平,还需要十年~更长的时间。

也可连接动词性、形容词性词语,如:

(3) 她很想拍一部动人~感人的爱情电影。

(4) 不认真学习就要落后、倒退,~犯错误。

乃至—甚至

"乃至"和"甚至"都有连词的用法,但"甚至"还有副词用法。如:

(5) 这块大石头甚至四五个小伙子也搬不动。(乃至×)

(6) 全中国甚至海外,越来越多的人在关注这条铁路的修建。(乃至√)

2. 进而

连词,表示在已有的基础上进一步,用于后一小句。前一小句先说明完成某事,常见的格式为:"……,进而……。""进而"前面可以用"又"、"再"、"才"、"并"等词。如:

(1) 新的教学法先在个别班进行试验,~在全校推广。

(2) 这项设计完成以后,他们又~致力于另一项工程的设计。

3. 好就好在……

表示某人、某物或某事好在什么方面,即解释为什么好。如:

(1) 这本传记~反映了真实的历史情况。

(2) 他这个人~没有野心。

"好就好在"是"A就A在"格式的一种,该格式用来说明某人、某物或某事为什么A。能进入这种格式的一般是单音节形容词,也有少数单音节动词。如:

(3) 严格来讲,教材的内容并不多,<u>多就多在</u>大量的练习题。

(4) 你<u>输就输在</u>太骄傲了。

4. 无……无……

固定格式,通常为四个音节,"无"连接两个意思相近的语素,常见的有:

(1) 无影无踪(没有影子,没有踪迹,形容完全消失或不知去向)

(2) 无忧无虑(没有什么需要担心的,没有忧愁)

(3) 无怨无悔(没有什么值得抱怨和后悔的)

(4) 无情无义(没有感情,不讲义气)

(5) 无依无靠(没有依靠)

(6) 无穷无尽(没有穷尽,没有限度)

(7) 无时无刻(表示不间断)

有时"无"也可连接两个意思相反或相对的语素,该格式也有五个音节的。如:

(8) 无大无小(不论大的或小的)

(9) 无可无不可(怎么样都行,表示没有一定的选择)

5. 相继 ❋❋

副词,一个接着一个地。如:

(1) 去"魔鬼三角"的船只~沉没,这至今仍是一个谜。

(2) 和他有关系的人~离开,他感到十分难过。

6. A 与(和、同、跟)B 相近似 ❋❋

比较句的一种。A 和 B 代表两种相比的事物或性状;"相近似"是比较的结果,做谓语主要成分;"与(和、同、跟)B"是修饰"相近似"的状语。如:

(1) 海底金字塔的外观和埃及金字塔相近似。

(2) 科学家们这次获取的一些物质同上一次的相近似。

7. 未免 ❋❋

副词,不能不说是,对某种做法表示不以为然。意在否定,但语气比较委婉。后面常跟程度副词"太"、"过分"、"过于"、"不大"、"不够"、"有点"、"有些"……连用,或者形容词后接数量词"一点儿"、"一些"。有以下两种常见的用法:

未免+形容词或形容词短语

(1) 推测是个很复杂的过程,你的想法~过于简单了。

未免+动词或动词短语

(2) 大家~过分夸奖我了,我只是做了份内的事情。

如果是"未免+动词+得……",可同"动+得+未免……"互换,且意思不变,如:

(3) 你~把他说得太好了。(=你把他说得~太好了。)

未免—不免—难免

"未免"表示对某种过分的情况不以为然,侧重在评价;"不免"和"难免"则表示客观上免不了或不容易避免。如:

(4) 这里的寺庙未免小了一点儿。(不免×难免×)

(5) 第一次潜水,不免会有些紧张。(难免√未免√)

此外,"难免"是形容词,"未免"、"不免"是副词,因此"难免"可以修饰名词,但必须带"的",名词也限于"现象"、"事情"、"情况"等少数几个;此外"难免"还可以单独做谓语放在"是……的"中间,主语通常是动词短语、小句或"这"、"那"。

(6) 探测时出现误差也是难免的现象。(未免×不免×)

(7) 这是难免的事情。(未免×不免×)

(8) 英语六级考试你考了三次都没通过,现在有了放弃的念头是难免的。(未免×不免×)

8. 过于 ✾✾

副词,表示程度或数量超过一定的限度。一般可修饰双音节动词、形容词或动词短语。不能出现在主语前。如:

(1) 你的身体不好,不能~劳累。
(2) 对贪得无厌的人不要~信任。

9. 半……半…… ✾✾

这是一种固定格式,四个音节,"半"连接两个意思相反或相对的语素。常见的有:

(1) 半推半就(一边推辞一边接近,形容内心愿意却表面假意推辞)
(2) 半信半疑(既有点儿相信又有点儿怀疑)
(3) 半梦半醒(好像睡着了又好象是醒着的,形容睡得不安稳)
(4) 半工半读(一边工作一边学习)

10. 无从 ✾✾

副词,做状语,表示(做某件事时)没有办法或找不到头绪。用于书面语。如:~人手|~查考|心中千言万语,一时~说起。

(1) 是谁发明了摩托车,已经~考证了。
(2) 案发时只有她一个人在家,可没有人证,目前是~解释了。

11. 假设……,那(么)…… ✾✾

是假设复句的一种,常用于书面语,前一小句提出一种假设,后一小句推断出在这种情况下会出现的结果。如:

(1) 假设地球上真的存在这种物质,那么我们就有可能提高生产效率。
(2) 假设学生人手一册,那十万学生就有十万个读者。

假设—如果—要是

首先是语体差异,"假设"用于书面语,"如果"、"要是"用于口语。另外,"假设"可以做动词、名词,"如果"、"要是"没有此用法。如:

(3) 人行道上排污井的井盖没了,我们假设它是被人偷走了,而后使一个儿童不慎坠井身亡。那我们可以推出一系列的假设。(如果×要是×)
(4) 这一观点只是涉及月球形成的现有四种理论假设中的一种。(如果×要是×)

"假设"用于一种虚拟的条件中,后一分句是在这种虚拟的条件下的一种推论,因而常用一些表示可能、推测的副词或能愿动词。如:

(5) 假设你生活在月球上,没有亲人、没有朋友,你大概无法忍受吧?
(6) 假设任先生现在不是一位专为有钱人盖房的开发商,每天出门没有专车,没有前呼后拥,结果又会是怎样的呢?

如果是一种现实可能存在的情况,或者后一分句是前一分句的必然结果,一般不用"假设",可以用"如果"、"要是"。如:

(7) 如果一定要把考试成绩好坏和吃某种牌子的营养品联系起来,便有相当大的误导性。(假设×要是√)
(8) 人如果有灵魂的话,何必要这个躯壳?(假设×要是√)

四、练习

（一）把词语和解释用线连起来

1. 异口同声　　　　　A. 看不到踪迹和形影。
2. 漫无边际　　　　　B. 比喻齐头并进，不分前后。也比喻地位或程度相等，不分高下。
3. 似是而非　　　　　C. 横一条、竖一条，互相交叉。
4. 半信半疑　　　　　D. 不同的人说出同样的话，形容众人的说法或意见一致。
5. 踪影皆无　　　　　E. 有幸福共同享受，有灾难共同担当。
6. 学而不厌　　　　　F. 既有点儿相信，又有点儿怀疑。
7. 有福同享，有难同当　G. 好像正确，其实并不正确。
8. 并驾齐驱　　　　　H. 继承前人的事业，开辟未来的道路。
9. 纵横交错　　　　　I. 形容广阔，望不到边际。
10. 继往开来　　　　　J. 努力学习，永不满足。

（二）选择合适的词语填空

　　驱使　推算　念头　延伸　获取　好在　确信　无从　遍地　无影无踪

1. 事情过去二十几年了，我们_____知道那位诗人自杀的真正原因。
2. 这种仪器好就_____能探测到土层深处是什么样子。
3. 在野心的_____下，这个皇帝发动了侵略邻国的战争。
4. 这个国家的国土面积不大，但_____都是黄金。
5. 他是一个贪得无厌的人，为了_____更大的利益，他可以不顾尊严。
6. 看到身边的朋友相继出国留学，她也有了同样的_____。
7. 京九铁路从北京一直_____到香港。
8. 刚才我的猫还在这里，怎么一下子就_____了？
9. 现在还很难_____下一次地震发生的准确时间。
10. 鉴于他的完美表现，我们_____他就是这项任务最合适的人选。

（三）改错

1. 他的野心是成为一名优秀的音乐家。

2. 这个国家的面积从亚洲延长到欧洲。

3. 王小明很过于依赖父母。

4. 他的英勇事迹感动了全世界乃至全国。

5. 我们的足球队要先想好策略,才能从而在比赛时取得预期的成功。

6. 我急切地希望在困难面前你能给我最大的支持。

7. 别看我侄子才七岁,可他脑子里的问题无边无际。

8. 列宁创办了苏联共产党。

9. 他跟你初次见面,说话不多,这也是未免的,绝不是故意的。

(四) 选择合适的词语完成句子(每个词语限用一次)

> 进而 乃至 未免 过于 谋生 无从 不约而同
> ……与/和/同/跟……相近似 假设……

1. 选手们在为下周的决赛做准备,没有时间好好休息,显得_____。

2. 以前他们投票时很少能有统一的意见,但是这一次_____。

3. 把这个问题弄清楚以后才能_____。

4. 全班_____都为张强取得唱歌比赛第一名而感到骄傲。

5. 这个节目_____,没有一点儿创新,真令人失望。

6. 你姐姐说那些话,只是想帮助你,你不但不听,还说了那么多伤害她的话,你这样做_____。

7. _____,那么这个城市将变得更繁华。

8. 他从小学习钢琴,长大后_____。

9. 他于20世纪80年代末去伊拉克做生意,从此再也没有回来过。所以他目前的情况我_____。

(五) 根据意思用本课学过的词语改写句子

1. 像你这样潜水实在不能不说是太危险了。

_____

2. "魔鬼三角"海域为何经常发生空难事件,目前我们没有办法解释。
   _____

3. 他们是怎么打败那个强盛的国家的,到现在还是个没有弄明白的问题。
   _____

4. 这片土地含有很多适合植物生长的东西,适合种植各种农作物。
   _____

5. 没有人愿意和永远不知满足的人做朋友。
   _____

6. 这里风景优美,空气新鲜,到处是鲜花,我们仿佛身在画中。
   _____

7. 博物馆里展览的是过去各个朝代的名人书画。
   _____

8. 短短几年之内,亲人们一个接着一个离开,这对他打击很大。
   _____

(六) 解释下列带点字在词或短语中的意思

1. 念头:_____   2. 木头:_____
3. 头发:_____   4. 从头:_____
5. 山头:_____   6. 头等舱:_____
7. 头三天:_____   8. 一头牛:_____
9. 空想:_____   10. 空箱子:_____
11. 空中:_____   12. 空跑一趟:_____

(七) 根据课文的内容判断正误

1. (　)大西国沉没在大西洋的洋底,国土面积不大,但却曾经是全世界的文明中心。
2. (　)最早记载大西国的人是希腊大哲学家苏格拉底。
3. (　)大西国最初的10名管理者是创建人波塞冬的10个儿子。
4. (　)在大西国的农村,许多人靠提炼香水谋生。
5. (　)大西国越来越强盛,国王便有了征服全世界的念头。

6. （　）大西国沉没的时间,根据柏拉图的记载大约是12000年前。
7. （　）一场强烈的地震使整个大西国在一天一夜之间便无影无踪了。
8. （　）大西国军队曾征服过埃及,因此有可能是大西国人将金字塔文明带到了埃及。
9. （　）"海底金字塔"很有可能只是一座水下山峰。
10. （　）迄今为止,关于大西国遗址最真实的证据就是苏联人拍下来的海底古建筑遗址照片。

(八) 请按照时间顺序,在括号里写上正确的序号

（　）一群科学研究员相继来到了大西洋的某个群岛附近。
（　）大西国越来越强盛,国王决心要发动更大的战争。
（　）两位挪威水手在"魔鬼三角"海区之下发现了一座古城。
（　）苏联的一只海洋考察船在大西洋下拍摄了8张照片。
（　）波塞冬创建了大西国。
（　）整个大西国在一天一夜之间消失得无影无踪。
（　）波塞冬把大西国分成10个部分交给他的儿子分别管辖。
（　）潜水员在巴哈马群岛附近发现海底有条大路。
（　）希腊大哲学家柏拉图记载大西国的事情。
（　）美国和法国的一些科学家使用十分先进的仪器,发现了海底金字塔。

五　副课文

奇妙的国中之国

当今世界上,有4个国家处于另一个国家的领土包围之中,成为名副其实的"国中国"。这4个"国中国"分别是莱索托(Lesotho)、圣马力诺(San Marino)、摩纳哥(Monaco)和梵蒂冈(Vatican)。

位于非洲的莱索托王国是4个"国中国"里国土面积最大、人口最多的一个。莱索托王国四周被南非共和国所包围,它的面积有3万平方公里,现有人口170万。莱索托原为英国殖民地,1966年10月才宣布成立国家,是非洲最年轻的国家之一。由于长期的殖民主义统治,莱索托经济发展缓慢,至今仍是世界上不发达国家之一。

圣马力诺的四周被意大利的领土所环绕,全国面积只有61平方公里,人口2万多人,但它却是欧洲最古老的共和国之一,早在1263年就制定了共和国法规。圣马力诺以旅游业发达而著称于世,其自然风光和历史悠久的

名胜古迹吸引着全世界众多的游客前来观光游览。据统计，每年到该国的旅游者多达250万至300万人，相当于该国居民的上百倍，旅游业收入已占其国民收入的一半左右。国内的蒂塔诺山是个风光美丽的风景区，山上那座中世纪欧洲建筑风格的古城堡、充满神秘宗教色彩的修道院、寂静的山间小道以及一幢幢小房子点缀在绿色的群山中，犹如白色的帆船在无边无际的碧绿大海中前进。晴天，站在蒂塔诺山的最高峰上，望着东面亚得里亚海的波涛，能让人觉得心情愉快，轻松舒适。此外，该国的邮票也举世闻名，它那精致的图画、美丽的色彩、丰富多样的题材深受全世界集邮爱好者的喜爱，以至于凡是到这里来旅游的人都会带回几套精美的邮票。

　　摩纳哥三面为法国领土所环绕，只有南部濒临地中海。摩纳哥可谓是"袖珍王国"，全国面积只有1.89平方公里，长约3.5公里，宽最窄处不足200米，全国人口约3万人。摩纳哥虽小，但却有着无比优越的地理位置和十分美丽的自然景色。国内的建筑物，有的建在高地上，有的建在沿海海岸。在这里，人们可以任意地欣赏地中海上不停变化的波涛。这里冬暖夏凉，一年四季都是旅游的好时间，每年都有上百万外国游客到这里来旅游度假。该国最著名的建筑物可算是摩纳哥海洋博物馆，这座举世闻名的巨大博物馆始建于1898年，迄今已有上百年历史。馆中收藏有当今世界上最丰富、种类最完整的海洋生物标本、钓具、渔具及与海洋科学考察有关的各种仪器等，让人们在游玩的同时也能增长不少知识。摩纳哥东部的蒙特卡罗城是闻名世界的赌城，许多王室贵族、亿万富翁不惜到此一掷千金，享受自由自在的快乐。

　　位于意大利国土之中的梵蒂冈是面积最小的"国中国"，只有0.44平方公里，还没有北京故宫面积的三分之二大。因此，环绕该国步行一圈也用不了一个小时。梵蒂冈全部人口约1000人左右。由于国土面积太小，除东面以圣彼得大教堂的铁门为入境的国门外，其余三面均以国墙为边界。梵蒂冈面积虽小，但却是世界天主教的圣地，其首脑——教皇是全世界天主教信徒的精神领袖。梵蒂冈不但是世界宗教活动的中心，也是一个游览胜地。平时，从世界各地到这里来的信徒和游客络绎不绝，每年达几百万人。梵蒂冈的圣彼得大教堂是当今世界上最大的教堂，其雄伟壮丽的程度，其他教堂很难比得上。大教堂长186.3米，高46米，一次可容纳25000人，教堂内异常华丽，长明灯昼夜不熄。大教堂前即圣彼得广场，这个椭圆形广场巨大无比，据说可容纳50万人。此外，梵蒂冈还拥有许多举世闻名的历代艺术珍品，如欧洲文艺复兴时期的达·芬奇、拉斐尔和米开朗基罗等的作品。

（据中国国家地理中文网）

第十课　失踪的国家

回答问题

1. 什么是"国中国"？文中提到的4个"国中国"分别位于哪几个洲？
2. 为什么莱索托经济发展缓慢？
3. 文中从哪些方面可以看出圣马力诺的旅游业很发达？
4. 为什么到圣马力诺来旅游的人都会带回几套精美的邮票？
5. 为什么许多亿万富翁喜欢去摩纳哥？
6. 最小的"国中国"是哪个国家？文中在写其面积时，拿什么地方和它做了比较？
7. 与其他三个国家相比，梵蒂冈有什么特色？

第十一课　香格里拉在哪里

一、生词语

1. 美妙	měimiào	（形）	美好,奇妙:~的歌喉|~的诗句。 ＞奇妙 巧妙
2. 即刻 ≈立刻 马上	jíkè	（副）	立刻。
3. 世外桃源	shìwàitáoyuán		指不受外界影响的地方或幻想中的美好世界。
4. 向往	xiàngwǎng	（动）	因热爱、羡慕某种事物或境界而希望得到或达到:他~着北京。|~着美好的未来。 ＞神往
5. 地平线	dìpíngxiàn	（名）	向水平方向望去,天跟地交界的线:一轮红日,正从~上升起。
6. 官员	guānyuán	（名）	经过任命的、担任一定职务的政府工作人员。
7. 航线	hángxiàn	（名）	水上和空中航行路线的统称:开辟新~。 ＞航行 航海 航天 宇航
8. 坠落 （丢三落四）là	zhuìluò	（动）	落、掉:飞机被导弹击中,~到大海里。 坠—堕
9. 耸	sǒng	（动）	高高地直立着:高~入云|群山~立。 耸—茸
10. 隔绝	géjué	（动）	隔断:音信~|与世~|降低温度和~空气是灭火的根本方法。 ＞隔离 隔断 阻隔
11. 疲惫	píbèi	（形）	非常疲乏。 ＞疲劳 疲倦 疲乏
12. 绝望	juéwàng	（动）	希望断绝;毫无希望:感到~|~的呼喊。
13. 善良 ⟵⟶凶恶	shànliáng	（形）	心地纯洁,没有恶意:心地~|~的愿望。

14.	风光	fēngguāng	（名）	风景；景象：北国~｜青山绿水好~。
15.	冷清 ⟷热闹	lěngqīng	（形）	人少而静，不热闹：这里游人很少，显得很~。｜孩子上学以后，家里一下子~了许多。
16.	尚	shàng	（副）	书面语，还：为时~早｜~待研究。
17.	魅力	mèilì	（名）	很能吸引人的力量：富有~｜艺术~｜他已经五十岁了，但还是非常有~。
18.	一经	yījīng	（副）	表示只要经过某个步骤或者某种行为，就能产生相应的结果。
19.	画面	huàmiàn	（名）	画幅、屏幕、银幕等上面呈现的形象：~清晰｜这部电影~优美、音乐动听。
20.	大同小异	dàtóng-xiǎoyì		大部分相同，只有小部分不同：这两件衣服的款式~。
21.	此后	cǐhòu	（连）	从此以后。
22.	旋律	xuánlǜ	（名）	乐音经过艺术构思而形成的有组织、有节奏的和谐运动。旋律是乐曲的基础，乐曲的思想感情都是通过它表现出来的：这首歌的~特别动人。
23.	抒情	shūqíng	（动）	抒发情感：~散文｜写景、叙事的诗里也往往含有~成分。
24.	尽头 (尽量)	jìntóu jǐn	（名）	末端；终点：胡同的~有一所新房子。｜研究学问是没有~的。
25.	冰川	bīngchuān	（名）	在地球上的高山和两极（南极和北极）地区，积雪变成冰后，在重力作用下，沿着地面的倾斜方向移动，这种移动的大冰块就叫冰川，也叫冰河。
26.	壮观	zhuàngguān	（形）	景象雄伟：海上日出是一种非常~的景象。>美观 大观 奇观
27.	喇嘛寺	lǎmasì	（名）	藏传佛教的寺庙。
28.	命名 ≈起名	mìngmíng	（动）	授予名称。
29.	家喻户晓	jiāyù-hùxiǎo		每家每户都知道：他的名字在这个县城~。
30.	峡谷	xiágǔ	（名）	河流经过的深而狭窄的山谷，两旁有陡直的山崖。>山谷 河谷 谷地
31.	描绘	miáohuì	（动）	形象、生动地画或描写：这些作品生动地~了农村的新面貌。>描写 描画 描述

32. 未曾 (曾祖父)	wèicéng zēng	(副)	书面语,没有("曾经"的否定)。
33. 随意 ≈任意 随便	suíyì	(形)	任凭自己的意思。 >随心所欲 随口 随机
34. 猜测 ≈推测	cāicè	(动)	推测;凭想象估计:这件事非常复杂,而且一点儿线索也没有,叫人很难~。|我们需要证据,不能仅凭~就给人定罪。
35. 结论	jiélùn	(名)	对人或事物所下的最后的论断:公安人员对尸体进行了检验,~是自杀。|没有经过调查研究,不要轻易下~。
36. 景观 ≈景色	jǐngguān	(名)	指某地或某种类型的自然景色;也泛指可供观赏的景物:草原~|人文~。
37. 认可 ≈认同	rènkě	(动)	许可;承认:点头~|这个方案被双方~。
38. 含义 =涵义	hányì	(名)	(词句等)所包含的意义:~深奥|"运动"这个词的~很多,"体育活动"只是其中一方面。
39. 境界 ≈境地	jìngjiè	(名)	事物所达到的程度或表现的情况:思想~|他的演技已经达到出神入化的~。 >绝境 幻境 境况 境遇
40. 吻合 ≈符合	wěnhé	(形)	完全符合:双方意见~|他的推论与后来考察的结果相~。 >接吻 吻别
41. 沟通	gōutōng	(动)	使双方能通连:~思想|~两国文化|~南北的长江大桥。
42. 湖泊	húpō	(名)	湖的总称:中国西部有很多很美的~|美丽的风景区总少不了高山和~。
43. 论据	lùnjù	(名)	立论的根据,多指事实:他有充分的~来证明这个结论。 >论点 结论 论调 论述 证据 凭据 字据
44. 无疑	wúyí	(动)	没有疑问;确信~|这~是今年最轰动的新闻。
45. 上游 ←→下游	shàngyóu	(名)	河流接近发源地的部分:长江的~叫金沙江。|黄河~的水还是清的,到了中游以后就变浑了。
46. 邻国 ≈邻邦	línguó	(名)	土壤相接的国家:越南和朝鲜都是中国的~。

47. 罕见	hǎnjiàn	(形)	难得见到;很少见到:~的奇迹|人迹~|大熊猫是一种~的动物。	
			>罕有 罕闻	
48. 胜景 ≈胜地	shèngjǐng	(名)	优美的风景:园林~。	
49. 心目	xīnmù	(名)	想法和看法:在他的~中,国家利益高于一切。	
50. 梦寐以求	mèngmèiyǐqiú		睡梦中都想着寻找,形容迫切地希望着:出国留学是他~的。|她是他~的姑娘。	
51. 国度	guódù	(名)	指国家(多从国家区域而言):他们来自不同的~。	
52. 暂且	zànqiě	(副)	暂时;姑且。	
			>暂时 暂停 暂缓 暂行	
53. 忘却	wàngquè	(动)	忘记:这些沉痛的教训,使人无法~。	
54. 凡尘俗世	fánchén-súshì		人世间,尘世;对于仙界来说,人间是凡人生活的地方。	

专名

好莱坞	Hǎoláiwū	Hollywood	美国洛杉矶市的一个区。美国电影业的代名词。

二、课文

> **提示一** "香格里拉"这个名字的由来是怎么样的?为什么它能在全世界传播开来?为什么它如此令人向往?

如果你喜欢中国早期流行音乐,或许你就会知道一首名为《香格里拉》的著名歌曲,一听到那美妙动人的歌声,你会即刻被带入一个梦一般的世外桃源。

20世纪40年代,在我国大中城市的青年学生中,《香格里拉》这首歌唱遍中国大地。

"香格里拉"究竟是一个什么地方,为什么如此令人向往?

这个名字来源于英国作家詹姆斯·希尔顿的一部小说。1933年,这位英国作家出版了一部名为《失去的地平线》的小说,描述了一位驻印度的外交

175

官员康威与他三位朋友的冒险故事。在他们沿着中国——印度航线飞行时，飞机出现故障，不幸坠落在一个周围都是雪山的冰雪世界之中。这里雪山高耸，与世隔绝，不知道是什么地方。当他们陷入疲惫和绝望、活着回去的念头已经完全消失的时候，一群善良的藏族人救助了他们。他们被带到了一个神奇美丽的地方，在那里度过了一段美好的日子。可是，当他们后来再回到这一带的时候，却再也找不到这个地方

了，只记得当地的藏族人把这个地方叫"香格里拉"。康威把他们的活动以及这个地方的自然风光、民族习俗详细地记录了下来，希尔顿的小说就是在康威记录的基础上创作而成的。

　　小说中描写了"地球上最高最冷清的尚未开发的地方"，它以特殊的魅力吸引了西方读者，小说一出版就成为畅销书。20世纪40年代，美国好莱坞一家电影公司又把它拍成了电影。影片一经播出，它那神奇美丽的风光画面就深深打动了西方观众，其吸引力远远超过了当时那些内容大同小异的西部片和爱情片，影片因此轰动一时。此后，"香格里拉"的名字传遍西方世界。

　　在小说、电影广泛传播的同时，当时两位著名的流行歌曲作者黎锦光、陈蝶衣创作了《香格里拉》这首歌。随着这首有着美妙旋律的抒情歌曲的广泛普及，国内大中城市的大批知识文化界人士也知道了世界上有个类似世外桃源的美丽的香格里拉。

　　香格里拉的名字在全世界传播开来了。于是世界各国的许多旅行家、地理学家、民族学家以及其他人士，都在寻找希尔顿笔下的这个"地平线的尽头"、"几乎与世隔绝的冰雪世界"，那"巨大的冰川"、"世界上最壮观的山"，那"三条大江奔腾前进"的壮丽景色和"令人赞叹的雄伟的喇嘛寺群"。

> **提示二** 香格里拉究竟在哪里？这个"世界之谜"、"世纪之谜"是如何解开的？证据充分吗？

　　历史的脚步走进世界经济蓬勃发展的20世纪70年代，世界十大富有华人之一——马来西亚的郭鹤年先生，先后在新加坡、香港、北京、杭州、深圳以及世界其他著名城市创办了以"香格里拉"命名的数十个五星级大酒店，当年已经家喻户晓的香格里拉这个名字又开始在世界各地传播。香格里

第十一课　香格里拉在哪里

拉究竟在哪里?这已经成了旅游、历史、地理、宗教各界都希望能解开的一个谜,而且它正在成为受到全世界关注的一个世界性之谜,于是有人把它称为"世界之谜"、"世纪之谜"。如果能够揭开这个谜,那该是何等值得庆贺的事啊!

中外专家学者们根据康威先生的记录,研究、考察了中国西藏、印度、尼泊尔以及喀喇昆仑山等世界上最神奇的冰川峡谷地区,发现《失去的地平线》小说中所描绘的雪山、峡谷、森林、草原,甚而至于喇嘛寺群等,这些地方都有,但希尔顿笔下的红土高原,特别是他着重描绘的三江并流的壮丽景色,却未曾在这些冰雪世界中找到。

随着20世纪末中国旅游业的大发展,"香格里拉在哪里"这个问题已经不宜再拖下去,而到了必须解决的时候了。难道"世纪之谜"真是解不开了么?不!解开了!在云南省努力建设旅游大省的过程中,这个"世纪之谜"终于被顺利解开了!美丽可爱的香格里拉就在云南西北部,在迪庆藏族自治州的中甸县境内。这并不是人们随意猜测的结果,而是云南和新加坡专家、旅游界人士经过仔细考察得出的结论。许多对云南、西藏自然风光和文化景观十分欣赏的西方学者对这个严肃、科学的结论,都表示认可。

先从"香格里拉"一词的藏语含义说起。在中甸藏语中,"香格里拉"是"心中的日月"的意思,指藏族人民心中的一种理想生活境界。这个词在中甸藏语里的读音与其他藏区的读音"森吉尼达"有差异,只有中甸藏语中的"香格里拉"保留了它在古藏语中的读音,这说明康威当时记录下来的正是中甸藏语中的读音。

另外,中甸县城古代名叫尼日宗、独洛宗,又叫中甸日月城,与"香格里拉"在中甸藏语中的含义刚好吻合。这说明了小说的主角与当地的藏民尽管有语言沟通上的障碍,但还是准确地记录了这个词的读音。

从中甸的自然景观也可以看出,希尔顿书中所描绘的自然风光与生态环境是以这块土地为基础的。作家详细描述了香格里拉的峡谷、雪山、森林、草地、湖泊、红土高原、三江并流、喇嘛寺、藏民等,这些都与中甸的地理特征、民间习俗以及几乎与外界隔绝的宁静环境相近似。最重要的论据是,雪山、草地、喇嘛寺在印度和中国的西藏都有,而红土高原、三江并流却是中甸所独有的。这无疑是香格里拉在中甸的最有力的论据。

"三江",即长江上游的金沙江、分别流入东南亚邻国的澜沧江、怒江。三条大江在中甸县境内由西北的大山中涌出,又呈三字形向东南方向奔腾而去,形成了三条大江并流的雄伟景象。这"三江并流"既是香格里拉在中甸县的有力证据,也是全世界罕见的旅游胜景。

香格里拉所以能够如此广泛地引起人们的兴趣,所以能闻名世界,因为它已经成为所有人心目中梦寐以求的理想国度。即便她不能让你把一切烦恼抛诸脑后,也是你暂且忘却凡尘俗世的最理想乐土之一。

(据云南旅游网)

三 注 释

1. 即刻—立刻—立即—马上 ❋❋

都是副词,意思大致相同,都是指"紧接着某个时候"。不同之处在于:首先,"即刻"、"立即"多用于书面语,"立刻"书面语与口语都可以用,"马上"多用于口语;其次,除了"马上",其他三个词都只能出现在主语之后,而"马上"可以用在主语之前。

(1) 请警察同志接到通知后,即刻赶往事故地点。(立刻√立即√马上√)
(2) 听到这句话,同学们立刻鼓起掌来。(即刻√立即√马上√)
(3) 马上火车就要进站了。(即刻×立即×立刻×)

另外,"马上"所表示的紧迫性有时候幅度较大,可以是短时间,也可能时间稍长,而"即刻"、"立刻"、"立即"则表示都是在短时间内就要发生的,因此,有时候"马上"不能换成另外三个词。如:

(4) 中秋节马上就要到了。(即刻×立即×立刻×)
(5) 马上就要考试了,请大家抓紧时间复习。(即刻×立即×立刻×)

2. 世外桃源 ❋❋

出自于晋陶渊明《桃花源记》,写一个渔人因迷路而进入一片桃花林,来到了一个与世隔绝的地方,于是称之为"桃花源"。桃花源里的人们不与外面往来,也不知道外面的世界是什么样子,但是个个都淳朴善良,安居乐业,生活得非常幸福,令后世十分向往。从此以后,人们就把不受外界影响的地方或者幻想中的美好世界称为"世外桃源"。

3. 疲惫—疲倦—疲劳 ❋❋

都可做形容词,表示感到劳累,有时可互换,但意思稍有不同:"疲劳"表示过多的劳动或活动后觉得累;"疲倦"除了有"疲劳"的意思外,还有困、想睡觉的意思;"疲惫"程度比另外两个高,常用于书面语。

(1) 开长途汽车的司机很容易感觉疲劳。(疲倦√疲惫√)
(2) 连续加了几天班,她显得非常疲倦。(疲劳√疲惫√)

"不知疲倦"是固定格式,用来指人连续工作、不休息。也用来比喻那些不停止不休息的机器、动物或事物:

(3) 他常常不知疲倦地工作。(疲劳×疲惫×)

(4) 河水不知疲倦地日夜流淌,流向远方。(疲劳×疲惫×)

"疲劳"还能指肌肉、器官或某些物质的工作时间过长,反应能力减弱。如:

(5) 如果对着电脑的时间太长,容易出现视觉疲劳。(疲倦×疲惫×)

(6) 再美的事物见多了也会产生审美疲劳的。(疲倦×疲惫×)

"疲倦"、"疲劳"一般是暂时性的、休息一段时间就可以恢复的;"疲惫"可以是短时性的,也可以是长时性的;此外"疲惫"除形容身体方面的劳累外,还可以形容别的事物,起修辞作用;"疲倦"、"疲劳"一般只能指身体的累。如:

(7) 长达十五年的官司,使这个女人感到自己除了一颗疲惫的心以外,什么也没有得到。(疲劳×疲倦×)

(8) 疲惫的风、疲惫的雨,打在心灵疲惫的我身上。(疲劳×疲倦×)

4. 一经

副词,表示"只要经过某个步骤或者某种行为",下文说明产生的相应的结果。如:

(1) 这件事~媒体报道,马上轰动了全国。

(2) 他是个聪明人,~提醒,马上就明白了。

5. ……,此后……

连词,大致相当于"从此以后"。前面的小句表示时间的参照点,后面的小句表示结果或状态。如:

(1) 毕业时他去了新疆,~我们就失去了联系。

(2) 二十年前那里通了铁路,~山里的土特产源源不断地运出了山外。

6. ……,甚而至于……

表示递进关系,连接小句或词组。"甚而至于"是"甚至"的意思,多用于书面语,提出更突出的事例。如:

(1) 这些被污染的水,会危害人类的健康,~危害人类的生命。

(2) 这次大地震造成无数房屋倒塌,~引起了海啸。

7. 未曾

多用于书面语,意思是"没有",后面接动词,动词后可以带"过",表示对曾经的否定,指从来没有出现过某些行为或情况。如:

(1) 这是我~听过的旋律,有人却说它已经家喻户晓。

(2) 三十年来,因为峡谷和湖泊的调节功能,这里~发生过水灾。

8. 随意—随便

都可以做形容词,意思大致相同,表示任凭自己的意思或者怎么方便怎么做,不在范围、数量等方面加限制,口语用"随便"更多。如:

(1) 这是婚姻大事,你这样做未免也太随意了。(随便√)

(2) 考场内不得随意走动。(随便√)

它们还可以做动词,"随便"可带宾语,"随意"不行。它们中间都可插入别的成分,一般是代词或指人的名词。但意思有区别:"随便"常表示说话人放任、弃之不管的消极态度,"随意"的意思是事态按照某人的意愿发展。如:

(3) 做不做随你的便/随便你,我不管了。(随意×)

(4) 这回论据充分,可随了你们的意了。(随便×)

(5) 很多时候事情不会总是随你的意,所以要学会坚强。(随便×)

"随便"还可以做连词,表示"无论"、"不管","随意"不行。如:

(6) 真也好,假也好,随便你说什么,我一概不信。(随意×)

9. 以……为…… ✻✻

文言词,常用在书面语中,意思是"把……当作……"、"用……作为……"。"以这块土地为基础"意思是"用这块土地作为基础"。如:

(1) 这篇文章以大量的事实为论据证明了自己的结论并非是随意的猜测。

(2) 这家商场以顾客利益为上的做法,得到大家的认可。

10. 所以……,所以……,(是)因为…… ✻✻

表示因果关系。两个"所以"后面都接表示结果的小句,"因为"后接表示原因的小句。如:

(1) 他所以有逃走的念头,所以不愿意娶妻,是因为别人都说他未来的妻子会给他带来坏运气。

(2) 他的行为所以值得表扬,所以令人赞叹,因为他是个跟我们大多数人不一样的残疾人。

11. V+诸+N/V ✻✻

"诸"是书面语,是"之于"或"之乎"的合音。"抛诸脑后"意思是"抛到脑后"。如:

(1) 我梦寐以求的计划将要付诸实施。

(2) 那个结论一旦公诸社会,可能会引起很大震动。

(3) 自从火车站一带治安混乱的报道见诸报端后,公安机关加大警力维持社会秩序。

12. 暂且 ✻✻

副词,暂时,姑且。后接动词,表示没有选择之下的一种暂时性的选择。如:

(1) 既然与外界失去了联络,那我们就~忘记凡尘俗世,过过原始生活吧。

(2) 由于一时之间找不到合适的房子,他和儿子只好~住在父母家。

四 练 习

(一) 把词语和解释用线连起来

1. 空前绝后　　　A. 不用说就可以明白。
2. 心怀不善　　　B. 以前没有过,以后也不会有。
3. 人迹罕至　　　C. 好得没法说。

4. 凡夫俗子　　　　D. 比喻说秘密的事会有人偷听。
5. 毫无疑问　　　　E. 一个念头的差错(引起严重的后果)。
6. 不言而喻　　　　F. 人的足迹很少到达。
7. 求同存异　　　　G. 一点儿疑问都没有,非常肯定。
8. 一念之差　　　　H. 心中存有不好的意图。
9. 妙不可言　　　　I. 找出共同点,保留不同点。
10. 隔墙有耳　　　　J. 指非常平凡的人。

(二) 选择合适的词语填空

　　　　向往　故障　疲惫　冷清　坠落　关注　猜测　罕见

1. 她的新作一出版,就引起了很多人的_____。

2. 这个钟才买回来一个星期,就出现了_____,再也不能正点报时了。

3. 这是天文学上非常_____的一种现象。

4. 爱说爱笑的小外孙离开以后,家里一下子显得_____了许多。

5. 约定的时间已经过去很久了,他还没有出现,人们都在心里_____到底发生了什么事。

6. 传说如果望着_____的流星许愿的话,许下的愿望很快就会实现。

7. 在走了五小时山路以后,旅游团里的所有人都觉得很_____。

8. 这是一种对生活无限热爱和对美好事物无限_____的情感。

(三) 改错

1. 考试前一经认真复习,就一定能考出好成绩。

2. 没有便宜的,我暂且买一个贵的吧。

3. 这件事已经家喻户晓,为何你未曾知道过?

4. 我怎么劝也劝不服他,实在是无计可施了,只好随意他了。

5. 那个村办学校没有运动场,甚而至于个小操场也没有。

6. 我一直是以你为最好的朋友的,你怎么能做对不起我的事情呢?

7. 为了按时完成任务,他不知疲惫地连续工作了几天几夜。

8. 发生那件事此后没有人再提起过。

9. 最近我们都很忙,所以见面的机会很罕见。

10. 这个孩子可爱极了,尚没有见过这么可爱的孩子。

(四) 选用合适的词语完成句子(每词限用一次)

> 马上 一经 未曾 此后 随便 暂且
> 甚而至于 尚 以……为…… 诸

1. 她做了很多可爱的小衣服,无疑是给＿＿＿＿＿＿＿＿＿＿。

2. 据说在中国唐朝时,女人是＿＿＿＿＿＿＿＿＿＿,所以那时候很多女人都比较胖。

3. 这个孩子的悲惨遭遇感动了所有的人,人们都想帮助他找到父母,有人＿＿＿＿＿＿＿＿＿＿＿＿＿＿＿＿＿＿。

4. ＿＿＿＿＿＿＿＿＿＿,李明可一点儿也不紧张。

5. 这件事＿＿＿＿＿＿＿＿＿＿就无法更改了,你最好考虑清楚。

6. ＿＿＿＿＿＿＿＿＿＿人们怎么猜测她这样做的动机,她也不愿意为自己解释一下。

7. 减肥药的广告频频＿＿＿＿＿＿＿＿＿＿,但其效果大都没有广告上面说的那么好。

8. 这首歌的旋律＿＿＿＿＿＿＿＿＿＿,它的歌词本身就已经够感人了。

9. 自从建立外交关系以来,两国领导人＿＿＿＿＿＿＿＿＿＿。

10. 她2000年大学毕业后去了西藏,＿＿＿＿＿＿＿＿＿＿。

(五) 根据意思选用以下词语改写句子(每个词语限用一次)

> 家喻户晓 含义 梦寐以求 耸立 上游 罕有 吻合 世外桃源
> 尚 以……为……

1. 那里是人们幻想中、不受外界影响的美好世界,我们都想赶快去那里旅游。

＿＿＿＿＿＿＿＿＿＿＿＿＿＿＿＿＿＿＿＿＿＿＿＿＿＿＿＿＿＿＿＿

2. 在这个地区,我们可以看到很多高高地直立着的大雪山。

＿＿＿＿＿＿＿＿＿＿＿＿＿＿＿＿＿＿＿＿＿＿＿＿＿＿＿＿＿＿＿＿

3. 很多事情在处理时都需要借鉴历史。

＿＿＿＿＿＿＿＿＿＿＿＿＿＿＿＿＿＿＿＿＿＿＿＿＿＿＿＿＿＿＿＿

4. 这个结论还没有得到专家的认可。
   _____

5. 这是她睡梦中都想着要得到的东西,她怎么可能放弃呢?
   _____

6. 他的名字在这个县城每家每户都知道。
   _____

7. 他所说的话中包含着很深刻的意义,你要认真听。
   _____

8. 因为在现场发现了跟他完全一样的指纹,公安机关找他去配合调查。
   _____

9. 由于这条河接近发源地的地方水土保持不好,河水里含有很多泥沙。
   _____

10. 这个地区的峡谷和冰川都是世界上少有的景观,实在值得一看。
    _____

(六) 解释下列带点字在词语中的意思

1. 吻合:_____ 2. 接吻:_____

3. 魅力:_____ 4. 力量:_____

5. 极力:_____ 6. 家喻户晓:_____

7. 揭晓:_____ 8. 破晓:_____

9. 以音序排列:_____ 10. 梦寐以求:_____

11. 诸位:_____ 12. 见诸行动:_____

(七) 根据课文内容判断正误

1. (　)《香格里拉》是中国古代的一首民歌。
2. (　)"香格里拉"这个名字来源于一部叫《消失的地平线》的畅销书。
3. (　)在香格里拉居住着一些淳朴善良的少数民族老百姓。
4. (　)美国的电视台曾经把香格里拉拍成电视剧,使西方世界也开始知道了这个神奇美丽的地方。

5.（　）建立香格里拉大酒店的是华商富商郭鹤年。
6.（　）我们现在已经能够确认香格里拉就在西藏。
7.（　）"香格里拉"在藏语里的意思是"心中的日月"，指当地人们所向往的一种理想生活境界。
8.（　）确定香格里拉所在地的关键性标志是喇嘛寺。
9.（　）"三江"指金沙江、澜沧江和怒江。
10.（　）香格里拉之所以能引起人们的强烈兴趣，因为它代表了所有人心目中梦寐以求的理想国度。

(八) 请根据下面的提示把课文的主要内容写出来

1. 詹姆斯·希尔顿出版《失去的地平线》这部小说。
2. 美国好莱坞拍摄了关于香格里拉的电影。
3. 黎锦光、陈蝶衣创作了《香格里拉》这首歌。
4. 郭鹤年建立香格里拉大酒店。
5. 专家们通过考察确定了"香格里拉"的真正所在地。

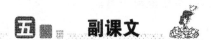

五　副课文

大明湖

　　北方的春天本来就不长，还往往被狂风七手八脚地刮走了。济南的桃李丁香与海棠什么的，差不多年年都被风吹得一干二净，天昏地暗，落花与黄沙卷在一起。再睁开眼睛时，春天已经过去了！记得有一回，正是丁香开花的时节，也就是下午两三点钟吧，屋中就非点灯不可了。风是一阵比一阵大，天色由灰而黄，而深黄，而黑黄，而漆黑，黑得可怕。第二天去看院中的两株紫丁香，好像被煮过了一回，嫩叶几乎全破了！济南的秋冬，风反而很少，大概都留在春天刮了吧。有这样的风在这儿等着，济南简直可以说没有春天。那么，大明湖之春更无从说起。

　　济南的三大名胜，名字都起得好：千佛山、趵(bào)突泉、大明湖，都是多么响亮好听！一听到"大明湖"这三个字，便联想到春光明媚和湖光山色等等，心中也会浮现出一幅美景来。可是事实上，它既不大，又不明，也不湖。湖中现在已不是一片清水，而是用堤坝划开的很多块"地"。"地"外留着几条沟，游船沿沟而行，即是游湖。水田不需要多么深的水，所以水黑而不清；也不要急流，所以水平静而无波。东一块莲，西一块蒲苇，土坝挡住了水，蒲苇又遮住了莲,一望无景,只见高高低低的"庄稼"。游艇在沟内穿行,如穿过高粱地,热气腾腾,碰巧了还臭气烘烘。夏天总算还好,假如水不太臭,多少总能闻到一些荷香,而且必能看到些绿叶儿。春天,则下有黑汤,旁有破烂的土坝,风又那么野,绿柳新蒲东倒西歪。所以,它既不大,又不明,也不湖。

话虽如此,这个湖到底也算个名胜。湖之不大与不明,都因为湖已不湖。假如能把"地"都收回,拆开土坝,挖深了湖身,它当然可以马上既大且明起来:湖面本来就不小,而济南又有的是清凉的泉水呀。这个,也许一时做不到。不过,即使做不到这一步,就现状而言,它还应当算做名胜。北方的城市,要找有这么一片水的,真是好不容易了。山,在北方不是什么难找的东西,水,可太难找了。济南城内据说有七十二泉,城外有河,可是还非有个湖不可。泉、池、河、湖,四者俱备,这才显出济南的特色与可贵。它是北方唯一的"水城",这个湖是少不得的。假如游湖时,只见沟而不见湖,那就请到高处去看看吧,如果在千佛山上往北眺望,会见到城北灰绿的一片——那就是大明湖。城外,华鹊二山夹着弯弯的一道灰亮光儿——黄河。这才明白了济南的不平凡,不但有水,而且是这样多呀。况且,湖景如果没有可观赏之处,湖中的出产可是很名贵呀。懂得什么叫做美的人或者不如懂得什么好吃的人多吧,游过苏州的往往只记得此地的点心,逛过西湖的提起来便念叨那里的龙井茶、藕粉什么的,吃到肚子里的也许比一过眼的美景更容易记住,那么大明湖的蒲菜、茭白、白花藕,还真的可能就是它驰名天下的重要原因呢。不论怎么说吧,这些东西既然都是水产,多少总带着些南国风味。在夏天,青菜挑子上带着一束束的大白莲花出卖,在北方大概只有济南能这么"阔气"。

济南的四季,唯有秋天最好,晴暖无风,处处明朗。这时候,请到城墙上走走,俯视秋湖,败柳残荷,水平如镜;因为是秋色,所以连那些残破的土坝也似乎正与一切景物配合:土坝上偶尔有一两截断藕,或一些黄叶的野蔓,配着三五枝芦花,的确是有些画意。"庄稼"已都收了,湖显着大了许多,大了当然也就显着明。不仅是湖宽水净,显着明美,抬头向南看半黄的千佛山就在面前,开元寺那边的塔静静的立在山头上。往北看,城外的河水很清,菜地中还生着短短的绿叶。往南往北,往东往西,看吧,处处空阔明朗,有山有湖,有城有河。到这时候,我们真得到个"明"字了。桑先生那张画便是在北城墙上画的,湖边只有几株秋柳,湖中只有一只游艇,水做灰蓝色,柳叶儿半黄。湖外,他画上了千佛山,湖光山色,连成一幅秋图,明朗、素净,柳梢上似乎吹着点不大能觉出来的微风。

(据老舍《大明湖之春》)

回答问题

1. 在济南,哪一个季节刮风的时候最多?
2. 济南的三大名胜是什么?
3. 为什么说大明湖既不大、又不明、也不湖?
4. 济南与北方的其他城市比起来有什么特点?
5. 为什么说济南的四季中秋季最好?

第十二课　蔡伦造纸

一、生词语

1. 书写 ≈写	shūxiě	（动）	书面语。写：~标语|~工具|~符号|用毛笔~。
2. 侥幸	jiǎoxìng	（形）	由于偶然的原因而得到成功或免去灾害：心存~|~心理。 侥—挠—饶—绕—浇
3. 展现 ≈展示	zhǎnxiàn	（动）	显示出；展示：走进大门，~在眼前的是一个宽敞的庭院。
4. 芦苇	lúwěi	（名）	生在水边的一种草本植物，茎中空。茎可以编席，也可以造纸。也叫苇或苇子。
5. 发	fā	（动）	因变化而显现、散发：~黄|~潮|~酸|~臭。
6. 脆 ⟷韧	cuì	（形）	容易折断、破碎：这种纸不算太薄，就是太~。 ＞脆弱 脆性
7. 破裂 ⟷完好 完整	pòliè	（动）	（完整的东西）出现裂缝；开裂：有些水果成熟时，果皮会自然~。 ＞破碎 破坏 分裂 裂缝 裂痕 裂口 裂纹
8. 昂贵 ⟷低廉	ángguì	（形）	价格很高：物价~|~的代价。
9. 笨重 ⟷灵巧 轻巧	bènzhòng	（形）	庞大沉重；不灵巧：~的家具|身体~。
10. 破碎 ⟷完整 ≈破裂	pòsuì	（动）	（完整的东西）变成碎块或碎片。 ＞破损 破裂 粉碎 琐碎 粉身碎骨
11. 乌龟	wūguī	（名）	生活在河流湖泊里的一种爬行动物，背部有黑色硬甲，能游泳，头尾四肢能缩入甲壳内。
12. 甲骨文	jiǎgǔwén	（名）	古代刻在龟甲和兽骨上的文字，现在的汉字就是从甲骨文演变而来的。
13. 丝织品	sīzhīpǐn	（名）	用蚕丝或人造丝织成的纺织品。

14. 望而却步	wàng'érquèbù		看到了危险或力不能及的事情而往后退缩：在学习上，我们不能遇到困难就~。
15. 廉价	liánjià	(名)	价钱比一般的便宜：~商品｜~书｜~出售。
←→高价			>物美价廉 低廉
≈低价			
16. 太子	tàizǐ	(名)	帝王的儿子中已经确定继承地位或王位的。
17. 滥用	lànyòng	(动)	胡乱地或过度地使用：行文~方言｜~职权。
18. 欺上瞒下	qīshàng-mánxià		对上欺骗，对下隐瞒。
19. 各行各业	gèháng-gèyè		各种行业或职业。
(进行)	xíng		
20. 不堪	bùkān	(形)	用在消极意义的词后面，表示程度深：破烂~｜疲惫~。
21. 百般	bǎibān	(副)	采用多种方法。
22. 辅助	fǔzhù	(动)	从旁帮助：多加~｜派一个助手~工作。
≈协助			辅—铺—捕
23. 宫廷	gōngtíng	(名)	帝王的住所。
24. 工匠	gōngjiàng	(名)	手艺工人。
25. 翻来覆去	fānlái-fùqù		一次又一次；多次重复：这话已经~说过不知多少遍。
			覆—履
26. 论证	lùnzhèng	(动)	论述并证明。
27. 选取	xuǎnqǔ	(动)	挑选采用。
≈选择			>选拔 选举 采取 录取
28. 工艺	gōngyì	(名)	将原材料或半成品加工成产品的工作、方法、技术等：~复杂｜~精细。
29. 合并	hébìng	(动)	结合到一起：~机构｜这三个议题~讨论。
←→分开			>合成 合计 合资
30. 渔网	yúwǎng	(名)	捕鱼用的网状工具。也做鱼网。
			>渔具 渔业 渔港
31. 捣	dǎo	(动)	用棍子等的一端撞击：~蒜｜~米｜用胳膊肘~了他一下。
32. 纸浆	zhǐjiāng	(名)	芦苇、稻草、竹子、木材等经过化学或机械方法处理，除去杂质后剩下的纤维素，是造纸的原料。
			浆—桨—奖

第十二课 蔡伦造纸

33.	得以	déyǐ	（动）	(借此)能够；可以：由于有了这些条件,我们的愿望才~实现。
34.	作坊 （工作）	zuōfang zuò	（名）	手工业工厂：造纸~。 防—访—仿
35.	考证	kǎozhèng	（动）	研究文献或历史问题时,根据资料来考核、证实和说明。 ＞考察 考验 证实 验证
36.	捶	chuí	（动）	用拳头或棍棒敲打：~背|~衣裳。 捶—锤
37.	交织	jiāozhī	（动）	错综复杂地合在一起：各种各样的焰火在天空中~成一幅美丽的图画。
38.	沿用	yányòng	（动）	继续使用(过去的方法、制度、法令等)：~原来的名称。
39.	周期	zhōuqī	（名）	事物在运动、变化的发展过程中,某些特征多次重复出现,其接续两次出现所经过的时间叫周期：生产~。
40.	废物	fèiwù	（名）	失去原有使用价值的东西：~利用。 ＞废料 废气 废水
41.	选用 ≈选取 选择	xuǎnyòng	（动）	选择使用或运用：~人才|~资料。
42.	撤职	chè zhí		除去职务：~查办|科长因违纪被撤了职。 ＞撤军 撤销 撤诉
43.	耻辱 ⟵→光荣 荣耀	chǐrǔ	（名）	声誉上所受的损害；可耻的事情：蒙受~|莫大的~。 ＞无耻 耻笑 屈辱 羞辱
44.	倾注	qīngzhù	（动）	(感情、力量等)集中到一个目标上：母亲的爱~在儿女身上。|~了满腔的热情。 ＞倾泻 倾销 倾诉
45.	平反	píngfǎn	（动）	把判错的案件或做错的政治结论改正过来：~冤案|得以~。
46.	传记 （传递）	zhuànjì chuán	（名）	记录某人生平事迹的文字：名人~|~文学。
47.	祭祀	jìsì	（动）	旧时备瓜果酒食向神佛或祖先行礼,表示崇敬并求保佑。 ＞祭奠 祭文 祭祖 祀—记

48.	秘而不宣	mì'érbùxuān		保守秘密,不肯宣布。
	(秘鲁)	bì		
49.	不乏	bùfá	(动)	不缺乏,表示有相当数量:~其人|~先例。
50.	载体	zàitǐ	(名)	承载知识或信息的物质形体:语言文字是信息的~。
	(记载)	zǎi		>载重 运载 载客 载货
				载—栽—裁
51.	汇集	huìjí	(动)	聚集:把材料~在一起研究。
	=会集			
52.	焦点	jiāodiǎn	(名)	多条光线交汇之点。比喻事情或道理引人注意的集中点:争论的~。

专名

1.	巴比伦	Bābǐlún	Babylon	西亚的一个文明古国,位于幼发拉底河和底格里斯河流域。
2.	蔡伦	Cài Lún		人名。(公元63年—公元121年),东汉时代人。
3.	刘肇	Liú Zhào		人名。(公元79年—公元105年),东汉时代人。

课 文

提示一 蔡伦发明造纸术前,人们是用什么做书写材料的?这些书写材料有什么缺点?

把字写在哪里?这个问题你也许从来都没有发过愁。但在远古时代,人类虽然创造了文字,却找不到合适的书写材料,写字之艰难,不亚于修筑万里长城。造纸术在中国发明后,很快传遍了世界,人类文明进入了空前发展时期。古老的书写材料都退还给了历史,只有那些侥幸保存下来的一些非纸文书,向我们展现了那个令人难以想象的无纸年代。

古埃及人使用的书写材料是一种自然植物——纸草。这种草的外形类似于芦苇,将其剥开、摊平,粘成几十厘米的长条,就可以在上面书写。然而,这种材料很容易发脆破裂,而且用它书写的文字也很难保存。古希腊人用羊皮做书写材料,但羊皮价格昂贵,不适合普及。古巴比伦人将泥制成平板,在上面书写后将泥板晒干。但泥板不单笨重,难于书写,而且也容易破碎。

第十二课　蔡伦造纸

在中国，文字最初是刻在乌龟壳或野兽的骨头上的，后人把这种文字称为"甲骨文"。但乌龟壳和兽骨的数量毕竟有限，故仍不能广泛普及。于是，人们又找到了来源更广泛的竹子或木头，在上面书写，但又遇到了使用不便的难题。为此，人们又开始在丝织品上写字，这样使用起来就方便多了，但丝织品的价格极其昂贵，一般老百姓只能望而却步。因此，人们迫切需要一种使用起来既方便又廉价的书写材料，于是，纸便被发明了。

> **提示二**　蔡伦是什么人？他是怎样发明造纸术的？他造纸的工序是怎样的？他的贡献在哪里？

蔡伦，中国造纸术的发明者，生于湖南桂阳。他的少年时代非常不幸，十三岁时就被迫入了宫，后来负责照料太子刘肇的学习和生活。在这期间，他与刘肇结下了深厚的友谊。

公元88年，年仅十岁的刘肇当上了皇帝。刘肇的舅舅滥用职权、欺上瞒下，搞得各行各业混乱不堪，老百姓怨声一片。公元92年，百般无奈的刘肇，与蔡伦等人设计杀死了舅舅，夺回了大权。蔡伦因辅助幼主有功受到重用，主管宫廷器物制造及训练工匠。这一新职务为他研究并最终完成造纸术的发明创造了条件。

为了造出物美价廉的纸张，蔡伦耗尽半生精力，他派人广泛搜集民间流传的造纸方法，然后翻来覆去进行论证和分析，选取其中合理的工艺，合并其中相同的工序，设计可行的制作方案，经过无数次的实验，终于完成了造纸术的发明。

他的方法是将树皮、破布、旧渔网一类的东西加水煮开捣烂，再放在水中做成纸浆，最后将纸浆放在细竹帘子上摊成薄片，漏掉其中水分，晒干后就变成了纸。蔡伦用这种方法做成的纸，既平整，又轻薄，而且成本很低，因此深受人们的欢迎，很快得以推广。蔡伦的最大贡献正是在于他总结了民间造纸的技术，并利用宫廷作坊的财力、物力进行实验，整理确定了整个造纸工艺。因蔡伦以前的造纸生产情况无任何文字记载，那时的造纸工艺也已无从考证。随着蔡伦造纸术的推广，人们逐渐了解了造纸过程中的整个工序：一分离,二捶捣,三交织,四干燥。这以后的千百年,手工造纸基本沿用了蔡伦这种做法。如今,造纸工业规模巨大,并广泛采用机械及大量化学药液来缩短生产周期、提高产品质量,但其基本工序并没有本质的改变。

蔡伦的又一贡献还在于他利用树皮、破布、旧渔网等废物为造纸原料。这些原料的选用,不但不会影响纸张的质量,反而可以节省一部分加工工序,因为破布和旧渔网都是加工过的纤维,已经脱掉了部分有害物质,并且经过长期使用,颜色变浅了。这些材料的选用还大大降低了生产成本,为造纸术的推广和纸张的大量生产、销售创造了优势。

造纸术发明以后,蔡伦将自己的成果上报皇帝,皇帝下令在全国推广。

提示三 蔡伦是怎么死的?造纸术是怎样传往世界各地的?蔡伦在海外也有影响吗?从何得知?

随着纸张的大量生产,社会文化得到进一步发展。公元121年,蔡伦受一系列宫廷斗争的影响,被撤职审查。蔡伦认为这是极大的耻辱,于是服毒自杀,死时五十九岁。

蔡伦死了,但倾注了他半生精力的造纸术却没有随着他的离去而消失。人们看到纸,自然会想起含冤而死的蔡伦。公元151年,蔡伦终于得以平反,史官们也纷纷为这位伟大的发明家创作传记。人们对于蔡伦的怀念是真诚的,蔡伦的故乡已成为永久的纪念地,各地祭祀他的活动一直没有中断过。

纸张在中国广泛传播了几百年后,逐渐开始向亚洲其他地区传播。在很长一段时间内,中国人对造纸技术秘而不宣。但是公元751年,大唐帝国与阿拉伯人的一次激战,使得许多中国士兵成为俘虏,这其中不乏一些造纸的能工巧匠。此后造纸术就在这一地区发展起来。渐渐地,整个阿拉伯国家都学会了造纸。12世纪,欧洲人也从阿拉伯国家那里把造纸技术搬了过去。从此,纸张在全世界范围内使用开来。

随着造纸术传往世界各地,蔡伦的名字也随之传播到海内外。在日本有蔡伦宫,在法国有蔡伦博物馆,在美国的造纸博物馆内也陈列着蔡伦的画像……如今,各种历史著述,凡涉及中国发明的造纸术,无一不提到蔡伦。蔡伦是以伟大的发明而与造纸事业共存的。没有蔡伦,在寻找文字载体的道路上,或许人类还要再探索几百年,甚至上千年。公元114年,蔡伦向皇帝上报造纸术的年代,也一直被认为是人类历史上最值得纪念的事件之一。

说到蔡伦对人类所做的贡献,多少赞美之辞都毫不过分。假如把众多劳动人民的发明比做光线,那么蔡伦的发明就是光线汇集的焦点。中国造纸术在这一焦点汇成的强光,照亮了世界文化和社会发展的道路。

(据西北大学出版社《世界巨人百传》)

注 释

1. 不亚于

亚:较差;于:介词,引入比较对象。"A不亚于B",意思是"A与B相比,不比B差"。如:

(1) 这位业余演员的表演~职业演员。
(2) 艾滋病对人类的威胁~战争。

2. 非~

前缀,表示不属于某种范围。构成名词。

(1) 非+名词   如:~党员 ~会员 ~金属
(2) (非+名)+名 如:~人生活 ~法生意 ~生物体
(3) (非+动)+名 如:~卖品 ~导体 ~生产开支
(4) (非+形)+名 如:~正常情况 ~熟练劳动 ~一般事故

3. 类似于

类似:大体相似;于,介词,引入比较对象。"A类似于B",意思是"A和B大致相像"。如:

(1) 美国科学家日前在实验室里培育出一种~细菌的"人造细胞"。
(2) 2008年北京奥运会的安全计划的特点可能~雅典。

4. 破碎—破裂

"破碎"的意思是破成碎块;"破裂"的意思是(完整的东西)出现了裂缝。如:

(1) 强烈地震有时可以引发地表破裂。(破碎×)
(2) 这个镜子已经完全破碎了,无法破镜重圆了。(破裂×)

都可做定语或谓语,但"破碎"可带宾语,"破裂"不行。如:

(3) 这个破碎机每小时可以破碎多少吨矿石？(破裂×)

"破裂"可以比喻双方的感情、关系等遭破坏而分裂，"破碎"不行。如：

(4) 夫妻感情已经破裂，调解也没有意义了。(破碎×)

5. 甲骨文 ❋❋

殷商时代的代表文字，因刻在龟甲、兽骨之上而得名。它是中国现存最古老而又成系统的文字，内容多是殷商时代占卜的记录。目前所发现的甲骨文有十多万片，汉字总数接近5000个，可以认出来的有1700多个。

甲骨文已经是比较成熟、系统的文字。但图画特征还比较明显，外形大小不一。而且文字形体还不统一，很多字有多种写法。如：	(女)。

左图是一片甲骨，自右向左竖着读为：贞：商其受年？

意思是：向上天占卜：我们商国是不是能得到好年成？

6. ……，故…… ❋❋

连词，表示因果关系，属于古汉语遗留下来的文言用法，因而书面语色彩较浓。前面的小句表示原因，常用"因"、"因为"、"由于"配合；后面的小句表示结果或结论。如：

(1) 因为事务繁忙，~迟迟作复，请见谅。

(2) 因这里近期连日阴雨，~使这项工程的建设周期延长了。

7. 欺上瞒下 ❋❋

意思是对上面的领导进行欺骗，对下面的群众进行隐瞒，用于贬义。如：

(1) 个别人~，目无法纪。

(2) 中央撤职查办一些为了个人利益而~、搜刮民财的地方官员。

8. 各行各业 ❋❋

各种行业或职业。如：

(1) 北京市~全力以赴抗击"非典"。

(2) 数字化管理正在逐步深入到~。

9. 百般 ❋❋

副词，意思是采用多种方法。如：

(1) 经过我们~劝解，她才改变了主意。

(2) 为了达到个人的目的，他~阻挠计划的实施。

数量词，意思是各种各样。如：

(3) 在监狱里，他受到~折磨。

(4) 尽管她使出了~花样，但她仍然没有说动我的心。

10. 论证—验证—证明 ❋❋

这三个词都有通过某种手段或材料确定情况或结论的正确性的意思，当这种手段或过程不清晰时，有时可互换。如：

(1) 咱们必须充分论证这项设计的科学性。(验证√证明√)

但是"论证"的意思是论述并证明,"验证"的意思是通过实验证实,"证明"的意思是用可靠的材料来表明或断定人或事物的真实性。"证明"属于日常用语,"论证"和"验证"科学色彩较浓。如:

(2) 指纹验证技术将广泛应用于人们的日常生活。(论证×证明×)

(3) 文章通过大量论据充分论证了其结论的科学性。(验证×证明√)

(4) 光华公司一年的实践证明,这条路子走对了。(论证×验证×)

三个词都可以做名词,但一般不能互换。如:

(5) 这篇文章论证充分,令你不得不信服。(验证×证明×)

(6) 护照是一国公民身份最有效的证明。(验证×论证×)

(7) 出于一种好奇或是对歌词的一种验证,我真的好想见一见达坂城的姑娘。(论证×证明×)

"证明"有"证明书"、"证明信"的意思,"论证"和"验证"没有。

(8) 证件丢了就得回单位开个证明来。

11. 选取—选用 ❋❋

"选取"的意思是挑选采用,"选用"的意思是选择使用或运用。二者有时可以互相替换。如:

(1) 我们选用了在中国各地收集到的四百多幅珍贵图片资料,那些图片生动、形象地再现了当年一代伟人的生活。(选取√)

如果被选对象是已经或将要被使用或运用的话,要用"选用"。如:

(2) 用企业名称的汉语拼音作为网络名称,是目前企业选用网络名称较为常用的方式。(选取×)

(3) 我们要根据不同的季节,选用不同的护肤品。(选取×)

如果被选对象并非能使用或运用的,只能用"选取"。如:

(4) 在进行文学创作时,人物的选取要考虑其代表性。(选用×)

(5) 这篇文章选取了一个新的角度,引用新例证,简明扼要、准确鲜明,可谓罕见的优秀论文。(选用×)

"选用"可用于被动句,"选取"一般不用于被动句。如:

(6) 他的不少作品被报刊选用,这使他对绘画艺术的追求更加执著。(选取×)

(7) 李林设计的一些项目已为企业选用,为企业带来了良好的经济效益。(选取×)

四、练习

(一) 把词语和解释用线连起来

1. 倾盆大雨　　　A. 形容非常难得的好机会或好境遇。
2. 三生有幸　　　B. 不缺少那样的人。
3. 奇耻大辱　　　C. 形容雨下得很大。
4. 不堪入耳　　　D. 指商品价格便宜而且质量较好。
5. 心照不宣　　　E. 指罕见的、极大的耻辱。
6. 不乏其人　　　F. 草率地大量制造。形容只追求数量，不顾质量。
7. 顿足捶胸　　　G. 比喻变化极其巨大、彻底；或吵闹得极其厉害。
8. 价廉物美　　　H. 彼此心里明白，不用明说出来。
9. 翻天覆地　　　I. 形容悲痛或悔恨的样子。
10. 粗制滥造　　　J. 指粗俗荒诞的话语或音乐，非常难听。

(二) 选择合适的词语填空

沿用　展现　脆　破裂　昂贵　选取　选用
笨重　廉价　滥用　不堪　论证　百般

1. 虽然他家的经济状况不错，但他从来不买_____的东西，反倒经常买一些_____商品。

2. 我的笔记本电脑太_____了，我想换一个轻巧一点儿的。

3. 由于地下输水管道_____，人行道上到处是水，而且越积越多。

4. 药物_____是当前十分严重的社会问题，因此，教育部要求大学要开设一门课程来教导学生正确使用药物。

5. 虽然想很快找到旅馆，但是又不敢轻易相信那些_____殷勤的拉客者。

6. 我国运动员将在2008年奥运会上_____自己的实力。

7. 你要小心，这种花卉的茎很_____，一不小心就会折断。

8. 这个机场的设计方案要经过专家_____之后才能开始施工。

9. 这个工厂目前还在_____着七十年代的生产工艺。

10. 当小方疲惫_____地回到家时，才发现已经是凌晨三点多了。

11. 在基础理论研究中,允许多种观点并存,然而只能_____一种加以应用。

12. 教育部对基础教育新课程的_____教材工作提出要求。

(三) 改错

1. 最后的检验结果论证了他当初对非典性质的判断。

2. 我今日去商店买了百般东西,累得走不动了。

3. 他的胃里有了结石,医生说需把石头破裂后才能排出来。

4. 他不但不给我买衣服,反倒给我钱让我自己买。

5. 你到现在还没有完成作业,真耻辱。

6. 不要挂念我,我不乏钱。

7. 你对同学欺上瞒下,这样做很不好。

8. 这里很危险,你要望而却步,不要再向前走了。

(四) 选择合适的词语完成句子(每个词语限用一次)

> 不亚于　类似于　故　百般　考证　得以　不但不/没……反而/反倒……
> 侥幸　不堪　望而却步

1. 谁是第一个发现美洲大陆的人?这个问题_____。

2. 那个小女孩儿因_____而离家出走了。

3. 中国建设银行再度获得政策支持,从而_____154 亿元的所得税。

4. 那时候,外公家非常贫穷,一家人连饭都吃不饱,在_____的情况下,外公把我最小的舅舅送给了人家,以免他在家中饿死。

5. 你这次的成功是_____,并非每次都能有这样的运气的。

6. A: 王强的字写得很好看,我看他的书法艺术和李明的不相上下。

   B: 对,王强的书法艺术_____。

7. A: 你知道什么是彗星吗?

   B: 那是一种绕着太阳运转的星体,是由_____雾状的气体组成的。

8. 面对困难，_____，我却感到非常具有挑战性。

9. 我们以为校长听到这些话一定会大发脾气，可是出乎我们意料的是_____。

10. 我因为上个月去外地出差了，_____复信，敬请见谅。

（五）根据意思用本课学过的词语改写句子

1. 虽然你这次考试幸运地通过了，但是基础不扎实，以后仍然会技不如人的。
_____

2. 这个牌子的电脑需要不少钱，我还是买个便宜点儿的吧。
_____

3. 我不喜欢你们的家具，又大又沉，不便于搬运。
_____

4. 他这个人太不像话了，对我又打又骂，我实在忍受不了了。
_____

5. 那个小伙子想尽一切办法来讨好他的女朋友。
_____

6. 王永民反反复复地考虑如何把那么多的汉字偏旁集中到二十五个键上，经过无数次试验，他最终找到了办法。
_____

7. 这种蔬菜从种到收是多长时间？
_____

8. 他不愿意按照老板的意图办事，因此被免去了职务。
_____

9. 我国有不少绘画艺术家。
_____

10. 你不能过分地使用化妆品，那样会损害你的皮肤。
_____

第十二课　蔡伦造纸

（六）解释下列带点字在词语中的意思

1. 非物质文化遗产：_____　　2. 非会员价：_____
3. 是非：_____　　　　　　　4. 汇集：_____
5. 汇报：_____　　　　　　　6. 外汇：_____
7. 望而却步：_____　　　　　8. 忘却：_____
9. 文章虽短却很有力：_____　10. 载体：_____
11. 记载：_____　　　　　　　12. 满载而归：_____

（七）根据课文的内容判断正误

1. （　）古巴比伦人用羊皮做书写材料。
2. （　）在丝织品上写字，使用起来比较方便，但由于价格极其昂贵，无法普及。
3. （　）"甲骨文"是指所有刻在乌龟壳或野兽骨头上的文字。
4. （　）蔡伦主管官廷器物制造及训练工匠。这为他研究并最终完成造纸术的发明创造了条件。
5. （　）蔡伦非常聪明，造纸术的发明是他认真思索的结果，他没有参考其他人的做法。
6. （　）蔡伦造的纸能普及，主要是因为它的原料容易得到，并且比较廉价。
7. （　）造纸术发明以后，蔡伦不仅没有得到奖励，反而被撤职受审。
8. （　）12世纪，中国的造纸术通过阿拉伯国家传到了欧洲。从此，纸张在全世界范围内使用开来。
9. （　）中国人对于蔡伦的怀念是真诚的，蔡伦的故乡已成为永久的纪念地，各地祭祀他的活动一直没有中断过。但在国外知道蔡伦的人不多。
10. （　）蔡伦是以伟大的发明而与造纸事业共存的。如果没有蔡伦，在寻找文字载体的道路上，或许人类还要再探索几千年。

（八）用A、B、C、D、E、F把下面的句子连成一篇短文

1. （　）在纸出现之前，竹简、木简、丝织品等是主要的书写材料。
2. （　）当时的所谓"学富五车"的大学者，其实也没有读过多少书，只不过看过五车竹简、木简而已。它所含的信息量很难与现在一本比较厚的书相比。
3. （　）文字出现以后，我国先民曾利用甲骨、金石记事。金石笨重，使用起来很不方便。
4. （　）文字发明以前古人以结绳记事，由于无法辨认绳结所代表的事物，经常出现错误。
5. （　）秦始皇统一天下，政事不论大小，全由他一人裁决，他规定一天看奏章（竹简）一百二十斤，不看完不休息。可算是一个"体力劳动者"了。
6. （　）竹简、木简十分笨重，所占的空间又很大，写作和阅读都很不便利。

五 副课文

活字印刷术的发明

活字印刷发明之前,我国从唐代开始就已经推广应用的雕版印刷术比起以前的手写传抄手段不知要节省多少人力和时间,对于书籍的生产和知识的传播来说,是一个巨大的革命。雕版印刷术到宋代得到普遍发展,大大地丰富了人民的文化生活,对于继承和发扬中国的学术传统,起了重要的推动作用。

但是,雕版印书必须一页一版,有了错字难以更正,如果刻一部大书,要花费很多时间和木材,不仅费用浩大,而且储存版片要占用很多地方,管理起来也有一定的困难。而在雕版的基础上发明的活字排版印刷术则可以解决这些矛盾,进一步提高印书效率。

活字印刷术就是预先制成单个活字,然后按照付印的稿件,捡出所需要的字,排成一版而施行印刷的方法。采用活字印刷,一书印完之后,版可拆散,单字仍可再用来排其他的书版。这个方法直到现在也是生产书籍、报纸、杂志的方法之一。

活字印刷术在今天已经发展到高度机械化的地步,是现代文化的一根主要支柱。活字印刷是在雕版印刷的基础上出现的,是中国人首先发明的,后来由中国直接或间接地传到世界各地。拉丁文字的活字印刷术就是在此影响下出现的。

活字印刷术是在十一世纪中期,由我国的毕升发明的。是先用木、后以泥为原料制成。这是世界上最早的活字。

活字印刷技术最关键的问题之一是活字制作材料的选用及其制作的工艺方法。中国古代劳动人民曾经用粘土、木材、铜、锡、铅等原料进行过多种试验,都获得了成功。毕升即首先成功地制作出以胶泥为原料的活字。

中国古代的活字,以制作材料不同,可以分为两大类:一类是非金属活字,如泥、木、磁所制成的活字。另一类是金属活字,如:锡活字、铜活字、铅活字等等。

据文献记载,毕升首先采用胶泥制成一个个的单字,再用火烧坚硬后成为活字,用这批活字试制印刷书籍获得了成功。此后,西夏政权采用泥活字印刷佛经,并有实物流传至今;元代时有人继续用此方法印刷泥活字本,可惜没有实物留传,元时期的泥活字印刷书籍,已无从查考了;清代时,李瑶和翟金生两人分别采用毕昇方法自制泥活字印书获得成功,而且已留传至今。

早在宋代毕昇时期,已有人试验以木为原料制作活字,因木字遇水膨胀,效果不佳而未成功,毕昇才改木为泥,发明用泥制作活字。然此后不久,木活字印刷研制成功并得以发展和推广,西夏文《吉祥遍至口和本续》等木活字本和维吾尔文木活字的出土为此提供了实物证据。明代之后,木活字印刷逐渐发展起来。

直到清代,木活字印刷才得到广泛的流传和普及。政府和民间多以木活字印刷书籍。清代木活字印刷术得以广泛应用。

南宋出现的锡活字,是文献记载的、在中国乃至世界上最早的金属活字。明代时铜活字印刷兴起,以无锡华、安两家用铜活字印书为最著名,现存最早的铜活字印书,是明代弘治三年(1490年)印制的《宋诸臣奏议》。

清代从康熙时期,政府就用铜活字印刷书籍,最大规模的一次是雍政年间排印的大型类书《古今图书集成》。

中国人发明的印刷术(包括雕版和活字),一直沿用着传统的手工操作方法,比起现代印刷,自然是很基础的。但是现代印刷术的基本原理,制字(刻或铸)、排版、印刷三段基本过程,远在中国的宋代就已经具备了。

(据李兴才、张树栋等《中华印刷通史》)

 判断正误

1. (　)雕版印刷术发明以前,人们是通过手抄手段生产书籍和传播知识的。
2. (　)活字印刷比雕版印刷效率高得多,但是费用也提高了。
3. (　)最早的活字是十一世纪中的毕昇用木和泥为原料做成的。
4. (　)活字印刷成功与否取决于选用的制作材料及其工艺方法。
5. (　)木活字印刷是在明代之后才开始出现的。
6. (　)木活字印刷因容易膨胀,印刷效果不佳,后来就没有得到流传和应用。
7. (　)最早的金属活字是用锡做成的。
8. (　)制字、排版、印刷三段过程,只有宋代才用。

单元练习(三)

一、在下列每组词语中画出与括号中的音节同音的字

1. (shēng)有声有色　牲畜　延伸　声望　僧侣　谋生　生生不息　胜景
2. (shān)创伤　人山人海　删除　衬衫　尚　向往　散发　善良
3. (shì)视线　似的　近似　祭祀　生生不息　驱使　凡尘俗世　寺庙　丝织品
4. (jì)调剂　相继　籍贯　祭祀　茶几　传记　无边无际
5. (tí)替代　提炼　提防　提名　载体
6. (zhǐ)遗址　撤职　乃至　安置　兴致勃勃　交织
7. (zài)满载而归　载体　好在　记载　裁判　一年半载

二、标出下列多音字的读音

| _____多灾多难 | _____兴致勃勃 | _____强盛 | _____贪得无厌 |
| _____难道 | _____兴旺 | _____强迫 | _____非得 |

| _____空想 | _____满载而归 | _____创建 | _____传统 |
| _____空白 | _____记载 | _____创伤 | _____传记 |

| _____各行各业 | _____尽头 | _____假期 | _____曾祖父 |
| _____行人 | _____尽量 | _____半真半假 | _____未曾 |

| _____沉没 | _____挣钱 |
| _____没有 | _____挣扎 |

三、写出反义词

辽阔——　　稠密——　　野心——　　强盛——

昂贵——　　笨重——　　魔鬼——　　合并——

破裂——　　冷清——　　善良——　　齐全——

简陋——　　短暂——　　开阔——　　耻辱——

绝望——　　上游——　　廉价——　　脆——

四、解释下列"就"字的意思

1. 他就来,再等一下＿＿＿＿＿＿＿＿＿＿

2. 我就五块钱,只能吃个快餐＿＿＿＿＿＿＿＿＿＿

3. 就势坐下＿＿＿＿＿＿＿＿＿＿

4. 你来我就来＿＿＿＿＿＿＿＿＿＿

5. 就这个问题展开讨论＿＿＿＿＿＿＿＿＿＿

6. 避难就易＿＿＿＿＿＿＿＿＿＿

7. 各就各位＿＿＿＿＿＿＿＿＿＿

8. 就本案而言,属个人之间的关系＿＿＿＿＿＿＿＿＿＿

五、根据解释和提示完成本单元学过的四字词语

1. 保守秘密,不对外公开说出来：＿＿而不＿＿

2. 大部分相同,只有小部分不同：大＿＿小＿＿

3. 对上欺骗,对下隐瞒：＿＿上＿＿下

4. 好像是真的,又好像是假的,不能让人完全相信：半＿＿半＿＿

5. 看到了危险或力不能及的事情而往后退缩：＿＿而＿＿步

6. 可以看到许多珍奇或美好的事物：大＿＿眼＿＿

7. 没有边际,形容极其辽阔：无＿＿无＿＿

8. 没有经过商量而彼此一致：不＿＿而＿＿

9. 没有一点儿影子和踪迹,形容完全消失或不知去向：无＿＿无＿＿

10. 每家每户都知道:家____户____

11. 世世代代永远不停息:生生_____

12. 睡梦中都想着寻找,形容迫切地希望着:梦____以____

13. 贪心极大,总不知满足(含贬义):____得无____

14. 形容表现得十分生动;形容工作、活动展开得很有活力:有____有____

15. 形容聚集的人极多:人____人____

16. 形容兴趣很浓厚、情绪热烈的样子:兴致_____

17. 一次又一次;多次重复:____来____去

18. 指不受外界影响的地方或幻想中的美好世界:世外_____

19. 装满了东西回来,形容收获极丰富:满____而____

20. 做事认真,一举一动都十分谨慎,丝毫不敢马虎大意:小心_____

六、判断动词是否可以带宾语,用"×"、"√"表示

动心( )	谦让( )	替代( )	开采( )	推算( )
驱使( )	获取( )	探测( )	认可( )	隔绝( )
绝望( )	破裂( )	平反( )	滥用( )	辅助( )
沿用( )	展现( )	猜测( )	祭祀( )	谋生( )
提炼( )	撤职( )	轰动( )	确信( )	沟通( )

七、选择适当的词语填空

1. 春节期间,到处是一片祥和的节日气氛,尤其是_____传来的声声鞭炮声,令我这个身在异国他乡的外国人暂时忘却了思乡之烦恼。

   A. 经常 B. 一时 C. 常常 D. 不时

2. 这里的秋天比春天_____使人流连忘返。

   A. 更加 B. 越发 C. 还 D. 非常

3. 每件事情都会有多种_____的解决方法。

   A. 或许 B. 也许 C. 可能 D. 大概

4. 考虑_____,我终于决定放弃追究的权力。

   A. 一再 B. 再三 C. 多次 D. 反复

5. 两人感情_____，已经无法弥补了。

　　A. 破碎　　　B. 破裂　　　C. 破坏　　　D. 损坏

6. 这篇文章_____充分，令人信服。

　　A. 证明　　　B. 根据　　　C. 验证　　　D. 论证

7. 跟你结婚是我人生中最正确的_____。

　　A. 选择　　　B. 选用　　　C. 选取　　　D. 挑选

8. 他得_____强调这个问题的重要性。

　　A. 又　　　　B. 还　　　　C. 再三　　　D. 一再

9. 眼看着新的一年_____就要来临了。

　　A. 立刻　　　B. 即刻　　　C. 立即　　　D. 马上

10. 这件事情_____你怎么想，反正我问心无愧。

　　A. 随便　　　B. 随意　　　C. 方便　　　D. 尽管

八、选词填空

　　就　趁早　亏　亲口　乃至　相继　未免　过于
　　无从　一经　未曾　暂且　百般　此后

1. 面对如此多的选择，确实令人_____决定。

2. 目前推断火星上有生命_____为时过早。

3. 那样的问题从前_____遇到过。

4. 我们_____不想提这个问题，希望日后能得到妥善解决。

5. 我认为应该_____告诉他们的父母，否则病情就被耽误了。

6. 西部将成为中国_____全球关注的新热点。

7. 虽然他经过_____挑选，可最后选择的却是最不显眼的一个。

8. 消息_____传出，顿时吸引了无数有心人。

9. 两地_____出现禽流感病例，这引起卫生局领导的高度重视。

10. 自己欠了别人的钱而且短期内都无法还清，_____他还能每天花天酒地。

11. 不必_____紧张，相信总会有办法解决的。

12. 伤者出现如此危急的症状为何不_____近医治,而要赶往距离五百公里的省医院?

13. 要想知道梨子的滋味,就得_____尝一尝。

14. 不知那天两人之间到底发生了什么事情。_____的几天,见面时他们都显得异常尴尬。

九、改错

1. 最近小王再三受到领导的表扬。

2. 哥哥的成绩比弟弟的越发好。

3. 这样得出的结论未免科学。

4. 这个城市人口稠密程度比你们城市相近似。

5. 如果对此事秘而不宣,进而很多人就会知道。

6. 你亏还是个硕士研究生呢,这种事情都不懂。

7. 父亲相继母亲在车祸中死去,令他一夜之间成了孤儿。

8. 我们的试验是一经科学证明的。

9. 我们班的学生人山人海,无法上课。

10. 那件事情我们已经讨论了翻来覆去,所以绝对不会有问题的。

十、用括号内指定的词语回答问题

1. 你不跟我一起去滑雪,是不是嫌我滑得不好?(未免)

2. 究竟有没有外星人?(无从)

3. 环境问题已经越来越受到人们的重视了,对吧?(乃至)

4. 请描述你最近一次感冒的症状。(进而)

5. 刘明这个人一向欺上瞒下,你怎么能相信他?(暂且)

6. 听说这种考试非常严格,是吗?(一经)

7. 那是一个与世隔绝的地方,简直就是世外桃源,你不觉得吗?(未曾)

8. 为何人们见到他就像见到魔鬼一样逃得无影无踪呢?(甚而至于)

9. 那不是你梦寐以求的地方吗?为何不去亲眼看看?(百般)

10. 这个遗址在考古学上具有非常重要的价值,要保护好它一定花费了不少人力、物力和财力吧?(相继)

十一、用本单元学过的词语填空

自从有了新的女朋友,陈方就＿＿＿＿显得忙碌了。每天早上都为怎样搭配衣服发愁,打开衣柜真有点儿＿＿＿＿选择:廉价的穿不出去,＿＿＿＿昂贵的又买不起。＿＿＿＿还有一套西装,可是不能翻来覆去地穿同一件衣服呀。陈方最后想到了一个好办法:＿＿＿＿去向亲戚朋友借,等有了钱再自己买。今天向张三借,明天就向李四借。陈方＿＿＿＿这么重视这位女朋友,＿＿＿＿这么注重穿着,因为以前的女朋友＿＿＿＿离他远去,大都嫌他穿着太＿＿＿＿了。自己已经三十好几了,这次找到的姑娘又是他心目中梦寐以求的类型,于是陈方＿＿＿＿有点儿小心翼翼的。

十二、选择适当的关联词语填空(每个词语只能用一次)

幸好……,不然…… ……,进而…… 假设……,那么…… 甚而至于……
所以……,所以…… 因为…… ……,此后…… 不但不……,反而……
……,故……

1. ＿＿＿＿汽车开得不快,＿＿＿＿就会撞上前面那辆车了。

2. 昨日因家中有急事,＿＿＿＿未能出席招待会,十分遗憾!

3. 低收入导致低效率,＿＿＿＿使社会失去公平和正义。

4. 现在我发现,数学＿＿＿＿可怕,＿＿＿＿很有趣。

5. 1980年,陈老师被评为全国特级教师,＿＿＿＿还多次获得各种奖项。

6. 纽约的冬天常有大风雪,扑面而来的雪花常常令人睁不开眼睛,＿＿＿＿呼吸都会吸入冰冷的雪花。

7. ＿＿＿＿放弃,＿＿＿＿选择离开,＿＿＿＿不想让她太痛苦。

8. ＿＿＿＿中国没有实行计划生育政策,＿＿＿＿到了今天,人们的生活状况会是怎样的呢?

十三、完成句子

1. 这种电信资费好就好在_____。

2. 这些美妙的音符在脑海中并没有停留多久,就给日复一日的单调的日子给冲淡了,甚而至于_____。

3. 最近看到某报纸报道一位研究生为了做好研究课题而推迟答辩,乃至_____,大家都很为他感到惋惜。

4. 大米价格即将下调的消息一经传出,_____。

5. _____,这样的事情真让人百般不解。

6. 口语考试时,我说着说着,一时_____。

7. 最近警方加大了侦破力度,相继_____。

8. 你说什么朋友都是没用的东西,这样的话未免_____。

9. 那些身体偏胖或担心发胖的人,不敢吃荤菜,只好猛吃水果蔬菜,结果身体不但不瘦,反而_____。

10. 某些霸权主义国家想通过控制能源进而_____。

十四、用A、B、C、D、E、F、G、H把下面的语段连接成一篇文章

1. (　)每天他都需要经手处理许多邮件,而且都要签上自己的名字表示已经过某人签收,以示负责。

2. (　)他的这一做法居然得到了方方面面人士的认可和赞同。

3. (　)只不过签收者不管叫什么名字,以什么字母开头,统一签做"OK"。

4. (　)"OK"这种用法的最早使用者是美国的一位邮政职工,他的英文名字叫欧德·克利,英文名字开头第一个字母是"O"和"K"。

5. (　)但由于签写的劳动量很大,处理起来要占用很多时间。

6. (　)从1944年起,美国电信局也开始采纳这种签名法,作为对验收电报的一种确认。

7. (　)"OK"一词便发展和演变成日常生活中一句十分流行的用语。

8. (　)为了减轻劳动强度,节省时间,他就在邮件上用缩写的形式"OK"来代替自己的姓名全称。

十五、从下列词语中选用至少五个写成一篇 500—1000 字的文章

趁早　亏　不时　越发　乃至　无从　相继　未免　过于　进而　即刻　一经
未曾　随意　百般　暂且　不亚于　类似于　好就好在……　假设……,那(么)……
A与(和　同　跟)B相近似　……,甚而至于……　所以……,所以……,因为……
……,此后……　不但不……,反而/反倒……　……,故……　幸好……,不然……

第十三课　富人阿金

一、生词语

1. 别管 ≈不管	biéguǎn	（连）	不论,不管:~是谁,都不许走。
2. 股市	gǔshì	（名）	买卖股票的市场:香港~|~信息。 ＞股份 股票 炒股 集市 市场
3. 拥有	yōngyǒu	（动）	领有;具有(大量的土地、人口、财产等):~财富|~土地|我国~丰富的水电资源。 ＞具有
4. 资产 ≈财产	zīchǎn	（名）	财产,企业的资金和设备:国有~|固定~。 ＞工资 合资 投资 外资 物资 资金 财产 破产 遗产
5. 空荡荡	kōngdàngdàng	（形）	形容房屋、场地等很空;也指心里没着落的感觉。
6. 傻子 ≈傻瓜	shǎzi	（名）	智力低下,不明白事情和道理的人。 ＞傻瓜 疯子 呆子 秃子 矮子
7. 品位	pǐnwèi	（名）	品质、质量、档次:高~的生活|没有~。 品—晶
8. 物色	wùsè	（动）	按一定标准去寻找(需要的人才或东西):~合适的人才|为他~一个女朋友。
9. 聘用	pìnyòng	（动）	聘请任用:他被那家公司~了。 ＞聘请 招聘 应聘
10. 专职 ⟷兼职	zhuānzhí	（名）	由专人担任的职务:~教练|~司机。 ＞专家 专门 专题 专用 职业 辞职 兼职 职务 职员 撤职
11. 炒股	chǎo gǔ		通过买卖股票来赚钱:他有丰富的~经验。
12. 爽快	shuǎngkuai	（形）	舒适痛快;(说话做事)直爽、直接:这音乐使人~。|~地答应|他是个~人。 ＞凉快 痛快 轻快

210

第十三课 富人阿金

13.	实惠	shíhuì	(形)	具有实际好处的:经济~的饭菜|他觉得送花很不~。
				＞优惠 互惠 惠顾
14.	掩饰 ≈掩盖	yǎnshì	(动)	想办法使缺点、错误、情感等藏起来:他总是~自己的感情。
				＞掩藏 掩护 装饰 修饰
15.	抱怨 ≈埋怨	bàoyuàn	(动)	心中不满,数说别人不对,埋怨:同学们都~食堂的饭不好。|这只能怪你自己,~别人也没用。
				＞抱歉 抱憾 抱恨 埋怨 怨气 怨言
16.	长进 (长短)	zhǎngjìn cháng	(名)	在学业、技艺、品德等方面有进步:毫无~|大有~。
				＞成长 生长 增长 进步 改进
17.	垂头丧气	chuítóu-sàngqì		低着头很没有精神的样子,形容受到挫折而灰心失望:比赛输了,大家都~的。
18.	不料	búliào	(连)	没想到,没有预料到:早上还是好天气,~突然下起雨来。
				＞预料 料定 料想 不出所料 料事如神
19.	翻脸	fān liǎn		对人的态度突然变坏、不友好:刚才还好好的,她突然~了。|说话小心点儿,如果他翻了脸就不好了。
20.	断然	duànrán	(形)	坚决、不犹豫:~决定|~拒绝|采取~措施。
				＞果然 显然 固然 猛然 偶然 毅然 骤然
21.	自便 (便宜)	zìbiàn pián	(动)	随自己的方便或按自己的意思行动:请~。
				＞方便 顺便 随便 便于 不便 以便
22.	沮丧	jǔsàng	(形)	灰心失望:心情~|~地说。
				组—阻—祖—租
23.	公务	gōngwù	(名)	公事,关于国家或集体的事务:处理~|忙于~|~员。
				＞办公 公害 公告 医务室 任务 业务
24.	派头	pàitóu	(名)	人或事物所表现出来的风度、气派、气势:有~|~十足。
25.	慷慨 ≈大方	kāngkǎi	(形)	大方,不小气:他为人~。|~资助。
				概—溉
26.	谦恭 ←→傲慢	qiāngōng	(形)	谦逊、恭敬而小心:~有礼|~待人。
				＞谦虚 谦逊 恭维

27. 天伦之乐	tiānlúnzhīlè		父母子女团聚在一起,快乐而和谐的乐趣:享受~。
			论—轮
28. 顾不得	gùbude		顾不上,没有时间或精力做某事:他忙得~吃饭。
29. 通情达理	tōngqíng-dálǐ		懂得道理,说话做事合情合理:他是个~的人。
			>合情合理 在理
30. 苦头 ⟵⟶甜头	kǔtou	(名)	痛苦,磨难,不幸:吃了不少~|尝到了~。
			>辛苦 痛苦 吃苦 艰苦 贫苦 诉苦
31. 横竖 ≈反正	héngshù	(副)	反正(表示肯定);不管怎样,都。
32. 不屑	búxiè	(动)	认为不值得的,瞧不起:~一顾|对他表示~|~于这样做。
			屑—宵
33. 竭尽	jiéjìn	(动)	用尽:~全力|~所能。
			>竭力 尽力
			歇—揭—渴—喝
34. 端庄	duānzhuāng	(形)	(人的举止、神情)端正、庄重:举止~|~大方。
35. 文雅	wényǎ	(形)	(言谈、举止)温和而有礼貌:举止~|谈吐~。
			>雅致 雅兴 雅座 雅号
36. 谈吐 (呕吐)	tántǔ ǒutù	(名)	说话、应答的用词方式和态度:~文雅|~风趣。
37. 栋 ≈座、幢	dòng	(量)	房屋、建筑物的量词:一~房屋|一~高楼。
			栋—冻—陈
38. 装修	zhuāngxiū	(动)	房屋主体结构完成后的内部设施安装,房屋交付使用后的进一步装饰美化:~房屋|~公司|~工人。
			>安装 包装 装饰
39. ~乎	hū		动词后缀,作用跟"于"相同:在~|出~意料|出~想象|合~规律|超~想象。
40. 意料 ≈预料	yìliào	(名)	事先对情况、结果等的估计、推测:出乎~。
41. 漫不经心	mànbùjīngxīn		疏忽大意,一点儿也不放在心上:他~地看了看表。|~往往容易出错。
			慢—馒

第十三课　富人阿金

42. 纳闷儿 (闷热)	nà mènr mēn		因心里不清楚而发闷：这件事真让人~。
43. 摆设	bǎishe	(名)	房间里摆放的东西：华丽的~。
44. 庸俗	yōngsú	(形)	平庸而粗俗：~的人｜~无聊。 ＞俗气　脱俗　俗不可耐
45. 尚且	shàngqiě	(连)	提出程度更进一层的事例作为衬托，常与"何况"相呼应，表示进一层的意思。
46. 情调	qíngdiào	(名)	情趣、格调：高雅的~｜毫无~。
47. 恼火	nǎohuǒ	(形)	生气发火：这件事让他十分~。 ＞烦恼　苦恼　发火 恼—脑
48. 沉住气	chénzhùqì		在情况紧急或感情激动时保持镇静：关键时刻一定要~。｜我常常沉不住气。
49. 补救	bǔjiù	(动)	对不利的情况进行弥补和挽救：工作出了问题，大家正想办法~。 ＞急救　救济　救助　抢救　挽救
50. 叹气	tànqì		心里感到不痛快而呼出长气，发出声音：唉声~｜叹了一口气。
51. 不惜	bùxī	(动)	不心疼，舍得：~重金｜~一切代价。 ＞爱惜　可惜　珍惜
52. 搬迁	bānqiān	(动)	(住户、工厂、商店、机关等)从一个地方搬到另一个地方。 ＞搬家　搬运　迁移　迁居　拆迁
53. 触动	chùdòng	(动)	因某种刺激而引起感情变化：这件事~了他的伤心事。

专名

奔驰	Bēnchí	Mercedes-Benz	德国奔驰汽车公司的译名简称，又译"本茨"或"平治"。

课　文

提示一　阿金是怎样发财的？他为何要学会高质量、高品位地享受生活呢？朋友告诉他富人的标志是什么？

阿金是20世纪90年代富起来的一个年轻人。你别看他这个人没多少文化,但算命的人说他财运旺,挡都挡不住,别管做什么,都会一帆风顺的。果然,他在股市里大大赚了一笔,数目确实是很惊人的。到29岁时,据朋友们保守的估计,他大约已经拥有了几千万的资产。

进入21世纪,年近30的阿金突然觉得有点儿烦,有点儿累,心里有点儿空荡荡的。他想:这样年复一年地拼命赚钱,赚到哪一年才是个头呢?他已经厌烦了这种日子。人赚钱本来是为了花钱的,光会赚钱不会花钱的人,不是傻子又是什么呢?阿金思来想去,认真考虑了几天几夜,最终做出决定,他要趁着自己还年轻,一定要学会高质量、高品位地享受生活。

故事就是这样开始的。阿金首先通过自己的关系网,向其他的一些富人朋友请教如何才能享有高品位的生活。朋友毫无保留地告诉他富人的标志,首先是拥有高档的住房和汽车,然后是美女,再然后,必须加入一些休闲俱乐部,并学会打网球或是高尔夫球等等。

> 提示二 为了享受高品位的生活,阿金怎么做?他的目的达到了吗?他为什么要结识那些文化人?

阿金很快学会了开车,毫不犹豫地买下了一辆价值二百多万元的奔驰豪华轿车,然后成天开着这辆车在城里转来转去,希望能物色到一处称心的豪华住宅。周末的时候,阿金开着车到郊外的高尔夫球俱乐部去打球,并聘用了专职教练。他购买了全套名牌休闲装,还有一双价值上千元的运动鞋。阿金学习打高尔夫球似乎很不顺利。他心里觉得打高尔夫比起炒股的乐趣,实在是差远了,真是一点儿都不好玩儿。那样麻烦地把一只球赶到一个小洞里头去,既不如台球爽快,又不如钓鱼实惠。他的发球一再地失败,那个教练就有些不耐烦起来。阿金为了掩饰自己的无趣,就抱怨说脚上的运动鞋太不舒服,上千块钱都扔水里了。教练一听,面孔越发地拉长了。这样学了几个星期,他竟然是毫无长进。看着那教练一副垂头丧气的样子,他许诺说:"再给你加钱怎么样?你要保证让我学会噢。"不料那教练却突然翻了脸,断然地说:"你这样的

人我教不会的,你还是另请高明好了。"气得阿金当场把俱乐部经理叫来要求退钱。那经理竟然对他说:"高尔夫球不是谁都能打的,先生请自便。"

阿金不知道自己哪里做错了,心里感到很是沮丧。

过了一些天,他开着这辆奔驰去参加一位朋友的婚礼。他听见旁边的人在议论说:"刚才我看见一个人,自己开了一辆奔驰,真是傻得不得了。那种车是公务用车,要用司机开才有派头……"阿金的面孔一下子红得比杯子里的红酒还要红。他想这次怎么又不对了,自己真是大傻瓜啊,即便钞票再多,没有文化,钞票就用得不是地方了,这是很吃亏的。经过再三思考,他决定结识一些档次高的朋友,用于提高自己的文化品位,也便于随时咨询请教一些重要的难题。

很快,阿金就通过朋友的朋友的朋友,认识了一些教授、艺术家、作家和记者。他在本城消费最高的酒店请这些朋友吃饭,向他们赠送昂贵的礼物。一者是由于阿金的慷慨大方,二者是阿金对文化人的谦恭,于是阿金很快便赢得了这些文化朋友的好感,他们纷纷表示,阿金如有什么事情需要帮忙,就尽管开口好了。气氛达到高潮的时候,阿金委婉地表示说:以他的年龄,早就到了娶妻生子、享受天伦之乐的时候,但他多年来忙于赚钱,一直顾不得谈恋爱,后来有了钱,就不知道该选择什么样的女人好了。他哪里知道她们到底是爱他这个人呢,还是爱他的钱。这件大事情真是让他苦恼到了极点,所以希望通过他们,为他物色一位有文化品位的女朋友,这个女友不一定漂亮,但要通情达理,重义轻财,有艺术眼光,懂得布置照料家庭,温柔聪明。他已经吃够了漂亮女人的苦头,都是用美貌来换他的金钱的,横竖坚决不能再要了。他的演讲赢得了大家的掌声,都说如今的富人不屑于找美女,全城也只有阿金一个人了,大家都会竭尽全力帮忙的。

> **提示三** 朋友给阿金介绍的女朋友怎么样?她为什么不愿继续与阿金交往?阿金为什么不惜重金买下那套花园洋房?

没过多久,朋友的朋友果然为他物色了一位电视台的女主持人。女孩不单端庄文雅,穿着朴素大方,谈吐也很风趣,交往了几次,从来不与阿金谈钱。阿金对她很满意。终于有一天,阿金把她带到了自己刚刚买下的豪宅,那是一栋位于市中心的几十层高的大厦,商住两用,一套二百平方米豪华装修的公寓,将近百万美金啊。清一色的红木家具,灯具都是意大利进口货。他开门的时候,手都有点儿发抖,他想那个女孩看到这样豪华的住宅,千万不要当场晕倒啊。但结果是完全出乎他意料的,那个女孩漫不经心地在房子里转了一圈,脸上一点儿表情也没有。他还没来得及请她坐下喝饮料,她的手机响了,说台里有急事要赶回去,匆匆走了以后,从此没有再露面。

阿金觉得纳闷,他给朋友的朋友打电话,让他去问问那个女孩,他究竟做错了什么?

朋友的回话很快就来了,尽管朋友说得客气委婉,阿金还是听懂了。那女孩的意思是说:尽管她知道他文化程度不高,但没想到大大地低于她的想象。他那房子装饰得中不中西不西的,一点儿品位都没有。墙上挂的画儿,没有一幅她看得上的。家具、窗帘、墙壁、沙发的颜色全都不协调,柜子里的摆设也是庸俗不堪,跟这种人谈恋爱尚且无法接受,何况将来结婚?她说:"如今这个城市真正的富人都不会住在这种缺乏生活情调的办公大厦里,可见阿金这个人实在……实在有点儿老土……"

阿金顾不得恼火,沉住气问道:"那她的意思,住在什么样的房子里才算有品位呢?有没有办法补救?"

朋友叹气说:"这个城市里真正有身份的人,都是住花园洋房的,而且必须是30年代留下来的老式洋房。可惜那种老房子里如今都住着许多人家……"。

故事到这里并没有结束。因为阿金如今已经看中了一处闹中取静的老式花园洋房,并且聘请了律师,不惜重金地动员那些老住户搬迁到新公房里去,然后把整栋老洋房空出来,再按照西洋风格重新进行装修。

电视台那位女孩的话对阿金触动太大了,阿金下决心成为一个有品位的富人。阿金想象着自己将来生活在花园洋房里,一定会娶到一个理想的太太。

(据2003年第六期《故事会》)

第十三课 富人阿金

注释

1. 别管……,都……

关联词,表示条件的复句,不管在什么样的情况下,都会有某事发生,强调没有特殊情况。相当于"不管……,都……"、"不论……,都……"。如:

(1) 别管怎么看,她都不像一个庸俗的人。

(2) 别管是谁,都希望拥有高品位、高质量的生活。

2. 空荡荡

由一个单音节形容词"空"加上"荡"的重叠形式构成后缀,这是汉语形容词的一种构词方式,即"ABB"式,A 与 B 的搭配并非随意的。类似的词还有:红彤彤、绿油油、亮晶晶、干巴巴、孤零零、乱哄哄、香喷喷等等。此类形容词带有程度适中或程度较高的含义,因此不能被副词"很"、"非常"、"太"等修饰,如:

(1) 面对着空荡荡的房间,我的心也忽然变得空荡荡的。

(2) 天上的星星亮晶晶,犹如孩子在眨眼睛。

(3) 看着绿油油的稻田,我不由得想起香喷喷的米饭来。

3. 不是 A 又是 B 呢?

反问句,表示断定某件事,事实就是 A,没有其他的可能,B 多是"什么"、"谁"之类的疑问代词。如:

(1) 你说话这么吞吞吐吐的,不是故意掩饰又是什么呢?

(2) 你天天在这里等她,见到她就脸红,不是爱上她了又是怎么回事呢?

4. V 来 V 去

前后两个动词一般是相同的,也可以是意义相近的,以单音节动词居多。形容反反复复、一遍又一遍地进行某一个动作。这一格式用于单句的少,经常用在前一分句,后一分句一般是"V 来 V 去"引起的结果、原因、内容等。这一格式的动词可带状语,不能带宾语。如:

(1) 真没想到,你精心地物色来物色去,竟然物色了一个这么差劲的经理。

(2) 我们耐心地劝来劝去,可是他仍然十分恼火。

(3) 他思来想去,觉得这件事实在不妥。

(4) 玛丽看来看去这本书,觉得一点儿意思也没有。(×)

有时候,这一格式还可以做状语或补语。如:

(5) 小明翻来覆去地想,越想越不对劲,最后决定报警。

(6) 母亲听到儿子被汽车撞了,急得走来走去,一时不知道怎么办才好。

这一格式的动词不能直接带补语,要用一个分句的形式。如:

(7) 我想来想去,想得头都疼了,仍没能想出一个好主意。

这一格式通常不能用于表示肯定的祈使句,但可用于表示禁止的祈使句中。如:

(8) 你听来听去吧,一定可以听懂的。(×)
(9) 你别在我眼前晃来晃去的了,呆会儿我翻脸你可别怪我。(√)

5. 不是地方 ❋

固定短语,本指进行某个行为的位置不太合适,引申指某事、某动作在当时的情景、情况下不合适、不恰当。如:

(1) 那辆轿车停得真~。
(2) 房间的摆设都非常豪华,可惜放得~。

类似的短语还有"不是时候"。如:

(3) 你来得可真~,我刚准备去出差,只好请你下次再来一趟了。

6. 一者……,二者…… ❋

用来列举理由、原因的句式,表示理由、原因不止一个,有时也用"一则……,二则……"。如:

(1) 工人们不停地抱怨,一者工作的时间太长,二者工资也迟迟不发。
(2) 他最近的精神实在不好,一者公务繁忙,二者老毛病又犯了。

7. 重义轻财 ❋

短语,表示人重视道义、情义,而看轻金钱、经济利益。形容高尚的品德。如:

(1) 自古以来,就流传着很多~的感人故事。
(2) 他为人爽快,~,大家都愿意交这个朋友。

类似的短语还有"重色轻友"、"重男轻女"等。

8. 断然—横竖—反正 ❋

"横竖"、"反正"带有口语色彩,意思用法都很接近;而"断然"则带有书面语色彩。三者都可以表示"不管怎样、无论如何"的意思。但是"断然"侧重在态度的坚决、不动摇上,或表示说话人非常肯定,意思是"绝对"、"完全",位于主语后,一般用于否定句;而"横竖"、"反正"侧重表示不因为情况改变而改变态度、结果、结论等,位于主语前后均可。"断然"的语气比"横竖"、"反正"重。如:

(1) 你别浪费时间了,这件事我们断然不会帮忙的。(反正√横竖√)
(2) 干涉中国内政,这是中国政府断然不能接受的。(横竖×反正×)

"横竖"、"反正"还可以用在前一分句,指明情况或原因,后一分句是相应的结论。"断然"无此用法。如:

(3) 这件事横竖跟我没关系,我就不过问了。(断然×反正√)
(4) 横竖赶不上了,就慢慢走回去吧。(反正√断然×)

"断然"还可以做形容词,表示态度、决心等的坚决,"横竖"、"反正"都没有这个用法。如:

(5) 这个请求,被老板断然拒绝了。(反正×横竖×)
(6) 中国政府将采取断然措施,反对"台独",维护国家主权和领土完整。(反正×横竖×)

第十三课　富人阿金

9. 不屑 ❋❋

动词,认为不值得,瞧不起,看不上。可以在句中做谓语、定语、状语。如:

(1) 我们都~于跟他这种人打交道。
(2) 看到这个庸俗的人,她的脸上露出了~的表情。
(3) 她一句话也没说,~地瞥了一眼周围,转身走了。

10. 中不中,西不西 ❋❋

意思是既不是中式的风格,也不是西式的风格,什么都不像,不伦不类。表示贬义。同样格式的还有"男不男,女不女"、"人不人,鬼不鬼"等,如:

(1) 这就是你设计的服装?中不中,西不西的,庸俗不堪。
(2) 你看那个人,打扮得男不男,女不女的,这叫什么品味?
(3) 如今的他酒瓶不离手,整天一副人不人,鬼不鬼的样子。

11. A 尚且……,何况 B…… ❋❋

表示递进关系的句式。前一分句提出一个事例做比照或衬托,后一分句用反问句表示情况比前一分句更进一层,有强调的意味。"何况"前可用"更","何况"后面的意思是"B 更不用说了/更是如此"。如:

(1) 一家人之间尚且还会产生矛盾,(更)何况刚刚认识不久的朋友?
(2) 这样炎热的天气,健康的年轻人尚且很难忍受,(更)何况年老体弱者?

与"连 A 都(也)……,何况 B……"意思相近,但略有差别。"尚且"一般位于前一分句的主语 A 之后,而"连"一般位于主语 A 之前。"尚且"一般很少和"都"、"也"共用。如:

(3) 连高级宾馆都不愿意住,(更)何况廉价出租屋?
(4) 高级宾馆尚且不愿意住,(更)何况廉价出租屋?

后一分句可以不用"何况",而用"更不用说"、"更别说"。也可以把被强调的事物 B 置于"更不用说"、"更别说"前,句末常有"了"。即构成"A 尚且……,更不用说 B/B 更不用说(了)"。还可在第二分句用"更",然后重复前边分句中的动词结构,动词结构前有时可加上能愿动词。如:

(5) 鸟儿尚且知道报答母亲的养育之恩,更不用说我们人了/我们人更不用说了/我们人更应该知道了。

四　练习

(一) 根据解释写出相应的成语或固定结构

1. 懂得道理,说话做事合情合理。(　　　　)
2. 没有想到,在想象之外。(　　　　)
3. 不在意,一点儿也不放在心上。(　　　　)
4. 受到挫折而灰心失望。(　　　　)

5. 想了又想，反复地想。(   )
6. 重视道义、情义，而看轻金钱和经济利益。(   )
7. 端正、大方、温和而有礼貌。(   )
8. 父母子女，团聚在一起，快乐而和谐的乐趣。(   )
9. 对某事物非常瞧不起，认为不值得一看。(   )
10. 又不像男人，又不像女人，打扮得很奇怪。(   )

(二) 把每组词语的同一汉字写出来，并试着解释其意义

(   ) ___份 ___票 炒___ ___东 ___民 ___金 ___份制
(   ) 合___ 投___ 外___ 物___ ___金 ___本 ___产
(   ) 繁___ 豪___ 奢___ ___贵 ___丽 ___美 ___而不实
(   ) ___请 ___任 ___书 ___金 ___期 招___ ___应
(   ) 凉___ 痛___ 轻___ 爽___ 畅___ ___感 ___意
(   ) 忽___ 突___ 果___ 显___ 猛___ 偶___ 毅___ 骤___
(   ) ___虚 ___逊 ___卑 ___恭 ___让
(   ) 辛___ 刻___ 痛___ 吃___ 艰___ 贫___ 诉___
(   ) ___气 ___人 ___套 ___事 ___世 ___庸

(三) 试着理解下列带有重叠词缀的形容词，并选择合适的词填空

胖墩墩	灰蒙蒙	傻乎乎	活生生	干巴巴	好端端	黑压压	红扑扑
假惺惺	静悄悄	甜丝丝	亮晶晶	美滋滋	乐呵呵	冷清清	阴森森
乱哄哄	气冲冲	羞答答	硬邦邦	赤裸裸	孤零零	空荡荡	懒洋洋
绿油油	毛茸茸	软绵绵	香喷喷	热乎乎			

1. 你不用这样_____地演戏了，谁都看得出来你不是真心的。
2. 天已经大亮了，他_____地伸了伸腰，还是不想起床。
3. 孩子们都喜欢这样_____的动物玩具。
4. 教室里刚才还_____的，当大家看到校长走进来时，一下子变得_____的了。
5. 在中国人的传统婚礼上，新娘总是_____的。
6. 下班的时候，想起新婚的妻子做好了_____的饭菜等自己回家，心里就_____的。
7. 她们三人看见余露好像跟谁吵了架，_____地推门而出，开了车离去。

8. 你的肌肤还是_____的吗？干燥、缺水，一直是肌肤不分季节的头号公敌。

(四) 选择合适的词语填空

> 断然　不屑　空荡荡　不惜　沮丧　物色　掩饰　不料　爽快　苦头

1. 她一心想为儿子_____一位端庄文雅的姑娘做妻子。
2. 听到这个消息，他十分_____，这几天一直垂头丧气的。
3. 为了不影响大家的情绪，他拼命地_____着自己内心的伤感。
4. 对方的无理要求被她_____拒绝了。
5. 最后一批演员也离开了，刚才热闹的舞台变得_____的。
6. 为了得到那笔资产，他竟然_____一切代价。
7. 为了实现多年来的梦想，他吃尽了_____。
8. 为何要掩饰来掩饰去的？真不够_____。
9. 我向来_____于跟这种庸俗的人做朋友。
10. 他本来想竭尽全力地帮忙，_____却带来了更大的麻烦。

(五) 为括号里的词语选择适当的位置

1. A 流血 B 不惜，C 何况流 D 这点儿汗？(尚且)
2. A 周末 B 想约几个朋友一起聊聊天，C 没一个朋友 D 有空儿。(不料)
3. A 今天晚上的晚会，B 不管你们 C 去不去，我 D 都去。(横竖)
4. A 在这种时候，B 你多么恼火，也 C 绝对不能 D 沉不住气。(别管)
5. 他没有再 A 犹豫，B 离开了这个 C 让他 D 伤心的地方。(断然)
6. A 在媒体面前，B 那位富翁 C 否认了关于他 D 破产的传言。(断然)
7. A 这件事 B 成年人做起来尚且费劲，C 一个 D 不满八岁的孩子？(何况)
8. A 这部电影 B 对我的触动实在不小，C 故事本身 D 就很感人，二者我与主人公有着非常相似的经历。(一者)

(六) 用本课学过的词语完成句子(请勿重复使用)

> 中不中，西不西　漫不经心　不是地方　V来V去　不是A又是B呢
> 一者……，二者……　尚且……，何况……　别管……，都……

1. "他今天的面试怎么样？""你看看他沮丧的样子，_____。"

221

2. "他为什么一直顾不得谈恋爱呢？""_____，_____。"

3. 我真不明白他究竟是什么品位,你看看他的房间_____。

4. 他一定是急坏了,你看,_____。

5. 这里是交通要道,怎么停了一辆车？_____。

6. 别管做什么事情,都要专心,_____。

7. 这个电影太感人了,_____，_____。

8. 你别生气了,他还是个孩子,_____，_____。

（七）改错

1. 她们俩长得那么像,不是双胞胎又是什么吗？

2. 对于这样的无礼要求,我们当然要横竖拒绝了。

3. 发生这样的事情,是我们不料的。

4. 他向来重义轻财,对于帮助朋友的事,花钱从来不惜。

5. 自从老伴去世之后,他心里一直很空荡荡。

6. 关于更换经理的决定,不管工人们同意不同意,断然老板已经同意了。

7. 为了帮助他,我们的力量已经竭尽了。

8. 你要考虑来考虑去,不要轻易做决定。

（八）综合填空

　　金钱与爱情的关系似乎是个古老 __1__ 又常说常新的话题。金钱与爱情的故事,总是不断从生活中反映出来。

　　端庄美丽的小颖在大学时 __2__ 学习摄影。父母曾为她 __3__ 过不少对象,其中也有不少 __4__ 豪华公寓的有钱人。她都看不上眼,热爱艺术的她坚持要寻找一个有 __5__ 、懂艺术的如意郎君。后来她与谈吐 __6__ 的 __7__ 画家——劲松相爱、结婚了。出乎人们 __8__ 的是:这对郎才女貌的夫妻,竟然也有一天为了金钱而 __9__ ,真是让人为他们 __10__ 。

1. A. 并　　　　B. 而　　　　C. 虽　　　　D. 即
2. A. 专职　　　B. 专题　　　C. 专门　　　D. 专家
3. A. 寻找　　　B. 物色　　　C. 选取　　　D. 聘请
4. A. 购买　　　B. 物色　　　C. 拥有　　　D. 享有
5. A. 艺术　　　B. 资产　　　C. 品位　　　D. 派头

6. A. 豪华　　　B. 慷慨　　　C. 庸俗　　　D. 文雅
7. A. 专职　　　B. 专题　　　C. 专门　　　D. 专家
8. A. 意料　　　B. 不料　　　C. 料想　　　D. 思想
9. A. 炒股　　　B. 纳闷　　　C. 掩饰　　　D. 翻脸
10. A. 沮丧　　　B. 叹息　　　C. 叹气　　　D. 恼火

五　副课文

中国富人调查

美国运通集团近日公布了一项对中国富裕人士的调查结果，显示出目前这一群体消费行为微妙的地域差异。

这项名为"中国富裕人士旅行行为"的调查，面向北京、上海、广州、深圳、杭州、成都、沈阳和西安8个城市，8城市接受此次面访的富裕人士共计1200名，他们的月收入水平居于所在城市总人口月收入的前10%。

调查显示：拥有住房的受访者达到80%以上，其中三成左右的人有两套以上的住房，上海的富裕人士大约有一半的人都有多套住房；而拥有私家车比例最高的是北京，42%的北京富裕人群是有车族；同时上海有将近10%的富裕人群学历都在硕士以上；8个城市大部分受访对象都拥有大学学历，平均受教育程度最低的城市是广州和沈阳，不过大学学历的富裕人士也达到了50%。

8个城市的富裕人士大部分对明年的收入预期表示乐观，超过80%的受访者都认为自己在未来一年内收入会有所增加。在深圳持这种看法的受访者比例达到91%，在比例最低的广州也有79%的富裕人士认为2006年收入能够有所提高。

富裕人士对收入的这种乐观态度在某种程度上将使他们增加对旅行的投入。当问及未来一年进行国内休闲旅行的次数是否会增加时，66%的受访者有计划留出一部分钱用于未来一年的休闲旅行，其中深圳的富裕人士平均预算为15517元，遥遥领先于其他城市的受访者。

沿海的四个城市广州、上海、深圳和杭州的被访者出境游的比例最高，45%的广州受访者在过去一年中曾到境外旅行过，其中近半数的目的地是香港。与之形成鲜明对照的是位于内陆地区的北京、沈阳、西安和成都，在过去一年中有过出境经历的受访者不足一成。

根据调查,大约八成的富裕人士都认为自己"太忙",有这种想法的被访者在沈阳和成都相对少一些,但是即使在比例最低的沈阳,也有68%的人认为自己"需要休息"。

45%的受访者表示他们不愿为了工作而牺牲和家人在一起的闲暇时光;只有一成左右的受访者称自己周末的大部分时间都在工作,大多数人的周末还是和家人朋友一起度过的。

不过国内富裕阶层最常光顾的休闲场所还是餐馆,例如在杭州,高达65%的富裕人士都认为餐馆是自己最常消费的娱乐场所。

有意思的是,虽然川菜赫赫有名,但是成都的富裕人士最常光顾的休闲场所却不是餐馆,而是茶馆或者咖啡馆,将餐馆列为最主要的休闲场所的成都受访者仅占15%,是8个城市中比例最低的。

(据2005年12月13日《每日经济新闻》冯桔文)

 根据课文判断正误

1. (　)对中国富裕人士的调查结果显示,富人的消费行为有着明显的地域差异。
2. (　)受访者的月收入占他们所在城市总人口月收入的10%。
3. (　)近千受访者拥有自己的住房,其中300多人拥有两套以上的住房。
4. (　)北京的富裕人士拥有私家车的比例最高,而上海的富裕人士平均受教育程度最高。
5. (　)深圳的受访者在未来的一年里对旅行的投入预算最多。
6. (　)沿海城市受访者出境游的比例明显高于内陆地区的受访者。
7. (　)近一半的受访者宁愿牺牲和家人在一起的闲暇时光也要工作。
8. (　)除了成都以外,其他城市的富裕阶层最常光顾的休闲场所也是餐馆。

第十四课 "的哥"送孕妇连闯红灯该不该罚

一、生词语

1. 叫嚷 ≈叫喊	jiàorǎng	(动)	大声喊叫：这里不许~。
2. 极度 ≈非常 特别	jídù	(副)	程度极深：~兴奋｜~疲劳。 >极力 过度
3. 危急 ≈危险	wēijí	(形)	危险而紧张：情况~｜病情~。 >危害 危机 急忙 急需 急剧 急于 着急
4. 关头	guāntóu	(名)	起决定作用的时机或转折点：紧要~｜危急~。 >把关 过关 难关
5. 油门	yóumén	(名)	(车、船等)调节燃料供给量的装置，油门开得越大，机器转动得越快：加大~｜踩~。 >加油 油田 汽油
6. 处罚 ≈惩罚 (好处)	chǔfá chù	(动)	使犯错误或犯罪的人受到经济或政治上的损失而得到教训：受到~｜接受~。 >罚款 体罚 罚球 处分 处治 处理 惩处
7. 奔驰 ≈奔跑	bēnchí	(动)	(车、马等)很快地跑。
8. 正巧 ≈正好	zhèngqiǎo	(副)	刚巧：事情发生的时候，我~在场。｜~遇到。
9. 执法	zhífǎ		执行法律：~如山｜~必严。 >执政 执勤 犯法 司法 违法 立法
10. 任凭 ≈无论、不管	rènpíng	(连)	无论、不管：~什么困难也难不了我。 即使：~他说得再好，我们也不能相信。
11. 结局 ≈结果	jiéjú	(名)	最后的结果，最终的局面：想不到的~。

225

12. 合情合理	héqíng-hélǐ		符合人的常情和事情的一般道理。
13. 正方 ⟷反方	zhèngfāng	(名)	辩论的时候,站在正面立场的一方。
14. 法治	fǎzhì	(动)	根据法律治理国家。 >法制 法令 法庭 法院 宪法
15. 依	yī	(动、介)	根据、依照、按照:~次前进|~法办事|~我看,这样做很好。|有法必~。
16. 轻微 ⟷严重	qīngwēi	(形)	数量少而程度浅,不严重:~劳动|~的胃病。 >稍微 略微 微不足道 微—徽
17. 予以 ≈给予	yǔyǐ	(动)	给以,给予:~照顾|~表扬|~批评|~处罚。 >给予 赋予 授予 予—子
18. 情理	qínglǐ	(名)	人的常情和事情的一般道理:不近~|难容|不合~。 请—晴—清—精—睛 理—埋
19. 相关 (照相)	xiāngguān xiàng	(动)	彼此关联,有关系:~人员|~法律|体育运动和身体健康密切~。 >相比 相差 相等 相对 相符 相识
20. 蒙受 ≈遭受	méngshòu	(动)	受到:~损失|~耻辱。 >蒙冤 蒙难 接受 承受 遭受
21. 受益	shòuyì	(动)	得到好处,得到利益:这本书,让我~无穷。 >受伤 受骗 受苦 受凉
22. 补偿	bǔcháng	(动)	使受到经济、精神损失的人得到弥补:~损失|给予~。 >补充 弥补 赔偿 偿还 偿命
23. 权益 ≈权利	quányì	(名)	应该享受的不容侵犯的权利:合法~|消费者~。 >权利 人权 政权 主权 产权 弃权
24. 本性	běnxìng	(名)	原来就有的性质或个性:江山易改,~难移。 >任性 个性 性格
25. 规范	guīfàn	(动)	使符合、成为约定俗成或者明文规定的标准:用社会道德来~人们的行动|对法律进行~。 >规定 规划 规章
26. 高度	gāodù	(形)	程度很高的:~的热情|~评价|~概括|~重视。
27. 有章可循	yǒuzhāngkěxún		有制度和章法可以遵循。 循—遁

28. 日新月异	rìxīn-yuèyì		每天每月都有新的变化,形容进步、发展得很快:这个城市~|科学技术~。
			异—导
29. 立法	lìfǎ		国家权力机关按照一定的程序制定或修改法律:~机关|~部门。
30. 穷尽 (尽量)	qióngjìn jǐn	(动)	到尽头;全部了解、完全掌握;对事物探索到底:不可~|我们无法~复杂的世界。
31. 法规	fǎguī	(名)	法律、条令、规则、规章制度等的总称:遵守~|制定~。
32. 婴儿	yīng'ér	(名)	一般指不满一岁的小孩:~用品|~床。
			>婴孩 妇婴 胎儿 少儿 儿童
33. 潜在	qiánzài	(形)	存在于事物内部不容易发现或发觉的:~力量|~意识|~的可能。
			>潜水 潜力 潜逃 潜伏 潜意识
34. 创制	chuàngzhì	(动)	初次制定(多指法律、文字等):~法律。
			>创造 创办 创立 创作 制造 研制 制订
35. 认定	rèndìng	(动)	确定地认为:他~这件事是对的。|法庭~他有罪。
			>决定 肯定 确定 鉴定 商定 议定 制定
36. 情节	qíngjié	(名)	事情的变化和经过:故事~|~严重|根据~轻重分别处理。
37. 酌情	zhuóqíng	(动)	根据情况、考虑情况:~处理|~处罚。
38. 顾全大局	gùquándàjú		为了照顾全局,不为个人或本单位的利益斤斤计较:为了~,我们放弃了自己的意见。
39. 反方 ⟷正方	fǎnfāng	(名)	辩论的时候,站在反面立场的一方。
40. 人性	rénxìng	(名)	人的本性:符合~|违背~。
41. 一味	yíwèi	(副)	单纯地,仅仅,单一地:~伤心|~追求漂亮。
42. 条文	tiáowén	(名)	法规、章程等的分条说明的问题:法律~。
43. 良知	liángzhī	(名)	良心:~未泯|唤起~|一个有~的人不会这样做。
			>良缘 良宵 良策 良方 良言 良药
44. 和谐	héxié	(形)	配合得适当和匀称:颜色~|~的气氛。
			>和气 温和 和睦 随和
			谐—偕—揩—楷

45. 所见所闻 ≈见闻	suǒjiàn-suǒwén		看到的和听到的。 >所有 所谓 老有所为 所思所想 所作所为
46. 索性 ≈干脆	suǒxìng	(副)	干脆:既然已经做了,~把它做完。 紧—萦
47. 一走了之 (他走了)	yìzǒuliǎozhī le		什么责任也不负,什么也不管,也不打招呼就走了:他丢下孩子,~。 >一了百了 不了了之
48. 冷漠 ≈冷淡	lěngmò	(形)	(对人或事物)冷淡,不关心:态度~|~的表情。 摸—模—膜
49. 此时	cǐshí	(名)	书面语,这个时候:~已是夜深人静了。
50. 民情	mínqíng	(名)	人民的生产活动、风俗习惯等情况;人们的心情、愿望等:了解~|风俗|关心~。
51. 一成不变	yìchéngbúbiàn		形成以后,永不改变。
52. 见义勇为	jiànyìyǒngwéi		看到正义的事情奋勇地去做:他是个~的英雄。
53. 救死扶伤	jiùsǐ-fúshāng		抢救快死的人,扶持守护伤病员。现在常用来形容医务人员全心全意为病人服务的崇高精神:他是一位~的好医生。
54. 阻挠 ≈阻止	zǔnáo	(动)	阻止或暗中破坏,使之不能发展或成功:百般~|从中~。 >阻碍 阻力 阻止 阻挡 饶—绕—侥—浇
55. 姑且 ≈暂且	gūqiě	(副)	(表示让步语气)暂时地:~不论|~不说。
56. 风险	fēngxiǎn	(名)	可能发生的危险:承担~|冒着~。 >危险 保险 冒险
57. 荒诞 ≈荒唐	huāngdàn	(形)	极不真实;极不近情理:十分~|~不经|情节~。 延—筵
58. 何苦	hékǔ	(副)	何必自寻烦恼,用反问的语气表示不值得,也说"何苦来"。 >何等 何曾 何必 何况

第十四课 "的哥"送孕妇连闯红灯该不该罚

课文

> 提示一　出租车司机高海军为什么要闯红灯？威达县的孕妇为什么会死亡？两件事情有何关联？

2004年12月19日上午十点左右，北京出租车司机高海军看见一名年轻男子和一名怀孕的妇女急着去医院，看样子马上就要生产了。高海军载着两人迅速赶往医院。孕妇在车上不停地喊疼，叫嚷声越来越大，高海军非常着急。在这极度危急关头，高海军加大油门，连闯了六次红灯。目前，他面临着罚款和罚分的交通处罚，而孕妇的丈夫表示愿意承担受罚款项。

根据新交通法，闯红灯一次就要扣3分、罚款200元。

此前，四川省威达县的马路上，一辆载着即将生产的妇女和其丈夫的面包车正向医院奔驰而去，正巧遇到交管所四名执法人员查车，他们以查"黑车"为由，任凭孕妇的情况越来越危险，都拒不放行，结果耽误了抢救时间，导致孕妇死亡。

两个十分近似的事件，有着完全不同的结局。的哥闯红灯该不该罚？执法人员的做法是否合情合理？

> 提示二　正方的理据是什么？法律是无情的吗？如何对高海军实施处罚才能体现法治精神？

正　方　处罚体现了法治精神

张维锋(律师)：法律并非无情

我个人觉得，北京出租车司机高海军的这种行为，应该受到交通队的行政处罚，这也是"有法必依、违法必究、执法必严"的法治精神的体现。只有这样，才能保证国家法律制度的严肃性和权威性。

当然，我国法律的规定也体现了原则性和灵活性相结合的特点。例如《中华人民共和国行政处罚法》第二十七条也规定了依法减轻处罚的情况，并且规定违法行为轻微并及时纠正，没有造成危害后果的，不予以行政处罚。这也说明了我国的法律也不是完全不讲情理的。

另外,根据我国民法的相关规定,即使是高海军为此蒙受了损失,作为受益人的产妇及其家属也应该对高海军的损失给予补偿。这也是我国法律有明确规定的。

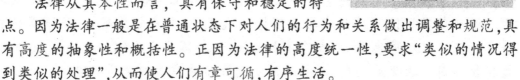

吴小军(研究生):既保护公共安全又兼顾个人权益

法律从其本性而言,具有保守和稳定的特点。因为法律一般是在普通状态下对人们的行为和关系做出调整和规范,具有高度的抽象性和概括性。正因为法律的高度统一性,要求"类似的情况得到类似的处理",从而使人们有章可循,有序生活。

然而社会生活异常复杂且日新月异,立法者受到现实条件和个人知识的限制,而无法事先穷尽未来社会发展的情况。的哥送孕妇闯红灯,便是具体的生活事实与抽象"冰冷"的法规之间的冲突:前者要求保护孕妇和待生婴儿的个人安全,而后者则要求保护不特定人(交通事故的潜在受害者)的公共安全。理想的解决途径是在保护公共安全的同时,也让个人权益得到保护。

具体而言,作为执法机关,交管部门本身只有使用法律而并无创制法律的权力,所以将的哥送孕妇闯红灯的行为认定为交通违法行为应该毫无疑问。但的哥送孕妇这一特殊情节,依据法律的内在灵魂(如公平正义、以人为本等),可以对的哥的这一行为减轻或免予处罚。

侯国云(教授):此事件应酌情处罚

根据当时情况,酌情处罚。的哥因急送临产的孕妇而导致的后果,应该由自己和孕妇承担。因为交通不是一两个人的事情,是广大民众的。司机只管闯红灯,不顾后果,理应受到一定的处罚。凡事都应该顾全大局,本着有法必依、执法必严、违法必究的精神行事,执法部门有依法办事的权利和义务,而不能根据"公情"或"私情"来处理,更不能私自从轻、减轻或免除处罚。执法过程中以情代法、人大于法,是缺少法制观念的表现,是人治社会的特点。一个国家要实现法治,执法和司法部门必须明确法律面前人人平等,法大于人,必须严格依法办事。

第十四课 "的哥"送孕妇连闯红灯该不该罚

> **提示三** 反对处罚的理据何在？处罚的后果是什么？法律的本质是什么？不处罚就不能维护法律的尊严吗？

反　方　对出租车司机进行处罚于情于理行不通

周宏伟(教授)：要人性化执法

　　任何法律都是以人为本，保护人民的利益，新交通法就是把人的生命放在第一位。在具体的司法实践中，不加区别，一味处罚，并不符合法律保护人的生命的本质内容。法律的尊严和法律的本质发生冲突的时候，还是要维护法律的本质。法律的条文和司法实践并非在任何时候都是统一的。法律的制定就是为了保护人民的根本利益。人性化服务更是"执法必严"中应该包含的内容，执法者在执法中一定要遵循。社会需要良好的法律来维持秩序，更需要充满人性的社会良知来促进和谐。

陈声富(学者)：不要凉了好人的心

　　我认为不应该罚！不能凉了好人的心！处罚的结果，只能是在再有这样的情况发生时，人们受到所见所闻的影响，索性一走了之，宁可充当冷漠的杀手。个别执法者只知道法律条文而不懂得法律精神，是执法者的悲哀。执法者和法律本身都是为人服务的。如果出现法律条文和为人服务相矛盾的情况，则说明法律的制定者和执行者出了问题。人民利益高于一切的国家不允许这样的事情存在。

刘小容(公务员)：此时的士的功能已是救护车

　　法理即公共情理，法律是人制定的，依民情、人性而定，并不是一成不变的。制定法律的目的是为了更好地服务于人，如果以损害人的利益来维护法律的尊严，那就失去了原有的意义，违背了制定法规的最初目的。要知道，在送孕妇过程中，此时的的士已不再是普通的的士了，它的功能实际已经是救护车了。的哥见义勇为、救死扶伤的行为，应该给予奖励，而不是处罚。如果交管坚

持罚款和扣分,的哥的损失只好由产妇来承担,但仍然显得不人道。

杜兆勇(律师):处罚显然是不恰当的

从法理上说,的哥送产妇最少应该享受救护车的待遇。一部良法应该鼓励、至少不是阻挠的哥这种在某种意义上来说带有见义勇为色彩的行动。一般来说,人权是一切法律的基础,如果非要处罚,一切费用也应该由产妇出。姑且不说的哥送产妇所承担的巨大风险,就是车费也只是按计价器显示的价钱收取。如果还要受到处罚,这无疑是十分荒诞的。在这样的法律环境下,大多数人必定会想:何苦去做这样吃力不讨好的事呢?我相信这不是立法的目的,也不是执法的目的。

(据中国诉讼法律网)

注 释

1. 极度 ✻✻

副词,表示程度非常深,书面语。相当于口语中的"非常"、"特别"。多用来修饰"困难"、"恐怖"、"痛苦"、"危险"、"贫困"、"疲乏"等含有贬义或消极意义的词。较少用于修饰褒义词。如:

(1) 警方说那个逃犯是一个~危险的人物。
(2) 专家指出:眼睛~疲劳,可能导致视力下降。

2. 正巧—正好 ✻✻

都可做副词和形容词。都可表示正合适,有时可互换。但"正巧"更侧重强调事情的偶然性,意思是"非常巧合"、"碰巧遇上"。如:

(1) 你回来得正巧,婴儿刚刚出生。(正好√)
(2) 他随手一扔,没想到烟头正好扔进了出租车,只好接受处罚。(正巧√)
(3) 正巧我要去商场,顺便帮你把它买回来吧!(正好√)

而"正好"还可强调时间、位置不前不后,体积不大不小,数量不多不少,程度不高不低等。如:

(4) 这双鞋合脚吗?——不大不小,正好。(正巧×)

都可用于复句中,"正好"可以表示前一事有利于后一事,也可表示后一事有利于前一事;而"正巧"一般只能表示后一事有利于前一事。如:

(5) 黄金周天气非常好,正好可以去北京玩儿个痛快。(正巧×)
(6) 我本来就想去北京玩儿个痛快,正好下周领导派我去北京出差。(正巧√)

3. 任凭 ❋❋

可做动词。表示让别人愿意怎样就怎样,或听任事物发展而不管不问。如:

(1) 我不会~荒诞的谣言四处传播而不管的。

(2) 我们不能~好人蒙受冤枉。

还可做连词,用在主语前,表示"无论"、"不管"的意思。如:

(3) ~谁也不准乱动这里的东西。

(4) ~沧海桑田,他都一直保持着不变的信念。

此外,表示"即使"的意思。如:

(5) ~狂风猛烈吹打,工人们仍在工地上坚持工作。

4. 一味 ❋❋

副词。表示不顾客观条件或实际情况盲目地进行某一项工作或做某个动作行为,还可以表示单纯地、除了这个动作之外没有任何举动。如:

(1) 教育孩子,不能~地批评,也不能~地表扬。

(2) 每个国家的国情民情不同,因此不能~学习别国的立法经验。

(3) 如果~地追求时髦流行,就会失去自己的风格。

5. 凉了好人的心 ❋❋

意思是使好人灰心、失望。凉:比喻灰心或失望,一般要跟"心"搭配使用。如:

(1) 他本来雄心勃勃要考国外名校的,可一想到那里高昂的学费,心就凉了半截儿。

(2) 人家见义勇为救了你,你却怀疑人家不怀好意,能不让人心凉吗?

6. 索性—干脆—不妨 ❋❋

都可做副词。都可以表示说话者对听话者的劝告,提供一种有利的选择,仅仅是个建议。只是"不妨"比"索性"和"干脆"口气婉转一些。如:

(1) 既然你没赶上最后一班公交车,索性步行回家吧。(不妨√干脆√)

(2) 既然大家这么开心,索性接着玩儿吧。(不妨√干脆√)

"索性、干脆"还可表示说话者、施事者或当事者因为没有别的办法而做出的选择,多半已是既成事实,"干脆"比"索性"更口语化。"不妨"不能用于已经发生的动作。

(3) 那个女人见大声叫嚷没人理会,索性就大哭起来。(干脆√不妨×)

(4) 看到根本帮不上忙,小刘索性一走了之了。(干脆√不妨×)

"干脆"还可以做形容词,表示做事痛快,不拖拖拉拉,有时可说"干脆利落"。"索性"、"不妨"均不能这么用。如:

(5) 小王办事最干脆了,找他准没错。(索性×不妨×)

(6) 她是个干脆利落的人,从来不会犹豫不决。(索性×不妨×)

7. 一走了之 ❋❋

了:完毕、结束的意思。形容不负责任地离开。如:

(1) 她的车撞伤了别人,她却在危急关头~。

(2) 他们夫妻发生了矛盾,妻子一气之下~。

8. 一成不变

成语。成：形成；变：改变、变化。一旦形成了，就不再发生变化。常常形容守着旧的东西，不去变通。如：

(1) 那个歌手终于发挥出潜在的创造力，打破了多年来~的风格。
(2) 他是个胆小的人，总害怕冒任何风险，小心地过着~的生活。

9. 姑且

副词，表示动作暂且如此，带有暂时做出某种让步的意思、或说明在不得已情况下只好这样，相当于"暂且"、"先"。如：

(1) 只是开个玩笑，大家~一笑，不必当真。
(2) ~不论那天你一走了之是多么不负责任，就是你当时说话的态度也让人生气。

10. 何苦

副词，用反问语气表示不值得这样做，后面也可用否定式，句末多带"呢"。也可以在"何苦"后面直接跟"呢"。有时说成"何苦来"。如：

(1) 你~为这么小的事生气(呢)？
(2) 他对你那么冷漠，你还这样牵挂他，~呢？
(3) 这个世界日新月异，有时变化是我们难以想象的，你~为此自责？

11. 吃力不讨好

习惯用语，表示付出很大的努力，但是却得不到好的效果，甚至受到误解。如：

(1) 他一心想帮忙，没想到却受到处罚，真是~。
(2) 没想到事情的结局是这样的，早知如此，你又何苦~地白忙一场？

四、练习

(一) 给下列形近字注音并组词

微(　　)____　徽(　　)____

摸(　　)____　模(　　)____　膜(　　)____　漠(　　)____

幕(　　)____　慕(　　)____　墓(　　)____　暮(　　)____

饶(　　)____　绕(　　)____　浇(　　)____　挠(　　)____　侥(　　)____

情(　　)____　请(　　)____　晴(　　)____　睛(　　)____　精(　　)____

(二) 选择合适的词语填空

姑且　风险　酌情　何苦　一味　潜在　高度　极度　依　予以

1. 投资股市,赚钱快,可是_____也大。
2. 学校最新规定,对贫困学生要_____减免收费。
3. 在购买商品时,消费者不可_____地崇拜名牌。
4. 对于这种违法行为,有关部门应该_____处罚。
5. 现在到了如此关键的时刻,你们以前的矛盾能不能_____放一放呢?
6. 目前,公司的网络人才_____缺乏,这将严重影响到公司的发展。
7. _____你看,这件事应该如何处理?
8. 我们应该对环境污染的问题予以_____重视。
9. 你已经非常优秀了,又_____一定要争第一名呢?
10. 做一做这个小测试,看看你的_____才能到底有多少?

(三) 为括号里的词语选择适当的位置

1. 剩下的菜A也不多了,还不知道妈妈B会不会回来,我们C把它都D吃完吧。(索性)
2. 她A现在每天B只吃水果,不吃其他东西,C很快D就会瘦下来的。(无疑)
3. A他是游泳高手,B海里风浪C再大,D他也能坚持游上十几个小时。(任凭)
4. A不用担心,B这两天他不在家,C你姑且D在他的房间住两天吧。(正巧)
5. A经过这件事,B他已经很痛苦了,C你D又来伤害他。(何苦)
6. 你应该A形成自己的B风格,不要C模仿别人D的作品。(一味)
7. A到了明天晚上,只要B我们C计划进行,就D肯定不会有问题。(依)
8. A人们常常把B善于发现C人才的人称之为D"伯乐"。(潜在)
9. 在这个A问题B上,我们的C意见D统一。(高度)
10. 为了A写作这篇B论文,这两天他一直在C忙着查找D资料。(相关)

(四) 选择词语改写句子

正巧　蒙受　索性　冷漠　极度　所见所闻　日新月异
荒诞　顾全大局　一成不变

1. 这个世界上没有一旦形成就永远不会改变的事物。

_____

2. 他在无比饥饿的情况下,抢了别人的食物。
_____

3. 太好了,我们刚好需要一个大夫,你就来了。
_____

4. 他这个人,常常为了照顾整体的利益,而放弃自己的个人利益。
_____

5. 在科学技术每天都发生着新变化的今天,需要成千上万的优秀人才。
_____

6. 既然天已经晚了,外面又下着大雨,我们干脆吃了饭再回去吧。
_____

7. 你讲的这个故事,太不真实了,根本不近情理。
_____

8. 最好的朋友突然对他非常冷淡,这让他十分伤心。
_____

9. 他刚从欧洲旅游回来,请他讲讲有趣的见闻如何?
_____

10. 他遭受了那么大的打击,仍然如此坚强,真让人敬佩!
_____

(五)选择适当的词语完成句子(每个词语限用一次)

一味 轻微 姑且 任凭 凉了……心 合情合理 一走了之 吃力不讨好

1. 我为你们做了那么多,却没有一个人理解我,_____。
2. 他可真不负责任,自己犯了错误,_____。
3. 想得越多,烦恼就越多,_____,开开心心地生活吧。
4. 大家都夸他是一个坚强的孩子,_____,他都不放弃自己的理想。
5. 商品的质量好不好,_____,并不是越贵的东西就越好。
6. 你们为什么不同意他的意见呢,我觉得_____。

7. "你病得严重吗？要不要去医院？""不用，＿＿＿＿＿＿＿＿＿＿＿＿＿＿＿＿＿。"

8. "滴水之恩，涌泉相报"，以怨报德会＿＿＿＿＿＿＿＿＿＿＿＿＿＿＿＿＿。

（六）改错

1. 这段时间我轻微有点忙。

2. 任凭别人，我都只相信你。

3. 你奶奶今年多大了？——再过一个月正巧90岁。

4. 大家对正方的评价很高度。

5. 这件事是真的，我觉得无疑。

6. 千万不要酒后驾车，这样有很大危急。

7. 既然没有好节目，她不妨把电视机关上了。

8. 我们之所以这样布置房间，完全是依她。

（七）根据课文内容判断正误

1. （　）高海军送孕妇去医院，遇到执法人员查车，耽误了治疗。

正方意见

2. （　）目前，我国的法律并非完全不讲情理的。

3. （　）作为执法机关，交管部门本身既有使用法律又有创制法律的权力。

4. （　）执法部门有依法办事的权利和义务，也能根据"公情"或"私情"来处理，可以对有关人员从轻、减轻或免除处罚。

反方意见

5. （　）在具体的司法实践中，不加区别、一味处罚，符合法律的本质内容。

6. （　）法律的条文和司法实践并非在任何时候都是统一的。

7. （　）社会需要良好的法律来维持秩序，更需要充满人性的社会良知来促进和谐。

8. （　）反方同意对闯红灯的的哥进行处罚。

（八）讨论

你赞同课文中正方还是反方的意见？为什么？说说你的观点和理由。

五、副课文

风趣幽默的交通处罚

在国外,司机驾车违反交通规则后,处罚手段可以说是五花八门,处罚方式更令人捧腹。

送幼儿园:在巴西的圣保罗市,司机只要一犯规,就会被送到幼儿园"上学",同孩子们一起玩儿在虚拟的公路上驾驶儿童玩具汽车的游戏,在孩子们的嘲笑和指责中反思自己的过错。

剃光头:在印度尼西亚,司机一违章,就会先被当场罚款,然后没收驾驶执照,最终会被无情地剃光头发,以便使司机们生成"若要违章,想想自己头上的黑发"的畏惧感,便再也不敢轻易违章了。

当护士:在美国,对待违章的司机,就是让你莫名其妙地去"当护士"。如果你违章了,就会被安排到医院当几天病房护士,专门护理交通事故的受害者。整天面对被汽车撞得缺胳膊少腿的受害者,司机们就会顿生恻隐之心,痛悔自己的违章行为。

看电影:在哥伦比亚,司机违章后要享受一次"看电影"的特殊待遇。一旦司机违规驾驶,就会被客气地请进一个内部电影院,观看一部令人心惊肉跳的交通事故纪录片。面对交通事故带来的血肉横飞的画面,司机怎能不引起心灵的震撼。

忏悔十年:在美国的得克萨斯州,每个礼拜天,曾驾车撞死人的司机必须向一个基金会捐赠十美元,直到十年的忏悔期满为止。这个基金会是以被该司机撞死的人的名字命名的。每当遇到被撞死者的祭日,司机必须购买鲜花到死者的墓前,忏悔自己的罪行。在十年惩戒期内的每个月,司机必须抽一天时间,站在自己喝酒过量的酒吧前,手举一块写着"我因酒后驾车,不幸撞死人"的牌子,向过往司机们现身说法:切勿酒后驾车。司机还必须在车祸现场安置十字架和星状纪念物,在十年惩戒期内的每个季度,来此帮助交通警察处理交通问题一天。

幽默邮票:在德国发售的"交通事故"邮票上,酒瓶、酒杯摆放得整整齐齐,但高档轿车却四轮朝天、面目全非,简单的构图表现出了醉酒驾车的害人害己特征。在法国制作的"交通安全"邮票上,司机狂饮滥喝后不辨东西南北,开飞车一头撞到了巨大的酒瓶上,用夸张的手法表达出邮票的主题:喝酒还是开车,请你选择。在德国设计的"驾车违章"邮票上,盛满酒的高脚杯、开飞车的司机、红十字救护车,不和谐地聚在一起,给人一种触目惊心之感。在匈牙利印刷的"反酒后驾车"邮票上,一只健康强壮的大手紧紧抓住一只伸向酒杯的伤痕累累的手,用速写式的风格传递着这样一则信息:要活命,就不要喝酒!

(据琴心网)

给下列加点的词语选择正确的解释

1. 处罚手段可以说是五花八门。
   A. 各种各样　　B. 颜色鲜艳　　C. 非常奇怪　　D. 五大类八小类
2. 处罚方式更令人捧腹。
   A. 肚子痛　　　B. 大笑　　　　C. 不明白　　　D. 担心
3. 整天面对被汽车撞得缺胳膊少腿的受害者,司机就会顿生恻隐之心,痛悔自己的违章行为。
   A. 隐藏　　　　B. 伤心　　　　C. 同情　　　　D. 后悔
4. 在德国设计的"驾车违章"邮票上,盛满酒的高脚杯、开飞车的司机、红十字救护车,不和谐地聚在一起,给人一种触目惊心之感。
   A. 看了使人感到惊奇　　　　　B. 看了使人感到害怕
   C. 看了使人感到伤心　　　　　D. 看后引起内心震动

第十五课 千年悬棺之谜

生词语

1. 悬	xuán	(动)	挂：~挂｜倒~。 >悬空 悬垂 悬吊
2. 棺 ≈棺材 棺木	guān	(名)	装死人的东西，一般用木材制成。 棺—馆
3. 悬崖	xuányá	(名)	又高又陡的山崖。崖：山石或高地陡立的侧面。
4. 峭壁 ≈悬崖	qiàobì	(名)	陡直的山崖。"悬崖"、"峭壁"常连用为"悬崖峭壁"。 峭—销—消
5. 洞穴	dòngxué	(名)	地洞或山洞(多指能藏人或东西的)。
6. 天书	tiānshū	(名)	天上神仙写的书或信，也比喻难认的文字或难懂的文章。
7. 财宝 ≈珠宝	cáibǎo	(名)	钱财和珍贵的物品：金银~。 >财富 财产 财物 宝藏 宝物 珍宝
8. 价值连城	jiàzhíliánchéng		形容物品十分贵重。
9. 增添 ≈增加	zēngtiān	(动)	增加：~家具｜~设备｜~财富｜~烦恼｜~欢乐。 >增多 增进 增值 增高 添加 添补
10. 何尝	hécháng	(副)	用反问的语气表示不曾或并非。
11. 究竟	jiūjìng	(名)	原因，结果：大家都想知道个~。｜我们一定要问个~。｜问题要查个~。 >毕竟 竟然 究—穷 竟—竞
12. 风化	fēnghuà	(动)	含有水分子的物质在空气中因失去了水分子而变得易碎，如木头等；由于温度、空气、水及生物的作用，石头从大块变成小块，从小块变成泥土。

13. 徐徐	xúxú	（副）	慢慢地。	
14. 脱落 ≈掉落	tuōluò	（动）	原先粘在别的物质上的东西掉下:头发~|牙齿~。 >脱发 脱离 脱毛 脱皮 脱色	
15. 奥秘 ≈秘密	àomì	（名）	难懂的、神秘的、还没有被人们发现和认识的秘密:探索宇宙的~。|大自然的~正等着我们去发现和认识。 >神秘 秘闻 秘诀 秘方 秘史	
16. 棺材 ≈棺木	guāncai	（名）	装死人的东西,一般用木材做成。	
17. 置	zhì	（动）	放:放~|安~|~于。	
18. 埋葬 ≈掩埋	máizàng	（动）	掩埋尸体:他死后,~在公墓里。 >安葬 下葬 火葬 土葬 送葬 随葬	
19. 悬挂 ≈挂	xuánguà	（动）	挂:~国旗|墙上~着地图。 >挂历 挂图 挂钟 挂—佳—推—谁	
20. 尝试 ≈试	chángshì	（动）	试,试验:他们为了解决这个问题,~过各种方法。|如果没有成功的把握,最好不要轻易~。 尝—偿	
21. 搬运	bānyùn	（动）	把东西从一个地方运到另一个地方:~行李|~货物。 >搬迁 搬家 搬移	
22. 考古	kǎogǔ	（动）	根据古迹、文物和书籍等资料研究古代历史。	
23. 自告奋勇	zìgàofènyǒng		主动地要求承担某项艰难的工作:他~去救火。	
24. 随葬	suízàng	（动）	用财物、器具、车马等随同死者埋葬:~品|~物。 >随身 伴随 跟随 追随 随同	
25. 郑重	zhèngzhòng	（形）	严肃认真:~声明|话说得很~。	
26. 临	lín	（动）	靠近;对着:东~大海|如~大敌。 >面临 临街 临河 临近 背山临水	
27. 发掘 ≈挖掘	fājué	（动）	把埋藏的东西挖出来:~陵墓|考古~|把珍贵的文物~出来。 >开掘 采掘 掘—倔—崛	
28. 楠木	nánmù	（名）	一种树,木材是贵重的建筑材料,也可供造船用。产于云南、四川等地。	
29. 数	shù	（数）	几;几个。	

30. 陡峭	dǒuqiào	(形)	山势等很陡,直上直下:这个~的山峰连山羊也上不去。
			陡—徒
31. 千古	qiāngǔ	(名)	久远的年代("千"比喻数目很多):~之谜|~罪人。
32. 悬赏	xuánshǎng	(动)	用公布奖励财物等办法征求别人帮助做某件事:~寻人。
33. 招募	zhāomù	(动)	招收(人员):~技术工人|~志愿者。
			>招兵 招标 招工 招集 招聘 招租
34. 破解	pòjiě	(动)	揭破,解开:~难题|~生命之谜。
			>破案 破获 破译 分解 解答 解读
35. 高空 (有空儿)	gāokōng kòng	(名)	距离地面较高的空间:~飞行|~作业。
36. 一概而论	yígài'érlùn		用同一标准来对待或处理(多用于否定):对学生学习能力的评价,要具体分析,不能~。|对犯罪者怎样惩罚,不应~。
			概—慨—溉
37. 大多 (大夫)	dàduō dài	(副)	大部分,大多数:树上的苹果~已经熟了。|这些僧侣~来自中国著名的寺庙。
38. 变迁 ≈变化 转变	biànqiān	(动)	情况或阶段的变化转移:时代~|历史~。
			>搬迁 升迁 迁居 迁移 迁都
39. 落差 (差点儿)	luòchā chà	(名)	由于河床高度的变化所产生的水位差数,如A地水面海拔为20米,B地为18米,这一段的落差就是2米。
40. 滑坡	huápō	(动)	指地表斜坡上大量的土石整体地向下滑动,速度快时会产生巨响,并发出火光。
			>山坡 缓坡 陡坡 坡度
41. 荒谬	huāngmiù	(形)	极端错误;非常不合情理:~绝伦|~的论调。
			>谬论 谬误
42. 绞	jiǎo	(动)	把绳子的一头绑在轮子上,转动轮子,使绑在另一头的物体移动:~车|~架|~索。
			绞—较—校—狡—胶—饺
43. 联想	liánxiǎng	(动)	由于某人或某事物而想起其他相关的人或事物;由于某概念而引起其他相关的概念:~丰富|看到他,使我~起许多往事。

第十五课　千年悬棺之谜

44. 缓坡	huǎnpō	（名）	和水平面所成角度小的地面；坡度小的坡。
			＞缓急　缓行　缓解　缓和　缓冲
←→陡坡			缓—暖—援
45. 滑轮	huálún	（名）	简单机械，由架子、轮子、绳子等组成，轮子周边高，中间低，绳子绕在轮子的中间，多用来提起重物。
46. 喜出望外	xǐchūwàngwài		遇到意外的好事而特别高兴：他得到两张音乐会的入场券，真是~。
47. 步骤	bùzhòu	（名）	事情进行的先后次序：他们有计划、有~地开展工作。｜这是整顿经济环境的具体~。
48. 拽	zhuài	（动）	拉：一把~住不放。
49. 如法炮制（鞭炮）	rúfǎpáozhì pào		依照现成的方法用中草药制成药剂，泛指照现成的方法办事。
50. 打桩	dǎ zhuāng		把木柱、石柱等砸进地里，使建筑物基础坚固。
			桩—脏—赃
51. 倘若	tǎngruò	（连）	如果。
			若—苦
52. 终究	zhōngjiū	（副）	毕竟；最终。

专名

1. 泸溪河　　Lúxī Hé　　　　在江西境内的一条河，发源于福建武夷山。
2. 春秋战国　Chūnqiū-Zhànguó　我国历史上的两个时代，约公元前770—公元前221年。
3. 丹霞地貌　Dānxiá Dìmào　地质学名词，以广东北部的丹霞山命名。红色山石是这种地貌的主要特点。主要分布在中国、美国西部、中欧和澳大利亚等地。
4. 商周　　　Shāng-Zhōu　　中国古代两个朝代名。商：约公元前1600—公元前1046年；周：约公元前1046—公元前221年。

二、课文

提示一 关于龙虎山悬崖峭壁上的洞穴有什么传说?那里究竟藏着什么?

沿着龙虎山泸溪河顺流而下,人们可以看到在两岸的千尺悬崖峭壁之上,布满了大大小小的天然洞穴,传说洞里面藏着无字天书和金银财宝,价值连城。这更为那些洞穴增添了一层神秘的色彩,当地人又何尝不想到洞穴中寻找传说中的财宝呢?但是,这些洞穴都在距离水面20米到100米的悬崖峭壁上,因此人们无法上去看个究竟。有关洞中藏宝的传说就一代一代流传下来。直到20世纪70年代,一些风化后的木板徐徐脱落,洞里的奥秘才开始被人们发现。

原来,这是一种崖墓葬。古人把装有死者的棺材置于悬崖峭壁上,这种埋葬方式称为崖葬,这种墓叫做崖墓。因从地面看上去感觉这些棺材像悬挂在空中,故人们把这些棺材叫悬棺。龙虎山的崖墓葬,有的是群葬(即一个洞穴放置了多具棺木);也有夫妻葬;更多的是独葬,都被放置在峭壁上的天然洞穴里,而且都选择了朝阳的一面。这些掉落的木板有的是封门板(即封住洞门的木板);有的是棺材上的木板。

提示二 悬棺的主人生活在什么年代?他们是什么人?

见过这些悬棺的人,第一感觉都是特别的神秘。多年来,人们尝试解开这些谜团:崖墓的主人生活在什么年代?这些悬棺在峭壁上悬了多少年?古人是怎么把这些笨重的棺木搬运到距离水面20米到100米的悬崖峭壁上的?

1978年,江西省成立了龙虎山崖墓悬棺考古工作队。考古队决定用竹子搭架子进入峭壁上的崖洞。他们首先选择了悬棺较多的13号洞。当地几位经常攀岩采药的药农自告奋勇沿着竹架爬上崖洞,他们从崖洞的棺材里带下来一些随葬品。这些在药农眼里的破烂被考古队郑重地送往文物鉴定机

第十五课　千年悬棺之谜

构,考古队边整理其他的棺木,边焦急地等待着鉴定结果。

经过国家文物局鉴定,这些随葬品已经有2600多年的历史了,也就是说13号洞的悬棺主人生活在我国历史上的春秋战国时期。

根据多数的随葬品,考古队判断13号洞悬棺的主人属于我国古代的百越族。春秋战国时期,百越族生活在今天的武夷山和龙虎山一带。他们择水而居,死后也选择临水而葬。

提示三 关于古人在龙虎山放置悬棺的方法有哪些猜测?这个千古之谜破解了吗?

考古队一共发掘了18具棺木,这些棺木都由独根楠木制成,有房形棺、船形棺等多种式样,重的有1000多斤,最轻的也有300多斤。放置悬棺的地方,距离山顶和水面或者地面都有数十米甚至一百多米,而且上下左右都是极度陡峭的石壁。两千多年前的古人是如何把几百斤甚至上千斤重的棺木放到悬崖峭壁上,仍然是个千古之谜。

1997年开始,龙虎山旅游集团面向社会悬赏30万人民币,招募智慧之士破解龙虎山悬棺之谜。结果引发了人们的各种猜想。

有人猜测古人是利用热气球把棺材放上去的。可是,两千多年前,有没有热气球仍尚待考证,即便真有热气球,我们也很难想象古人驾驶着热气球,拉着数百斤甚至上千斤的棺材,升到几十米的高空。那他们究竟是怎样把棺木放进峭壁上的洞穴里呢?

还有人提出堆土说。即从山下堆土至洞口,把棺木放进去后,再把土运走。大多数专家认为这种猜测对国内某些地方悬棺的放置方法来说也许是合理的,但不能一概而论。比如,在龙虎山地区,悬棺大多放在临水的悬崖上,显然,土是无法从水中堆起来的。

堆土说不成立,又有人提出了地质变迁说。他们认为两千多年前,泸溪河的水位可能比现在高出很多,那些今天看来高高在上的洞穴当时距离水面很近,人们用船把棺木运到洞口,很轻松地就能把棺木放进去了。为了证明这种猜测的可能性,江西省贵溪市博物馆馆长谢健根曾访问了一些权威的地质学家。专家说:在2600多年的范围之内,水位落差那么大,不太可能,除非出现突然的地升、山体滑坡或者地震。而地质研究表明,龙虎山的丹霞地貌早在1亿年前就已经形成,在最近的3000年以内,龙虎山地区并没有发生过大的地质变迁。因此,地质变迁造成悬棺现象的说法是荒谬的。

20世纪80年代,上海同济大学与江西贵溪市博物馆联合成立了一个"中国悬棺课题组"。负责人谢健根和陆敬严教授走遍了中国11个有悬棺的省市。终于,在四川麻糖坝的一个小山村里,他们有了重大的收获。

村里一位89岁高龄的老人告诉谢健根,她小的时候听家里的老人说,悬棺是用天车绞上去的。天车是什么?什么工具能绞动沉重的棺木?课题组联想到了绞车。考古发现证明,早在商周时期,古人就发明了绞车,这可能就是老人所说的天车。老人的话启发了课题组:既然商周时期就有绞车,那么,春秋时期的人用绞车来把棺木绞上悬崖上的洞穴就不足为奇了。

他们发现,在这些放置悬棺的峭壁背面,大多是山的缓坡,人可以从另一面爬上山顶。他们对悬棺的放置做出了这样的设想:先在山崖上安装一个固定滑轮,在山下的适当地方放置绞车。同时派人从山的缓坡爬上山顶,抓住固定好的绳子,沿着峭壁到达山洞,再给棺木的一头绑上绳子。一切准备好后,滑轮和绞车配合,不费多大力气,就可以把棺木吊到足够的高度,然后让事先进入洞里的人伸手抓住绑在棺材一头的绳子,把棺材拉进洞里。

这一发现令课题组喜出望外。为了证明这种设想的可行性,他们大胆地在龙虎山的1号崖墓洞进行了一次试验。试验分四个步骤进行:

(1) 由于1号洞距离水面约24米,他们先把滑轮固定在悬崖上方的峭壁上,把仿古绞车放置在山下的石阶上,仿制的棺木用船运到洞穴下方。

(2) 两位药农从后山爬上山顶,把一条绳子固定在与1号洞垂直的山顶上,绳子的另一头握在山下伙伴的手里。

(3) 第一个药农抓着绳子顺崖而下,到了洞口,山下的人将绳子一拽,借着这个力,药农一跳进了洞中。第二个药农如法炮制。

(4) 两个药农准备好后,仿古绞车和滑轮共同作用把棺材吊到洞口前,药农抛出绳钩,将棺材拉入洞中。

试验成功了。不过,也有很多人对这种方法提出了疑问。因为在龙虎山崖墓的山体上,没有发现任何打桩或者人工钻凿的痕迹,也就是说,科学家并没有找到固定滑轮和绳子的地方。倘若古人真的是用绞车把棺木绞上崖洞的,那么他们在哪儿固定滑轮和绳子呢?因此,悬棺究竟如何被放到高高的悬崖峭壁之上,目前仍没有定论。谢健根告诉记者:"我们现在还在征求这方面的方案。因为科学在不断进步,也可能我们的子孙后代能想到比我们更科学的办法。"我们相信,龙虎山悬棺这个千古之谜,终究会有破解的一天。

(据《北京科技报》)

注 释

1. 千

数词的一种活用,比喻数目、数量等很多或程度深。这种用法的数词还有"百"、"万"等。常用在成语中。如:千古之谜、千方百计、千言万语、千奇百怪、千辛万苦、千真万确、百花齐放、百闻不如一见、万水千山、万紫千红等。

2. V_1+宾语+而+V_2

连词"而"前面是双音节的动宾词组,后面是单音节动词,构成四字短语格式。动宾词组表示动作的方式。如:

顺流而下:顺着水或河流动的方向往下走。

择水而居:选择靠近水的地方居住。

临水而葬:靠着河水或溪水的地方埋葬。

顺崖而下:顺着山崖下去。

例:

(1) 人类自古便想方设法择水而居,黄河就是中华民族的摇篮。

(2) 那道瀑布顺崖而下,把水倾注到崖下的河中。

3. 价值连城

成语。价:名词,价格;值:动词,价格相当于;连城:连成一片的许多城市。据《史记·廉颇蔺相如列传》记载,赵国得到了一块美玉叫和氏璧,秦王听说后,派人到赵国去,说要用十五座城去交换这块玉。后用来形容物品十分贵重。如:

(1) 这个博物馆收藏了不少~的古瓷器。

(2) 从那个古墓里发掘出的随葬品件件~。

4. 何尝……

表示反问语气的副词。用于书面语。表示未曾或并非,用在肯定形式前表示否定。如:

(1) 我~说过这样的话?简直是无中生有!

用在否定形式前则表示肯定。如:
(2) 我~不想拽住那根绳子攀上悬崖看看?可是我的手不够长。
(3) 他们~不想招募更多的志愿者?可是条件合适的人实在太少了。

5. 徐徐 ❋❋

副词。书面语。慢慢地。如:
(1) 抬头望着~升起的国旗,他的心情分外激动。
(2) 他们拽着绳子,顺着落差数十米的瀑布~落到下面的湖里。

徐徐—慢慢

"慢慢"用于口语,且可用于祈使句,而"徐徐"一般不行。如:
(3) 慢慢走,别着急!(徐徐×)

"慢慢+地"可以出现在句子前面,"徐徐地"不行。如:
(4) 慢慢地,太阳从那天际升了起来,给大地镶上了一道彩色的金边。(徐徐×)

"徐徐"一般描写可以移动的动作行为,通常是看得见的,"慢慢"则不限于此。如:
(5) 当时,江上的风超过了十级,我们的船顶着风,慢慢向回驶。(徐徐√)
(6) 梅兰芳先生对传统京剧采取逐步修改的方法,让观众慢慢习惯。(徐徐×)

"慢慢+的"有时还可以做谓语、补语,"徐徐"没有这一用法。如:
(7) 李阳驾驶飞机起飞降落时都是慢慢的,让乘客完全感觉不出任何不适。(徐徐×)
(8) 老奶奶眼睛不太好,过马路时走得慢慢的。(徐徐×)

6. V+有 ❋❋❋

"有"用在单音节动词后面表示具有或存在,常见的动词为:写、装、含、藏、刻、涂等,它们与"有"结合紧密,类似一个动词,但后边一般不出现"着、了、过"。仅用于书面语。如:
(1) 墙上刻有"自强不息"四个大字。
(2) 汽水中含有二氧化碳。
(3) 听说那些洞穴里藏有很多金银财宝。

7. 数 ❋❋

数词。几;几个。用于书面语。如:
(1) ~千年的历史变迁,依然没有改变这里的风俗习惯。
(2) 这座山的悬崖峭壁上生长着~百种药草。

8. ~说 ❋❋

"说"常附在一些名词或动词词组后面,表示某种言论或主张。如:
(1) 关于曹雪芹的祖籍问题,目前主要是"丰润说"与"辽阳说"之争。
(2) 对悬棺的放置方法,目前主要有热气球说、堆土说、地质变迁说和滑轮绞车说。

9. 让/叫……把…… ❋❋

这是"让"字句与"把"字句两种句式结合在一起的复杂句式。"让"字句表示"使"、"请"等意义,用"叫"代替"让"也可以,后面一定要带兼语。和"把"字句结合使用时,动词"让"的宾语充当"把"字句的主语。如:

(1) 奶奶让她把爷爷的棺材埋葬在山下。
(2) 张队长让考古队员把随葬品从洞穴中搬出来。

10. 倘若 ❋❋

连词,表示假设。多用于书面语。意义、用法和"如果"、"假如"基本相同,后边也常出现"就"。如:
(1) ~找不到固定滑轮和绳子的地方,就很难肯定棺木是用绞车绞上去的。
(2) ~这里交通方便,我也想在这里买栋房子定居下来。

11. 终究 ❋❋

副词。用来强调事物的本质特点不会改变,事实不可否认。有强调语气的作用,多用于评价意义的陈述句。可用在"是"动词前,也可用在一般动词性词语前。意思是"毕竟"。如:
(1) 价值连城的东西,我们~买不起。
(2) 用绞车把棺材绞上悬崖峭壁,~只是一种猜测。

如果用在助动词前,则表示预料、期望或肯定要发生的事情必然发生,相当于"最终"。如:
(3) 这些天书一样的文字,~会被语言学家破解的。
(4) 他们~能联想到这个问题与高龄老人的增多之间的关系的。

四、练 习

(一) 用线把下列词语连成句子

捕鱼的人临海而	返
参加跑步的运动员沿路而	建
考古人员顺河而	居
房子临山而	跑
游客们租船而	游
学生们乘车而	下

(二) 用"V+有"改写下面的句子

1. 当地人很想知道悬棺里藏着什么秘密。

2. 山崖下安装了滑轮。

3. 棺材的一头绑上绳子。

4. 教室的墙上贴了地图。

5. 乌龟壳上刻着文字。

6. 这本论文集的目录列出了各篇论文的标题。

7. 广场上竖着九根柱子。

8. 缓坡上种着几棵松树。

(三) 解释下列带点字在词语中的意思

1. 悬棺：_____ 2. 悬崖：_____

3. 悬赏：_____ 4. 随葬：_____

5. 随意：_____ 6. 数百米：_____

7. 人数：_____ 8. 数一数二：_____

9. 数不胜数：_____ 10. 如法炮制：_____

11. 法律：_____ 12. 法文：_____

(四) 根据意思用指定的词语改写句子

1. 我想学好汉语。(何尝)
2. 男人也有脆弱的时候。(何尝)
3. 小女孩把手中拽着的线一放，气球慢慢地升上高空。(徐徐)
4. 如果这是生命中的最后一天，我要怎样利用这最后的宝贵时间呢?(倘若)
5. 如果刮台风，生活在这个小岛就会很危险。(倘若)
6. 违法犯罪分子最终是要受到法律制裁的。(终究)
7. 孩子毕竟是孩子，他们需要游戏。(终究)
8. 昨天晚上一家博物馆价值数千万美元的收藏品被人盗走。(价值连城)

(五) 选择填空

成子暗恋小丽已经两年了，可是__1__没有勇气向她表白。在朋友的鼓励下，他终于写了一封充满爱意的情书。可是，几次见到小丽，那只紧握情书的手总是无法从口袋里拿出来。就这样，浪费了好几次机会，情书已经变得皱皱巴巴。

成子想：__2__让朋友__3__情书交给小丽，又担心小丽会因此看不起自己。他__4__还是很要面子的。终于有一天，不知是哪里来的勇气，成子一见到小丽，就掏出信塞到她手上，然后慌忙择路__5__逃。

第二天，小丽__6__人__7__一封信捎给成子。成子又兴奋又紧张，打开信封一看，里边除了一张纸条,还装__8__一百块钱,纸条上写着一句话:"昨天你把一百块钱塞给我干吗?"

1. A. 终于　　　B. 究竟　　　C. 始终　　　D. 最后
2. A. 倘若　　　B. 即使　　　C. 即便　　　D. 尽管
3. A. 写　　　　B. 把　　　　C. 叫　　　　D. 给
4. A. 始终　　　B. 最终　　　C. 终究　　　D. 终于
5. A. 就　　　　B. 而　　　　C. 再　　　　D. 又
6. A. 让　　　　B. 被　　　　C. 由　　　　D. 受
7. A. 写　　　　B. 看　　　　C. 交　　　　D. 把
8. A. 过　　　　B. 满　　　　C. 在　　　　D. 有

(六) 改 错

1. 这里的村民喜欢死后临水而埋葬。
2. 这些随葬品一点儿也不价值连城。
3. 老师上课时反复强调的重点内容,我何尝没忘记?
4. 徐徐地,飞机降落到了首都机场。
5. 参加会议的代表们徐徐地达成了共识。
6. 石碑上刻有了航海者的名字。
7. 你现在不努力学习,竟然是要后悔的。

(七) 根据课文的内容判断正误

1. ( ) 考古工作队从龙虎山的悬棺里发掘出无字天书和价值连城的金银财宝。
2. ( ) 龙虎山的悬棺放在离水面数十米高的悬崖峭壁的洞穴里。
3. ( ) 悬崖峭壁的每个洞穴里都放置了一个棺材。
4. ( ) 13号洞的悬棺主人生活在春秋战国时代,离今天已经有二千多年的历史了。
5. ( ) 中国古代的百越族喜欢择水而居,死后也临水而葬。
6. ( ) 古人是利用热气球把悬棺拉上龙虎山峭壁上的洞穴的。
7. ( ) 古人是从龙虎山下堆土至峭壁上的洞口,把棺木放进去后,再把土运走的。
8. ( ) 二千多年前,泸溪河的水位很高,古人用船把棺材运到洞口,很容易就把棺木放进洞里了。
9. ( ) 棺木是不是用绞车绞上峭壁上的洞穴的,目前还没有定论。
10. ( ) "中国悬棺课题组"在龙虎山1号崖墓洞进行的试验,证明用绞车是可以把棺木绞上洞穴的。

11. （　）龙虎山悬棺的千古之谜，现在还没被破解。
12. （　）科学家们已经知道古人是在哪儿固定滑轮和绳子的了。

(八) 用 A、B、C、D、E、F 把下面的语句连成一篇短文

1. （　）根据洞中棺木的大小、数量和摆放的方向位置，专家认为这是一个家族墓葬。
2. （　）像龙虎山地区其他二百多座悬棺墓一样。
3. （　）却没有一件金属随葬品。
4. （　）龙虎山最大的悬棺洞穴中一共藏有八具棺木。
5. （　）这个悬棺墓尽管随葬品十分丰富。
6. （　）这是我国进行悬棺研究以来在单个洞穴中发现棺木最多的一个。

五、副课文

中国最大悬棺群探秘

悬棺葬是我国古代一种葬俗。在南方的少数民族地区十分普遍。悬棺神秘莫测，距今大都在2000年以上，一直被视为"千古之谜"。被称为世界文化史上的一大奇观。

经过多年的考古发现和科学论证，这"千古之谜"正在逐渐被破译。比如，已发现悬棺葬的形式有多种：有的把棺材置于悬崖上的洞内；有的在悬崖上横开石道，把棺材横放在上面；有的在峭壁上凿石打桩，用木桩把棺木托在峭壁外；有的选择悬崖上的大洞穴，将多具棺材放在一起等等。从已经发现的棺材样式来看，既有船形，又有长方形的；既有独木挖成的，又有用几块厚木板制成的。

湖北省秭归(Zǐguī)县西南部的磨坪(Mòpíng)乡有一个悬棺群，经考古专家认定，共有悬棺131具，是国内到目前为止发现的最大悬棺群。悬棺群坐北面南，像英文字母S的形状那样分布在长20米左右、高100多米的峭壁上。

由于风化和河床泥沙抬高等原因，部分洞穴有的消失，有的被埋入河滩底下，所以现在仅能看到五六十个悬棺。县考古队员最终认定有131副悬棺，他们是将峭壁上已经消失的和埋入泥沙下的悬棺都统计在内的。

由于年代久远，加上人为破坏，棺木大都已经腐朽，保存最好的棺木也

已经散架，看不出棺木的原样了。这个中国最大的悬棺群已无法找到一具保存完好的棺材了。现在人们所能看到的大都是风化严重的空洞穴。距离河滩较低的洞穴里大都空空如也，最多就是有几根已经腐朽的棺木块和从洞顶脱落下来的几个小石块；在距离河滩约20米高的峭壁上，由于上面的石头风化脱落更严重，便在这里形成了小石堆，几根散架的棺木躺在石堆上，并有随时掉到河滩上的可能。稍高一点儿、大约离河滩30米左右的洞穴里有一些散架的棺木，已无法找到一具保存完好的棺材。

秭归县考古队并未发现悬棺洞穴里有随葬品。洞内要么空空如也，要么只有一堆散架的棺木和几根白骨。按照古人的习惯，棺木内应该有随葬品，至于这些东西是被盗墓者席卷一空，还是被采药人顺手牵羊，我们已不得而知了。

记者发现，在悬棺群右侧峭壁上的许多洞穴口都长有一种不知名的矮树，这些洞穴风化的程度大都比较弱，山洞也比峭壁左侧没有长矮树的洞穴要深一些。遗憾的是，这些洞穴里的棺木都不见了，只剩下空空的洞穴。

与悬棺群的峭壁紧紧相连的还有一面比它高的峭壁，但这两面峭壁却有很大的区别：没悬棺的峭壁山体保存完好，上面长着许多绿树，布满苔藓；而悬棺所在的峭壁却受到很大的破坏，到处都能看到因表层风化脱落而露出的山体里面的石头。在峭壁的半山腰，大面积的石头风化成土块，那里的悬棺洞穴，只能隐隐约约看见底部轮廓。

据秭归县考古专家介绍，磨坪乡杨林桥村的悬棺群是大约3000年前猃狁(xiǎnyǔn)族一个部落的遗留，他们居住在这附近，过着狩猎捕鱼种田的生活。

如今，磨坪乡政府正在悬棺所在地开发旅游资源，在名为"三龙潭风景名胜区"内，悬棺群成了游人们探险、科考的好去处。这样一来，会不会对悬棺的保护更为不利，会不会因此而加快风化腐朽程度，从而使这一"千古之谜"变成"千古遗憾"？

(据《大地》2002年第16期)

回答问题

1. 现在已经发现的悬棺葬有哪些形式？
2. 为什么我们现在仅能看到五六十个悬棺？
3. 在这个悬棺群里能找到多少保存完好的棺材？
4. 根据课文的描述，是不是距离河滩越高的地方棺木的保存越完好？
5. 考古队在这个悬棺群里有没有发现随葬品？
6. 有悬棺群的峭壁与和它紧紧相连的另一面峭壁有什么区别？

第十六课　上当、借光、露马脚……
——熟语的来历

生词语

1. 熟语	shúyǔ	（名）	固定的词组，只能整个应用，不能随意改动其中的成分。
2. 来历	láilì	（名）	人或事物的历史或背景：~不明｜查明~。 ＞来源　来由
3. 当铺 （当初）	dàngpù dāng	（名）	专门收取抵押品而借款给人的店铺；借款多少，按抵押品的估价而定；到期不用财物换回，抵押品就归当铺所有。
4. 典当	diǎndàng	（动）	用实物做抵押向当铺借钱。
5. 股东	gǔdōng	（名）	指合伙经营的企业的投资人。 ＞股份　股票　股市
6. 默默	mòmò	（副）	不说话；不出声：~无言｜~奉献。 ＞沉默　默许　默读
7. 校 （学校）	jiào xiào	（动）	核对是否正确：~稿子。 ＞校对　校订　校改　校正
8. 精通	jīngtōng	（动）	对学问、技术或业务有透彻的了解并熟练地掌握：~电脑｜~历史。
9. 有机可乘	yǒujīkěchéng		比喻有空子可钻：别以为老师不在就~。
10. 戒备 ≈防备	jièbèi	（动）	对人有戒心而加以防备：你对她应有所~。 ＞戒心　戒骄戒躁
11. 纯粹	chúncuì	（副）	表示判断、结论的不容置疑（多跟"是"连用）：他说的~是骗人的鬼话。
12. 五行 (各行各业)	wǔxíng háng	（名）	指金、木、水、火、土五种物质。
13. 次序 ≈顺序	cìxù	（名）	事物在空间或时间上排列的先后：按照~入场｜不要把排好的~弄乱了。

14. 符号	fúhào	(名)	记号;标记:标点~	红灯是停止行驶的~。
15. 对应(应该)	duìyìng yīng	(动)	一个系统中某一项在性质、作用、位置或数量上跟另一系统中某一项相当:——~	心理水平和年龄是大致~的。
16. 锡	xī	(名)	一种金属元素,符号 Sn。
17. 才干(干燥)	cáigàn gān	(名)	办事的能力:增长~	他既年轻,又有~。 ＞才能 才华 才子
18. 陷害	xiànhài	(动)	设计害人:~好人	被人~。 ＞诬陷
19. 不得已	bùdéyǐ	(形)	无可奈何;不能不如此。
20. 边境	biānjìng	(名)	靠近边界的地方。
21. 凑巧 ≈正好 恰好	còuqiǎo	(形)	表示正是时候或正遇着所希望的或所不希望的事情。
22. 纵横家	zònghéngjiā	(名)	战国时从事外交游说活动的谋略家。
23. 针线	zhēnxiàn	(名)	缝纫刺绣等工作的总称:~活儿	学~。
24. 科举	kējǔ	(名)	从隋唐到清代的封建王朝分科考选文武官吏后备人员的制度。
25. 作弊	zuòbì		用欺骗的方式做违法乱纪或不合规定的事情:考试~。
26. 考取	kǎoqǔ	(动)	投考被录取:他~了中山大学。 ＞考查 考场 考点 考分 考核
27. 功名	gōngmíng	(名)	封建时代指科举称号或官职名位:求取~。 ＞功利 功德 功业
28. 竖 ⟷横	shù	(动)	使物体跟地面垂直:把柱子~起来	~起大拇指说:"好样的!"
29. 愈	yù	(副)	书面语,叠用,跟"越……越……"相同:脑子~用~灵活。	离考试时间~近,心情~紧张。
30. 时而 ≈不时	shí'ér	(副)	表示不定时地重复发生:天空中,~飘过几片淡淡的白云。
31. 起义军	qǐyìjūn	(名)	为了反抗反动统治而发动武装革命的军队。
32. 屡次 ≈多次	lǚcì	(副)	一次又一次:他们~创造新记录。 ＞屡见不鲜 屡教不改 屡战屡胜
33. 功绩 ≈功劳	gōngjì	(名)	功劳和业绩:~卓著	在这次战争中,他立下了不可磨灭的~。 ＞功勋 功臣
34. 义女	yìnǚ	(名)	因抚养或拜认而成为女儿的人。 ＞义父 义母 义兄

第十六课　上当、借光、露马脚……

| 35. | 封 | fēng | (动) | 古时帝王把爵位(有时连土地)或称号赐给臣子：~王。 |

| 36. | 皇后 | huánghòu | (名) | 皇帝的妻子。 |

> 皇宫　皇室　皇位　皇太子　皇子

| 37. | 美中不足 | měizhōngbùzú | | 虽然很好，但还有缺陷：这套房子居住环境非常好，~的是离公司太远。 |

| 38. | 缠 | chán | (动) | 条状物回旋地束缚在别的物体上：~线｜用铁丝~了几道。 |

| 39. | 缺陷 | quēxiàn | (名) | 欠缺或不够完善的地方：生理~｜产品存在严重~，还需进一步改善。 |
| | ≈缺点 | | | |

| 40. | 众人 | zhòngrén | (名) | 大家；许多人：~拾柴火焰高(比喻人多力量大)。 |

> 众多　寡不敌众

| 41. | 遮掩 | zhēyǎn | (动) | 设法掩盖(真实的情况)：~错误｜~不住内心的喜悦。 |

> 遮盖　遮挡　遮蔽　遮拦

| 42. | 轿 | jiào | (名) | 旧时的交通工具，方形，用竹子或木头制成，由人抬着走或由骡马驮着走：坐~｜抬~｜上~｜下~｜~车。 |

| 43. | 观赏 | guānshǎng | (动) | 观看欣赏：~芭蕾舞｜~名花。 |
| | ≈观看 | | | |

> 观光　观察　观测　观摩　观望　赏月　赏花

| 44. | 乘机 | chéngjī | (副) | 利用机会。 |
| | ≈趁机 | | | |

> 乘势　乘胜直追　乘虚而入　乘人之危
乘—乖—秉—垂

| 45. | 恰巧 | qiàqiǎo | (副) | 凑巧：他正愁没人帮她搬东西，~老张来了。 |
| | ≈恰好　凑巧 | | | |

> 恰恰　恰如　恰似

| 46. | 掀起 | xiānqǐ | (动) | 揭起：~被子｜~锅盖｜~门帘。 |

| 47. | 七嘴八舌 | qīzuǐ-bāshé | | 形容人多口杂：一下课，同学们就~地议论着最近发生的事情。 |

| 48. | 比喻 | bǐyù | (动) | 修辞手法，用某些有类似点的事物来比拟想要说的某一事物，以便表达得更加生动鲜明。 |

| 49. | 隐蔽 | yǐnbì | (动) | 被别的事物遮住不易被发现：地形~。 |
| | ↔暴露 | | | |

> 隐瞒　隐藏　衣不蔽体

| 50. | 真相 | zhēnxiàng | (名) | 事情的真实情况(区别于表面的或假造的情况)：~大白｜弄清问题的~。 |
| | (相信) | xiāng | | |

> 真品　真皮　真心

51. 泄漏 ≈泄露	xièlòu	(动)	不应该让人知道的事情让人知道了:~秘密。>泄密 泄底 漏风 漏题 漏嘴
52. 麒麟	qílín	(名)	古代传说中的一种动物,形状像鹿,头上有角,全身有鳞甲,有尾。古人拿它象征祥瑞。简称麟。
53. 吉祥	jíxiáng	(形)	幸运;吉利:~如意｜~物。>吉日 万事大吉 吉凶 祥和 祥—详—洋—样
54. 祭礼	jìlǐ	(名)	祭祀或祭奠的仪式。>祭祀 祭祖 祭奠 祭坛 祭品 祭文 祭—蔡—癸—葵

专 名

1. 秦国	Qínguó	古代诸侯国名。约公元前777—前222。主要在今陕西、甘肃一带。公元前221年秦王嬴政统一中国,建立秦朝,自称始皇帝(即秦始皇)。
2. 齐国	Qíguó	古代诸侯国名。约公元前11世纪—前221年。主要在今山东北部和东部。公元前221年被秦国消灭。
3. 明朝	Míngcháo	朝代名,公元1368—1644。
4. 朱元璋	Zhū Yuánzhāng	明朝开国皇帝,1328—1398年。
5. 元朝	Yuáncháo	朝代名,公元1206—1368。

 课 文

一些常见词语的来源,专家往往有专门的考证,而民间则有不同的传说。

上 当

提示一 为什么受骗叫"上当"？它和"当铺"的"当"有什么关系？

人们常把受骗叫做"上当"。其实"上当"的原意是指到当铺去典当东西。

从前,有一户有钱人家姓王,代代经营当铺,家大业大,生意做得有声有色。生活富裕了,他们的子孙开始懒于经营,都把资金存入当铺做股东,把日常的典当事务全交给一个叫寿苎(zhù)的年轻人来主持。寿苎很爱读书,喜欢默默地校刻书籍,对生意却不精通,处理典当业务非常随便。

王氏家人见此情景,都认为有机可乘,不约而同地从自己家中拿一些无用的东西到当铺典当。他们各人估计好了高于物品本身的价格,要伙计如数付给,伙计不敢得罪股东老板,寿苎也毫无戒备之心,看都不看就叫伙计把钱付给了他们。

就这样,没过两个月,典当的资本就被诈骗得差不多了,一家资金充足的当铺破产了。此后"上当"一词便有了受骗的意思了。

东 西

> 提示二 为什么把一切物体称为"东西"而不是"南北"呢?

我们往往把一切物体统称为"东西"。但为什么称"东西",而不称"南北"呢?这纯粹是依古人喜好而定。

原来我国古代把木、火、金、水、土称为"五行",(分别代表东、南、西、北、中五个方位),把传统用做表示次序的符号"甲、乙、丙、丁、戊(wù)、己、庚(gēng)、辛、壬(rén)、癸(guǐ)"称为"天干",又把"五行"、"天干"对应起来,组成"五方",即东方甲乙木、南方丙丁火、西方庚辛金、北方壬癸水、中央戊己土。

从上面可以看出,东方属木,代表一切植物,如花草、树木、蔬菜、庄稼等;西方属金,代表一切金属矿物,如金、银、铜、铁、锡等等;南方属火,火是一种化学现象;北方属水,中方属土。由于水、土和火是最常见的物质或现象,以至被古人忽视。而木(植物)和金(金属矿物)最受人们的重视,可以代表一切有用物质。于是,人们就把代表"木"和"金"的两个方向联在一

起，组成了一个词——"东西"，用它代表世界上的所有物体。

借 光

> 提示三 "光"为什么能够借？到底是什么意思？

战国时期，秦国有个很有才干的人叫甘茂，因遭别人陷害，不得已逃往齐国。

当甘茂逃出秦国的边境时，凑巧遇到当时很有名的纵横家苏代。苏代问甘茂要到哪里去，甘茂没有直接回答，而是给他讲了一个"借光"的故事：

据说，有一条江的江边住着许多人家，每天晚上，各家的姑娘把各自带的灯油倒进一盏大灯里，一起聚在灯下做针线活。有一个姑娘家里很穷，出不起灯油，其他姑娘很讨厌她，都想把她赶走。

穷人家的姑娘却对大家说："我确实拿不出灯油来。可是，如果每天我早早赶到这儿来，你们回家时我晚点儿走，替大家打扫屋子，安置桌椅，这样对你们也有好处。况且，我和你们一起做针线活，只是借一点儿光而已，也不会妨碍到你们。你们为什么还舍不得照在墙上的一点儿余光呢？"姑娘们觉得她说的话很有道理，于是把她留下。

苏代听后明白了甘茂的意思，就和他一起去了齐国。苏代在齐王面前竭力推荐甘茂，于是齐王请甘茂为齐国效力。

"借光"一词便是从这个故事里来的。指分沾他人的利益、好处，有沾光的意思，或是请求别人给予自己方便。

倒 楣

> 提示四 为什么遇事不顺就叫"倒楣"？为何又有人写做"倒霉"？

"倒楣"一词本是江浙一带的方言，指事不顺利或运气坏。

这个词大约产生于明朝末年。那时候，由于科举制度严重限制了广大读书人聪明才智的发挥，加之考场作弊之风甚盛，一般的读书人是很难凭真才实学考取功名的。为了求个顺利,他们在临考之前一般都要在自家门前竖起一根旗杆,当地人称之为"楣"。考中了,旗杆照样竖着,考不中就把旗杆撤去,叫做"倒楣"。后来,这个词被愈来愈多的人用于口语和书面语,直到现在。值得一提的是,现在人们时而把这两个字写做"倒眉",时而写做"倒霉",这当然是由于不懂得它的来源的缘故。

露马脚

提示五 "露马脚"指的是什么?为什么露的是"马脚"而不是其他呢?

朱元璋幼时家境非常贫寒,为了维持生活,不仅给别人放过牛羊,还在庙里当过和尚。后来,他加入了元朝末年起义军郭子兴的队伍。由于他作战勇猛,屡次建立功绩,郭子兴很欣赏他的才干,于是将义女马氏嫁给了他。马氏是一个才女,聪明能干,辅助朱元璋实现了统一大业。朱元璋当上皇帝建立明朝后封她为皇后。

马皇后长得虽不十分漂亮,但性格温柔,举止大方得体。美中不足的是,她长了一双没有缠过的"天足"。在以小脚为美的时代,女人脚大是一缺陷。马氏在当了皇后以后,越发地为自己的一双大脚感到不安。因而,在众人面前总是遮遮掩掩,尽量避免将脚露出裙外。

有一天,马皇后游兴大发,乘轿观赏古都风景。人们见皇后的轿子经过,都伸长脖子张望,想乘机看看皇后。恰巧一阵大风吹过,轿帘被掀起一角,马皇后的一双大脚一下子展现在众人面前。人们十分惊讶,没想到当今皇后竟有这样一双脚!人们七嘴八舌议论开了,全城立刻轰动起来。"露马脚"一词就这么保留了下来。

后人便用"露马脚"来比喻隐蔽的事实真相泄漏出来。

还有一说,"露马脚"来自古人用马假扮麒麟的游戏。

麒麟是"四灵"(龙、凤、麒麟、龟)之一,被人们当作吉祥的动物。但是麒麟只是幻想出来的动物,人们在世界上找不到真的麒麟。因此,在节日

庆祝、祭礼游行时,人们就只好把描画好了的麒麟皮披在马身上,用马代替麒麟。这假麒麟倘若裹不好,就会露出马脚来。所以人们就把露出事物的本来面貌叫做"露马脚"了。

(据马金江《熟语溯源》)

注 释

1. 默默

　　副词。不说话或不出声。多修饰动词。如:
　　(1) 她伤心的时候总是自己在一旁~流泪。
　　(2) 其他同学都七嘴八舌地议论开了,只有他~地坐在一边。

2. V+也/都+不/没+V

　　这是一个紧缩复句,前后使用同一个动词,多为单音节动词。全句意思是"没有做最起码应该做的事",第一个动词前可以有"连",后边是否定式。如:
　　(1) 那位大妈病了一个星期,她的女儿竟然(连)问都不问一下她的病情。
　　(2) 晓芳接到信后,(连)拆也没拆,就跑去看电影了。
　　(3) 这件事情我(连)想都没想过呢,更不会去做了。

3. 纯粹

　　副词。表示判断、结论的不容置疑(多跟"是"连用)。如:
　　(1) 没有把真相告诉他~是为了他好。
　　(2) 我们~是在闹着玩儿,你千万别把它当真。

4. 五行

　　指金、木、水、火、土五种物质。我国古代思想家企图用这五种物质说明世界万物的起源。中医用五行来说明生理病理上的种种现象。迷信的人用五行相生相克来推算人的命运,如"水胜火、火胜金、金胜木、木胜土、土胜水"等。这些思想对中国古代天文、历数、医学等的发展起了一定的作用。
　　(1) 算命的说他~缺土,因此给他取名叫"闰土"。
　　(2) 古代认为~决定万物,研究~学说的不乏其人。

5. 不得已

　　与成语"迫不得已"意思相近似,可以做谓语、定语、状语。如:
　　(1) 实在~,只好亲自去一趟。
　　(2) 我因急性牙床炎,疼痛难忍,在~的情况下预约了一个牙医。
　　(3) 那些送礼的单位,大多是像那位厂长说的,是~而为之。

6. 凭—靠

　　都可以做动词和介词。做动词时,都有让身体一部分重量由别人或物体支持着的意思,但"靠"较自由,口语色彩浓,用的范围较广,如"背靠背"、"靠着椅子打盹儿"。而"凭"用的范围很窄,且有文言色彩,如"凭几"、"凭栏远眺"。

都有"依靠"的意思。"凭"后有时可带"着","靠"后一般不带"着"。如:

(1) 王建民靠自己的真才实学战胜了对手。(凭√凭着√)
(2) 光凭个人的力量是无法成功的。(靠√)

但是有时候"凭"着重在凭据、依据、根据上,这时不能用"靠"代替。如:

(3) 候车室均凭当日当次车票进场,每票一人,不售站台票。(靠×)
(4) 凭良心说,小李确实是一位难得的好丈夫、好父亲。(靠×)
(5) 你怎么能凭空撒谎呢?这可是毫无根据的事情呀。(靠×)

当它们的宾语是人时,"靠"的意思是依靠或依赖某人的能力、势力等。而"凭"的对象是具有某种条件、水平或资格的人,通常用于反问句,有轻视之义,前面常有"就、单"等副词。如:

(6) 在家靠父母,出外靠朋友。(凭×)
(7) 陈明有今天的成绩全靠他那个当局长的舅舅。(凭√)
(8) 跟冠军比赛?就凭你?真是笑话!(靠√)

"凭"可以跟"什么"组成固定词组,用于质问。如:

(9) 你凭什么说我弄坏了你的东西?(靠×)

此外,"凭"还有连词的用法,意思是"任凭"、"无论",后一小句常有"都"、"也"与之搭配。如:

(10) 凭你怎么说,他都不相信。(靠×)

7. 时而……时而…… ❀❀

表示不同的现象或事情在一定的时间内交替发生,相当于口语里的"一会儿……,一会儿……"。如:

(1) 乐曲~热情奔放,~忧郁低沉。
(2) 他~皱眉,~微笑,完全沉浸在书中的故事里。
(3) 她~滔滔不绝,~沉默寡言,让人捉摸不透。

8. 乘 ❀❀

介词。利用(机会等),与口语中的"趁(chèn)"同义。如:

(1) 罪犯故意制造混乱场面,自己~机逃脱。
(2) 石油紧缺,商家~势抬高价格。

9. 恰巧—凑巧 ❀❀

意思都是"正是时候",有时可互换。"恰巧"多用于书面语。如:

(1) 小偷偷东西的过程恰巧被店里的摄像机拍了下来。(凑巧√)
(2) 丽丽去一家新公司上班,凑巧他的同学田甜也在为这家公司效力。(恰巧√)

"恰巧"是副词,"凑巧"是形容词,因此它们的用法不同。如:

(3) 十分不凑巧的是,当我气喘吁吁赶到码头时船刚离岸。(恰巧×)

(4) 事也凑巧,最近该厂在资金、能源、原材料等都碰到了困难。(恰巧×)

10. 七……八……

固定格式,嵌入名词或动词(包括词素),表示多或多而杂乱,除"七嘴八舌"外,还有七手八脚、七拼八凑、七零八落、七上八下等。如:

(1) 王小明自办皮具加工厂是靠七拼八凑的一万元起家的,现在他一手打造的品牌皮具在全国已拥有了二十多家加盟店。

(2) 高雅文化并没有被拜金主义的大潮冲得七零八落,反而顽强地找到了自己的位置并静悄悄地继续前进。

四、练 习

(一) 把词语和解释用线连起来

1. 默默无闻　　A. 为谋求私利,用欺骗的方式做违法乱纪的事情。
2. 迫不得已　　B. 趁着空虚侵入。
3. 来历不明　　C. 多次教育,仍不改正。
4. 营私舞弊　　D. 事情的真实情况完全清楚。
5. 不谋而合　　E. 无声无息。指不出名,不为人所知。
6. 恰如其分　　F. 趁着人家危机的时候去侵害人家。
7. 乘虚而入　　G. 迫于无奈,不由得不那样(做)。
8. 屡教不改　　H. 没有事先商量而彼此见解或行动完全一致。
9. 乘人之危　　I. 办事或说话正合分寸。
10. 真相大白　　J. 人或事物的历史或背景不清楚。

(二) 选择合适的词语填空

　　乘机　不得已　默默　露马脚　纯粹　对应　恰巧　缺陷

1. 准考证号和姓名是一一_____的,请小心填写。

2. 他一向自强不息,从不因为自己的生理_____而放弃追求。

3. 大家都七嘴八舌地说着自己假期的活动,唯独她_____地做着针线活。

4. 去年我去武汉观赏樱花,_____在那儿我遇到了多年不见的韩国朋友。

5. 老师收试卷时,他_____作弊。

6. 他这次入狱,_____是被人陷害的。

7. 她_____嫁给了一位富翁,然而生活上的富足却永远弥补不了精神上的空虚。

8. 他尽量让自己的讲解不留缺陷,没想到还是_____了。

(三) 改错

1. 她时而走路,时而唱歌,很快就到了家。

2. 那件事情我连看也看过了,当然更听过了。

3. 那个杀人犯在机场登机时使用假身份证,于是露他马脚。

4. 同屋越发说我越发觉得不对劲。

5. 上星期的考试纯粹容易,我半个小时就做完了。

6. 坐飞机时,我喜欢凭窗的座位,可以看风景。

7. 我和同屋真恰巧,被安排在同一个班学习。

8. 我不想借光他们,只想凭自己的努力。

(四) 选择词语完成句子(每词只能用一次)

七嘴八舌　凭　恰巧　纯粹　愈……,愈……
时而……,时而……　借光　露马脚

1. 图书馆自习的人数和考试时间有一定关系,_____。

2. _____,这样恐怕太不严肃了吧?

3. 我正想要一条白色裙子,_____。

4. _____,我刚进教室不知道他们在说什么。

5. 这段时间天气变化无常,_____。

6. 他平时成绩很差,这次能考上大学_____。

7. 他能来这里参观,是_____。

8. _____,所以最好还是说实话。

(五) 选择词语改写句子(每词只能用一次)

七嘴八舌　愈……愈……　纯粹　时而……,时而……
默默　恰巧　不得已　乘机　借光　V+也/都+不/没+V

1. 昨天比赛时大卫受伤了,今天大家都在议论这件事情。
　_____

2. 这完全_____是为了你好,你可要明白老师的一片苦心啊。

3. 她一会儿狂笑,一会儿大哭,活像个疯子。
　_____

4. 父母越是心疼孩子越舍不得让孩子干活儿,结果孩子什么也不会做。
　_____

5. 她总是在一群七嘴八舌的人群中一句话也不说。
　_____

6. 母亲完全没有考虑就把真相说出来了,让众人大感意外。
　_____

7. 如果你有事不能去听演唱会,就把票给我,我就可以沾你的光了。
　_____

8. 找了半天仍找不着钥匙,就只能让开锁公司来开门了。
　_____

9. 两个日本同学不约而同地买了同一式样的衣服,完全是巧合。
　_____

10. 国庆节放假七天,玛丽借这个机会到四川去旅游。
　_____

(六) 解释下列带点字在词语中的意思

1. 有机可乘:_____　　2. 乘客:_____
3. 乘法:_____　　　　4. 熟视无睹:_____
5. 熟能生巧:_____　　6. 深思熟虑:_____
7. 美中不足:_____　　8. 美景:_____

9. 美容：_____ 10. 干活：_____
11. 才干：_____ 12. 树干：_____

(七) 根据课文的内容判断正误

1. ( ) 把受骗叫"上当"是因为以前有人到当铺典当东西被骗了。
2. ( ) 当铺破产是因为姓王的人家经营不好，和寿芑没有关系。
3. ( ) 王氏子孙都自私地想为自己挣大钱，结果却断了自己的发财路。
4. ( ) "东、西、南、北"在古代各代表了不同的事物。
5. ( ) 选择"东西"代表世界上的所有物体是古人依据科学推算决定的。
6. ( ) 借光现在的意思是请别人给自己提供一些方便。
7. ( ) 遇到不顺心的事叫"倒霉"，古时候用"倒楣"其实是错的。
8. ( ) 古代在科举考试中考中的人要在自己家门前竖一根旗杆，即"楣"。
9. ( ) "露马脚"的"马脚"有一说原是指马皇后的大脚。
10. ( ) 由于麒麟很少，古代在节日庆祝、祭礼游行时，就用马代替麒麟。

(八) 用 A、B、C、D、E 把下面的句子连成一篇短文

1. ( ) 我登上山顶，向四周望去，满山遍野开满了五颜六色的鲜花。
2. ( ) 山间，一条清凉的小溪轻轻地流向山下，钻进山谷，绕过整个村庄。
3. ( ) 一踏上故乡的土地，我第一眼就发觉故乡还是美的。
4. ( ) 整个村庄到处是梯田，庄稼长得很好，羊儿在山坡上吃草。
5. ( ) 夕阳在西南方向放射着金色的阳光，村子里充满了活气。

五 副课文

没良心

在民间，人们常骂那些忘恩负义的人"没良心"。这句俗语是怎么来的呢？

相传，古时有个王木匠，各种木工活儿都会做，在那一带很有名，不论粗活细活，人们常请他做。邻村有个小青年叫张金，一心想拜王木匠为师，把他的手艺学到手。一天，张金来找王木匠谈这些事，王木匠说："想学我的手艺并不难，但要听我的话，我已是六十多岁快入土的人了，没儿没女，干不了活儿时要靠你养老。"张金满口答应："您老只要把手艺全教给我，当您老的儿

子,给您老送终我都愿意。"说着跪下就给王木匠磕头。

拜师后,张金吃住在王木匠家。开始他很听话,干活儿勤快,对老木匠也十分尊敬。王木匠把他当自己的儿子对待,很多别的木匠干不了的活儿都教给了他。不到半年工夫,张金就能单独到外面干活儿了。他觉得自己能挣钱了,就改变了主意。一天,张金借回家探亲为由离开了王木匠家。王木匠左等右盼,一年过去了,不见徒弟回来。后来听说徒弟单独干活儿挣钱去了,心里凉了大半截,心想:"亏我多了个心眼,没把最拿手的活儿教给他!"

不久,王木匠生病手脚不灵活了,就做了一个木头人来帮自己干活,烧火做饭,拉锯刨木,什么活儿都能干。人们看后都觉着神奇,一传十,十传百,很快十里八村的人都知道了。这事也传到张金耳里,张金听后动心了,心想:"如果我把这手绝活学到手,下辈子也不会穷了。"因此,他就提着几大包点心来找师傅。一进门,木头人就给他端茶倒水,他急忙跪下给王木匠磕头认错,并央求师傅教给他做木头人这一绝活儿。王木匠不冷不热地说:"行啊,你量一量它的尺寸,照这个样做一个就行。"张金把这个木头人拿起来,前后左右、上下四角仔细地量了一番,然后就动手做。可是做好后,木头人却一动也不动,怎么弄也不动,改了几次也不行。又请教师傅。王木匠说:"你是照我说的尺寸量的吗?"张金说:"对,一点儿也不错。"王木匠说:"好,我看着你量,再试试。"说罢,张金又动手量了起来。师傅看完后笑着说:"你错了!你什么都量了,就是没量心!"张金听后面红耳赤。

因"量"和"良"是同音,从此人们流传时就说成了"没良心"。

目不识丁

丁财主有个少爷,十多岁了,还傻得要命,请了几个先生,也没教会他一个字。丁财主急了,贴出布告,有本事教会少爷一个字者,赏大银十两。

一位老秀才揭了布告,到丁财主家当了先生。他想:"这孩子再笨,总不至于连自己的姓都不知吧?何况'丁'字既好写又好认,只一横一竖钩,我先教会他个'丁'字。"于是,他便写下个"丁"字,整整教少爷念了九天。第十天上午,丁财主要考考少爷,看看先生教会他几个字了。先生担心少爷忘了,特意准备了一个钉子,让少爷拿着,再三叮嘱:"你要忘了那个字,只要看看手里拿的啥,就想起来了,知道了吗?"

先生领少爷见了丁财主,写下一个"丁"字,说:"少爷,快给老爷念念这是啥字?"

谁知少爷看了半天,也想不起是啥字。先生赶忙提醒他:"你手里拿的啥?"

少爷伸手一看手中的钉子,连忙说:"这是铁棍儿啊。"

先生跺着脚说:"朽木不可雕也!你目不识丁不要紧,这十两银子也叫你搅黄了。"

现在用这个成语来形容一个人一个字也不认识。

(据马汉民编《中国熟语大典》)

 回答问题

1. 张金是个什么样的人?王木匠对他怎么样?
2. 王木匠说张金"没量心"的实际意思是什么?
3. 老秀才为什么要选择"丁"字来教这位少爷?
4. "一"字比"丁"字还要简单,为什么形容一个人连一个字也不认识用"目不识丁"而不说"目不识一"呢?
5. 最后老秀才为什么跺脚?
6. "搅黄"是什么意思?请你造个句子。

单元练习(四)

一、给下列带点的多音字注音

长进_____ 自便_____ 纳闷_____ 处罚_____
长短_____ 便宜_____ 闷热_____ 好处_____

相关_____ 穷尽_____ 和谐_____ 一走了之_____
真相_____ 尽量_____ 附和_____ 知道了_____

郑重_____ 数百个_____ 高空_____ 落差_____
重新_____ 数一数_____ 有空儿_____ 差点儿_____

如法炮制_____ 熟语_____ 当初_____ 校对_____
鞭炮_____ 苹果熟了_____ 当铺_____ 学校_____

银行_____ 对应_____ 才干_____
五行_____ 应该_____ 干燥_____

二、给下列形近字注音并组词

沮( )_____ 屑( )_____ 竭( )_____ 予( )_____
阻( )_____ 宵( )_____ 渴( )_____ 矛( )_____

请( )_____ 挠( )_____ 陡( )_____ 竟( )_____
情( )_____ 侥( )_____ 徒( )_____ 竞( )_____

掘(　)____　　狡(　)____　　桩(　)____　　若(　)____

崛(　)____　　绞(　)____　　脏(　)____　　苦(　)____

祥(　)____　　微(　)____　　异(　)____

详(　)____　　徽(　)____　　导(　)____

三、判断下列各组同形字意义是否相同,相同的用"√",不同的用"×"

爽快—快餐(　)　　长进—增长(　)　　意料—饮料(　)

公务—家务(　)　　端庄—端正(　)　　谈吐—呕吐(　)

俗世—庸俗(　)　　恰巧—正巧(　)　　空调—情调(　)

搬迁—变迁(　)　　一度—极度(　)　　执法—法治(　)

予以—给予(　)　　蒙受—受益(　)　　穷尽—尽量(　)

摸索—索性(　)　　姑且—尚且(　)　　奥秘—秘密(　)

悬挂—悬崖(　)　　何尝—尝试(　)　　考古—考试(　)

滑坡—缓坡(　)　　步骤—骤然(　)　　来历—日历(　)

当铺—典当(　)　　缺陷—陷害(　)　　尚—尚且(　)

漫不经心—漫长(　)　　　　　　　　　所见所闻—见闻(　)

四、写出反义词

专职——　　　　苦头——　　　　正方——

轻微——　　　　缓坡——　　　　谦恭——

五、写出近义词

别管——　　资产——　　傻子——　　抱怨——

大方——　　横竖——　　意料——　　叫嚷——

极度——　　危急——　　处罚——　　奔驰——

正巧——　　任凭——　　结局——　　予以——

蒙受——　　权益——　　索性——　　冷漠——

阻挠——	暂且——	发掘——	增添——
脱落——	奥秘——	埋葬——	悬挂——
尝试——	变迁——	缺陷——	观赏——

六、用直线把成语连接起来

垂头	可乘	※	合情	大局
天伦	而论	※	日新	扶伤
通情	丧气	※	顾全	奋勇
漫不	八舌	※	一成	不足
见义	经心	※	救死	炮制
七嘴	之乐	※	自告	合理
一概	达理	※	如法	不变
有机	勇为	※	美中	月异

七、用直线把动词和它的宾语连接起来

拥有	意料	※	蒙受	真相
竭尽	自己	※	增添	国旗
破解	资产	※	悬挂	志愿者
整修	别人	※	搬运	好人
予以	全力	※	招募	色彩
掩饰	处罚	※	陷害	表演
出乎	千古之谜	※	观赏	损失
抱怨	房屋	※	泄漏	行李

八、下列动词如果能带宾语的请写出它的宾语，不能带宾语的用"×"

掀起( )	脱落( )	炒股( )	创新( )
补偿( )	触动( )	自便( )	比喻( )
叹气( )	作弊( )	精通( )	纳闷( )
物色( )	补救( )	聘用( )	叫嚷( )
认定( )	执法( )	阻挠( )	变迁( )
翻脸( )	相关( )	立法( )	风化( )

单元练习(四)

九、选用适当的词语填空

> 别管……,都……　　一者……,二者……　　尚且……,何况……
> 不是……又是……　　V来V去　　……何苦……　　以……为……
> 任凭……,也/都……　　何尝　　让/叫/请……把
> 时而……时而……　　愈……愈……

1. 这件事我们总能查个水落石出的,你又_____掩饰下去呢?早点儿说出来对你只有好处。

2. _____你怎么抱怨_____没有用,许多炒股专家都认为最近的股市是很难涨上去的了。

3. 生活_____简单朴素,反而_____快乐。

4. 辞职以后,他_____去炒股,_____把所见所闻编成故事拿到报刊上发表,慢慢地也赚了不少的钱,还在郊区买了栋带花园的房子。

5. 小东东跟妈妈说在家门口玩一会儿,可是妈妈做完饭后,喊_____喊_____都听不到他的回答。

6. 春节是中国人最重要的传统节日,一到了年底,_____离家多远_____要往家里赶。

7. 你不用感谢我,我已经很久没有感受到帮助别人的快乐了,你_____不是给了我感受这种快乐的机会呢?

8. 你看那套衣服,像你这样刚参加工作的姑娘穿最合适了,_____显得端庄文雅有品位,_____价钱也不算贵,比较实惠。

9. 即日起,我们要在全省开展_____施工安全_____重点的"百日安全检查行动"。

10. 学好本民族的语言_____要花许多力气,_____学习另一种语言呢?

11. 听他们那极度兴奋的叫嚷声,_____有意料之外的发现_____什么呢?

12. 那个身材高大的警察_____僧侣们_____引起寺庙火灾的真相说出来。

十、给括号里的词找一个合适的位置

1. 为了 A 避免类似的事故再次 B 发生,市政府 C 采取补救措施,在所有马路旁边的学校门口 D 设置了交通灯。(断然)

2. A 他交友很慎重,从来 B 都 C 于跟考试作弊的同学 D 交朋友。(不屑)

3. A 用限制饮食的方法来 B 保持良好的身材,C 会对身体造成 D 伤害。(一味)

4. A 平时家人不让我半夜起来 B 看电视直播的足球比赛,C 没想到这次飞机晚到了四个小时,D 让我在机场里看到了奥运会的足球决赛。(正巧)

5. A 这篇文章的观点 B 是否正确 C 不论,就是它的句子也 D 很不通顺。(姑且)

6. A 农民们不知道 B 发掘出来的东西 C 有没有价值,D 把它们全部送到文物鉴定部门。(索性)

7. 我们经理 A 是个通情达理的女人,B 你把你的困难 C 告诉她,她一定能 D 替你想办法的。(终究)

8. A 股票价格低的时候,他 B 买了很多,等到价格高的时候,C 他又把股票卖出去,几年时间就 D 赚了不少钱。(乘机)

9. 你 A 不要 B 再 C 提经济损失的事了,他这样做 D 是为了顾全大局。(纯粹)

10. 你们要 A 收集现场 B 留下的证据,C 免得 D 把坏人放跑。(尽量)

十一、改错

1. 原先在这栋大厦里的公司都已搬迁了,整栋大厦显得非常空荡荡的。

2. 那个小孩用力地拽来拽去那根绳子,好像想把它拽断似的。

3. 了解了他的情况后,经理横竖决定聘用他为专职司机。

4. 尚且我们单位最穷的王大姐为灾区慷慨地捐了钱,何况你这个大老板呢?

5. 老师问的问题小明都知道,可是他举了很多次手老师都没叫他的名字,最后他实在忍不住,不妨自己站了起来。

6. 倘若说你很重视这次会议的话,你的大会发言就不会这样糟糕了。

7. 铁路部门规定,寒暑假期间,大学生靠学生证购买火车票可以五折优惠。

8. 不料她平时的成绩挺好的,这次却考了个不及格。

9. 尽管发生什么事你都得沉住气。

10. 他这么冷漠,何苦你要不再去找他呢?

十二、选择合适的词语改写以下句子(请勿重复使用)

> 通情达理　喜出望外　中不中,西不西　有章可循　重义轻财　不是地方
> 一走了之　所见所闻　价值连城　吃力不讨好　露马脚　V+也/都+不/没+V

1. 在厨房里挂这张地图真不合适。

_____

2. 重视道义、情义而看轻金钱、经济利益的人,是值得我们尊敬的。

_____

3. 老张身上穿着西装,脚上却穿着黑布鞋,什么都不像,难看极了。

_____

4. 他让公司蒙受了巨大的损失,自己却不负责任地离开了。

_____

5. 你虽然付出了很大的努力,但是却得不到好的效果,甚至还会受到别人的误解,这又何苦呢?

_____

6. 我们管理公司要先制订相关的规章制度,如果以后出现什么问题就有制度和章法可以遵循了。

_____

7. 你只要把你看到的和听到的都如实地告诉警察就行了。

_____

8. 这只金麒麟十分贵重,价值不可估量,你务必要好好保管。

_____

9. 听说自己考取了大学,他感到非常意外,高兴得不得了。

_____

10. 我们经理说话做事都是很合情合理的,你有什么困难就尽管跟他说吧。

_____

11. 你去面试时千万别让人家知道你的家庭背景,否则就没希望了。
_____

12. 李言根本没听说过如此荒诞离奇的事情。
_____

十三、找出与划线词语意义用法最接近的词语

1. 购买保险可以在您的家庭、企业<u>财产</u>遭遇风险时,让您及时获得经济补偿。
   A. 遗产　　　　　B. 资产　　　　　C. 财富　　　　　D. 财宝
2. 你不要对周围的一切都抱着怀疑的态度,不要总是<u>埋怨</u>生活带给你苦恼。
   A. 抱怨　　　　　B. 后悔　　　　　C. 恼火　　　　　D. 讨厌
3. 今天是新学期开学的第一天,为了帮助贫困地区的儿童上学读书,广州很多中小学生<u>大方</u>地把压岁钱捐了出来。
   A. 大致　　　　　B. 大量　　　　　C. 大概　　　　　D. 慷慨
4. 小马来不来这里随他的便,<u>反正</u>少一个人也没关系。
   A. 索性　　　　　B. 干脆　　　　　C. 不妨　　　　　D. 横竖
5. 节日前的股市突然上涨了这么多,大大超出了人们的<u>预料</u>。
   A. 意料　　　　　B. 预备　　　　　C. 预报　　　　　D. 预告
6. 这位长跑运动员被查出在比赛前服了违禁药,组委会决定给他取消比赛成绩并停止比赛一年的<u>惩罚</u>。
   A. 处理　　　　　B. 罚款　　　　　C. 处罚　　　　　D. 警告
7. 那天我无意中打开一份本地报纸的生活版,里面<u>恰好</u>有我爸爸的一篇文章。
   A. 恰巧　　　　　B. 反正　　　　　C. 幸亏　　　　　D. 多亏
8. 我觉得我们应该对具有民族特色的古老建筑<u>给予</u>保护。
   A. 予以　　　　　B. 得以　　　　　C. 获得　　　　　D. 得到
9. 用<u>冷淡</u>的态度对待一个孩子,这比打他骂他说他造成的伤害更加严重。
   A. 不卑不亢　　　B. 平静　　　　　C. 镇静　　　　　D. 冷漠
10. 说这套别墅值一千万?<u>姑且</u>不说它的面积和格局,只是看它所在的位置就知道了。
    A. 索性　　　　　B. 甚至　　　　　C. 何苦　　　　　D. 暂且
11. <u>借光</u>让我过去。
    A. 允许　　　　　B. 借火　　　　　C. 劳驾　　　　　D. 索性
12. 因为是代替别人演出,所以很容易就<u>露马脚</u>了。
    A. 透露　　　　　B. 暴露　　　　　C. 揭露　　　　　D. 揭晓

单元练习(四)

十四、用 A、B、C、D、E、F 把下面的语段连接成一篇文章

1. (　)这些小街都不准车辆通行,只供行人步行。

2. (　)看着伦敦人这么小心翼翼地保护着这些又破又旧的小街、这些看上去很丑陋的小房子,我被深深地感动了。

3. (　)英国伦敦有很多小街,这些年虽然城市发展很快,但建设部门总是努力保持着这些小街古老的特色,即使是修建街道,兴建新的公共设施,也要在保护这些古街的基础上进行。

4. (　)这些小招牌告诉你哪一位科学家、文学家、艺术家或者是对历史有重大贡献的人曾经在这所房子里居住,经常在这条小街里散步思考。

5. (　)这就是伦敦这座城市的文化,这座城市的品位了。

6. (　)走在这些短小的街道里,你除了能找到那些非常有特色的房子和店铺外,还会发现许多街口、店铺和住宅的门口都悬挂着很有特色的小招牌。

十五、从以下词语中选择五个以上写成一篇约 500 字的文章

别管……,都……　　一者……,二者……　　尚且……,何况……
不是……又是……呢　　Ｖ来Ｖ去　　……何苦……　　以……为……
任凭……,也/都……　　何尝……　　让/叫/请……把……
时而……时而……　　愈……愈……　　纯粹　　终究　　索性
断然　　不屑　　一味　　姑且

参考答案

第一课

(一) 1. hǎo,使人满意的。　　　hào,喜爱。
　　2. chèn,适合。　　　chēng,叫,叫做。　　　chèng,测定物体重量的器具。
　　3. sǎn,松开,分散。　　　sàn,由聚集而分离。
　　4. xiāng,互相。　　　xiàng,相貌;外貌。
　　5. wù,讨厌;憎恨。　　　ě,有要呕吐的感觉。　　　è,恶劣;坏。

(二) 伉俪——夫妻(前者具有书面语色彩,后者是一般词语)
　　睿智——聪明(前者具有书面语色彩,后者是一般词语;前者的程度比后者深)
　　谢绝——拒绝(前者表达较委婉,后者表达较直接)
　　如意——如愿(常可互换,但在一些熟语当中和别的词语固定搭配,不能互换。如"称心如意"、
　　　　　　　"如愿以偿")
　　而已——罢了(前者具有书面语色彩,后者具有口语色彩)
　　嗜好——爱好(前者的程度比后者深)
　　好在——幸亏(前者的意义比后者单纯,前者意思是具有某种有利条件或情况,后者意思是由于
　　　　　　　某种有利条件而避免了某种不利的事情)
　　相识——认识(前者意思是互相认识,用于人;后者没有互相之意,可用于人和事物)
　　憎恶——憎恨(二者语意侧重点不同,前者侧重厌恶,后者侧重痛恨)
　　众多——许多(前者多用于人,后者可指人,也可指物)
　　赞叹——称赞(前者程度比后者深)
　　一度——曾经(前者具有书面语色彩,后者是一般词语)

(三) 略
(四) 1. 纵然、也　2. 宁肯、也　3. 因　4. 一度　5. 赞叹　6. 而已　7. 支票　8. 一律　9. 起草
　　10. 好评　11. 好在　12. 心甘情愿　13. 客套
(五) 1. 不干不净　　不清不楚　　不知不觉　　不言不语
　　2. 无影无踪　　无缘无故　　无依无靠　　无穷无尽
　　3. 一问一答　　一唱一和　　一草一木　　一针一线
(六) 1. 追求　2. 谢绝　3. 颁发　4. 占据　5. 嗜好　6. 搞　7. 憎恶　8. 抽
(七) 略

第二课

(一) 1. 康复　2. 启示　3. 蠕动　4. 顶点　5. 急剧　6. 活力　7. 蔓延　8. 讲究　9. 机灵　10. 蔓延
(二) 略

278

(三) 1. 一连 2. 连 3. 连连 4. 照顾 5. 照顾 6. 养育 7. 培育 8. 日渐 9. 大手大脚、大鱼大肉
     10. 一哄而散
(四) 1. 致人于死地 2. 探头探脑 3. 连同 4. 大吃大喝 5. 这才 6. 被……把…… 7. 一跃而起
(五) 1. 依次,挨着(次序) 2. 同1 3. 延长,扩展 4. 向后推迟 5. 猛烈 6. 戏剧
     7. 厉害 8. 聚合 9. 有一定目的的集会 10. 理解、懂得 11. 见面、会见 12. 跳
     13. 向前伸出(头或上体)
(六) 略
(七) 1.√ 2.× 3.× 4.√ 5.× 6.× 7.√ 8.× 9.× 10.√
(八) E B F D A G C

第三课

(一) 1—D 2—A 3—F 4—E 5—B 6—C 7—G
(二) 1. 恭维 2. 不时 3. 他人 4. 人家 5. 别人 6. 并非 7. 掌握 8. 把握 9. 掌握
     10. 也罢,也罢
(三) 1. 奉承 2. 恭维 3. 意图 4. 赞成 5. 威望
(四) 1. 维/惟 2. 辨 3. 捧 4. 媚 5. 任、任 6. 技 7. 恼 8. 符 9. 附 10. 糊
(五) 1. 讨好 2. 自负 3. 并非 4. 顺从 5. 恭维 6. 不时 7. 权威 8. 分辨 9. 尴尬 10. 得体
(六) 略
(七) 1.× 2.× 3.√ 4.× 5.× 6.√ 7.√ 8.× 9.√ 10.×

第四课

(一) 1. (1) 骤然/突然/忽然 (2) 突然 (3) 骤然/突然/忽然
      (4) 突然/忽然 (5) 突然 (6) 突然
      (7) 突然 (8) 突然 (9) 骤然/突然/忽然 (10) 突然
   2. (1) 专门 (2) 专程/专门/特意/特地 (3) 专门/特意/特地
      (4) 专门/特意/特地 (5) 专门 (6) 专门/特意/特地
      (7) 专门 (8) 专程/专门/特意/特地
(二) 1. 不以为耻 2. 不以为荣 3. 不以为苦,反以为乐 4. 陷入窘境
     5. 无家可归 6. 微不足道 7. 应接不暇 8. 踌躇良久   (例句略)
(三) 1. 贷(dài 贷款) 袋(dài 口袋) 资(zī 资金) 姿(zī 姿态) 咨(zī 咨询)
   2. 躇(chú 踌躇) 著(zhù 著名/著作) 薯(shǔ 马铃薯) 署(shǔ 署名) 暑(shǔ 暑假)
   3. 赔(péi 赔不是) 陪(péi 陪同) 倍(bèi 加倍) 培(péi 培养)
   4. 犹(yóu 犹如) 豫(yù 犹豫) 优(yōu 优先) 忧(yōu 忧心) 扰(rǎo 干扰/打扰)
   5. 虑(lǜ 顾虑) 虚(xū 心虚/虚心) 虎(hǔ 猛虎) 虐(nüè 虐待)
   6. 偷(tōu 小偷/偷东西) 愉(yú 愉快) 喻(yù 比喻)
(四) 1. 依照,按照 2. 像,好象 3. 比得上 4. 对,不错 5. 后缀 6. 一点儿
     7. 细长而尖的毛 8. 说 9. 道路 10. 量词 11. 很 12. 好 13. 引为同类 14. 牙
(五) 略
(六) 略
(七) 1.× 2.√ 3.× 4.√ 5.√ 6.√ 7.√ 8.√ 9.√ 10.√
副课文：1.× 2.× 3.√ 4.× 5.√ 6.√ 7.√ 8.√ 9.√ 10.√

单元练习（一）

一、分辨(fēn)　附和(hè)　为人(wéi)　即便(biàn)
　　分量(fèn)　暖和(huo)　因为(wèi)　便宜(pián)
　　讨好(hǎo)　好转(zhuǎn)　穿着(zhuó)　憎恶(wù)
　　嗜好(hào)　转动(zhuàn)　本着(zhe)　恶心(ě)
　　　　　　　　　　　　　　　　　　凶恶(è)

　　处事(chǔ)　偏差(chā)
　　恰到好处(chù)　差不多(chà)

二、dào 道、到、倒、盗　sī 思、私　shì 示、嗜、是　sì 饲、四
　　zhì 智、志、至　shí 时、实、识　yì 意、绎、毅、义、裔　jí 即、极、急
　　shù 束、述　rú 蠕、如　yǎng 仰、养　lì 俐、力、利、俪　jué 绝、角、觉　yuè 越、跃

三、说辞—辞职(x)　甘心—甘愿(√)　并非—是非(x)　占据—据为己有(√)
　　投诉—诉苦(√)　良久—良师益友(x)　如意—如实(√)　灭绝—络绎不绝(x)
　　剧增—急剧(√)　微不足道—道听途说(x)　越过—越发(x)
　　为你所作的事负责—为生活所迫(x)

四、消极——积极　善意——恶意　批评——表扬　喜爱——憎恶
　　粗粮——细粮　自卑——自负　直率——委婉　赞同——反对
　　他人——自己　真诚——虚伪　守信——失信　公开——私自

五、奉承——恭维　担保——保证　踌躇——犹豫　伉俪——夫妻
　　谢绝——拒绝　窘境——困境　爱好——嗜好　机灵——聪明
　　感慨——感叹　骤然——突然　赞叹——赞扬　急剧——急速
　　灭绝——灭亡　如意——如愿　一度——曾经

六、无机可乘　雪上加霜　有名无实　龙争虎斗　大有可为　眉飞色舞　不明不白
　　一面之辞　有眼无珠　一家之言　一怒而去　大吵大闹　一扫而光　一面之交

七、1. 因　2. 纵然……,也……　3. 宁肯……,也……　4. 以至于　5. 连同
　　6. 不光……,而且……　7. 反倒　8. 这才

八、1. C　2. A　3. B　4. B　5. A　6. D　7. C　8. D　9. B　10. A

九、1. B　2. D　3. B　4. A　5. D　6. A　7. C　8. C　9. A　10. B

十、略

十一、略

十二、G C A E B D F

十三、赞　精　佛　吃　线　强　动　却　而　军　真　生

十四、略

第五课

(一) 1—G　2—D　3—H　4—B　5—C　6—E　7—A　8—J　9—F　10—I

(二) 1. 图、图　2. 渗　3. 温馨　4. 团聚　5. 历来　6. 简而言之　7. 忽略　8. 孤独　9. 涌　10. 仰望

(三) 略

(四) 略

(五) 略

（六）1. 小洞　2. 眼睛　3. 小洞　4. 眼睛　5. 对、正确　6. 表判断　7. 正确　8. 沉下、沉没
　　　9. 隐藏、隐没　10. 没有　11. 算作　12. 做　13. 替　14. 的　15. 代词　16. 的
（七）1. √　2. ×　3. √　4. √　5. ×　6. √　7. √　8. ×　9. ×　10. ×
（八）E F C D A B

第六课

（一）1. 下落　2. 分外　3. 而后、而后　4. 鉴于　5. 离奇　6. 恐吓　7. 提防　8. 名义
（二）1—G　2—H　3—D　4—A　5—B　6—C　7—E　8—F
（三）1. 擅长某种技能的人或做某种事的人　2. 小巧而便于携带　3. 亲手　4. 表示目的
　　　5. 用、拿　6. 表示方位的界限　7. 依照、按照　8. 表示假设　9. 如同　10. 比得上
（四）略
（五）略
（六）1. C　2. B　3. A　4. B　5. A　6. C　7. B　8. A　9. C　10. B
（七）1. √　2. ×　3. √　4. √　5. ×　6. √　7. √　8. ×
（八）略

第七课

（一）1—F　2—D　3—I　4—H　5—A　6—B　7—J　8—E　9—C　10—G
（二）1. 无缘　2. 确立　3. 凿　4. 减弱　5. 呈现　6. 不胜　7. 削弱　8. 极力　9. 从中　10. 跃居
（三）略
（四）略
（五）1. 别说……，连……都……　2. 何……？　3. 一来……，二来……　4. 别说……，连……都……
　　　5. 三板斧　6. 何……？　7. 取代　8. 打天下　9. 不胜　10. 一来……，二来……
（六）1. 停止　2. 暂时停止工作、学习或活动　3. 在竞争中打败对手，与"败"相对　4. 尽
　　　5. 脚、腿　6. 足以、值得　7. 经过提炼或挑选的　8. 精通　9. 完美、最好
　　　10. 人的意识、思维活动和一般心理状态　11. 开创、创立　12. 殴打　13. 量词，1打=12条
（七）1. ×　2. ×　3. √　4. ×　5. √　6. ×　7. ×　8. √　9. √　10. √
（八）E C A D B

第八课

（一）1—C　2—A　3—D　4—B　5—F　6—H　7—E　8—G
（二）1. 应对　2. 承受　3. 排放　4. 列举　5. 濒临　6. 关注　7. 降临　8. 效力　9. 致力　10. 预测
（三）略
（四）略
（五）略
（六）1. 类　2. 排列　3. 助词　4. 靠近　5. 来到、到达　6. 临近　7. 趋向　8. 知道
　　　9. 收成不好　10. 对不住人的心情　11. 表示比较　12. 在　13. 自、从
（七）1. ×　2. √　3. ×　4. ×　5. √　6. ×　7. ×　8. ×　9. ×　10. √
（八）C F A D B G E

单元练习(二)

一、1—I 2—D 3—H 4—G 5—J 6—C 7—E 8—A 9—B 10—F

二、没：méi(没有)mò(淹没)　　　　落：luò(落后)là(落在后面)
    得：dé(取得)děi(非得)　　　　吓：xià(惊吓)hè(恐吓)
    分：fēn(分数)fèn(水分)　　　　提：tí(提议)dī(提防)
    散：sàn(散步)sǎn(散文)　　　　藏：cáng(躲藏)zàng(西藏)
    削：xuē(削弱)xiāo(削笔刀)　　　奔：bēn(奔跑)bèn(投奔)
    应：yīng(应该)yìng(相应)　　　　降：jiàng(降临)xiáng(投降)
    曾：céng(曾经)zēng(曾孙)　　　　相：xiāng(互相)xiàng(相片)
    将：jiāng(将要)jiàng(将士)

三、取代——代替　　　极力——尽力　　　捍卫——保卫
    成效——效果　　　督促——敦促　　　惩罚——惩处
    忽略——忽视　　　效力——效劳　　　历来——向来

四、无意——有意　　　生存——死亡　　　脆弱——坚强
    歉收——丰收　　　团聚——分离　　　排放——吸收
    负面——正面　　　旱灾——水灾　　　忽略——重视

五、1. 叙述描写得活灵活现,很生动,像真的一样　　2. 创立事业
    3. 儿女永远也报答不了母亲的恩情　　4. 只有开头几下厉害,没有后劲
    5. 回报恩人要比自己得到的恩惠多得多　　6. 报答恩人
    7. 贪财好利　　8. 摆脱不了困难的处境　　(例句略)

六、1. C 2. D 3. B 4. C 5. B 6. A 7. A 8. B 9. C 10. A

七、1. 分外　2. 借以　不胜　3. 必将　4. 非得　5. 莫非　6. 鉴于　7. 何曾
    8. 威望　9. 简而言之　10. 或是　11. 何等　12. 声势

八、1. 别说　即使　也　2. 把　得像　一样　3. 非　才　4. 一来　二来
    5. 别说　连　也　6. 不单　也(都)　7. 不但不　反倒

九、略

十、3—4—6—2—1—7—5

十一、略

十二、略

十三、略

第九课

(一) (1) 近/过　(2) 有　(3) 色　(4) 怪　(5) 眼　(6) 满　(7) 勃勃　(8) 翼翼　(9) 生生
    (10) 斤斤　(11) 人　人　(12) 清　楚

(二) 1. 清一色　2. 或许　3. 操　4. 攒　5. 额外　6. 就　7. 落款　8. 序号　9. 亏　10. 真切

(三) 略

(四) 1. 惊讶(惊奇)　2. 新奇(新鲜　奇怪)　3. 侃(聊　说)　4. 简陋(简单　粗陋)
    5. 真切(真实　确切)　6. 兴致勃勃(兴高采烈　兴冲冲)　7. 越发(更加)　8. 或许(也许)

(五) 略

(六) C B A E D

(七)略

(八)1. 似醉非醉　似哭非哭　似红非红　2. 有情有义　有说有笑　有始有终
3. 无法相比　无法解决　无法接近　4. 一心一意　一歪一扭　一问一答

(九)略

第十课

(一) 1—D　2—I　3—G　4—F　5—A　6—J　7—E　8—B　9—C　10—H

(二) 1. 无从　2. 好在　3. 驱使　4. 遍地　5. 获取　6. 念头　7. 延伸　8. 无影无踪　9. 推算　10. 确信

(三)略

(四)略

(五)提示词：1. 未免　2. 无从　3. 谜　4. 肥沃　5. 贪得无厌　6. 遍地　7. 历代　8. 相继

(六) 1. 名词后缀，接于动词词根　2. 名词后缀，接于名词性词根　3. 人身最上部　4. 事情的起点
5. 物体的顶端　6. 第一　7. 时间在先的　8. 量词　9. 不切实际的，没有内容的
10. 里面没有东西的　11. 天空　12. 没有结果地，白白地

(七) 1. ×　2. ×　3. √　4. ×　5. √　6. √　7. √　8. √　9. √　10. ×

(八) 7—3—10—8—1—4—2—6—5—9

第十一课

(一) 1—B　2—H　3—F　4—J　5—G　6—A　7—I　8—E　9—C　10—D

(二) 1. 关注　2. 故障　3. 罕见　4. 冷清　5. 猜测　6. 坠落　7. 疲惫　8. 向往

(三)略

(四)略

(五)略

(六) 1. 完全符合　2. 嘴唇　3. 力量　4. 物体之间的相互作用　5. 力量、能力　6. 知道　7. 使人知道
8. 天刚亮的时候　9. 按照　10. 表示目的　11. 众、许多　12. "之于、之乎"的合音

(七) 1. ×　2. ×　3. √　4. ×　5. √　6. ×　7. √　8. ×　9. √　10. √

(八)略

第十二课

(一) 1—C　2—A　3—E　4—J　5—H　6—B　7—I　8—D　9—G　10—F

(二) 1. 昂贵　廉价　2. 笨重　3. 破裂　4. 滥用　5. 百般　6. 展现　7. 脆　8. 论证　9. 沿用
10. 不堪　11. 选取　12. 选用

(三)略

(四)略

(五)提示词：1. 侥幸　2. 昂贵　3. 笨重　4. 不堪　5. 百般　6. 翻来覆去　7. 周期　8. 撤职　9. 不乏
10. 滥用

(六) 1. 前缀，不属于某种范围　2. 同1　3. 错误　4. 聚集　5. 聚合　6. 外币　7. 退却
8. 去掉　9. 表示转折　10. 承载　11. 写下来　12. 装

(七) 1. ×　2. √　3. ×　4. √　5. √　6. √　7. √　8. √　9. √　10. ×

(八) C E B A F D

副课文：1. √ 2. × 3. √ 4. √ 5. × 6. × 7. √ 8. ×

单元练习(三)

一、1. (shēng)有声有色 牲畜 延伸 声望 僧侣 谋生 生生不息 胜景
    2. (shān)创伤 人山人海 删除 衬衫 尚 向往 散发 善良
    3. (shì)视线 似的 近似 祭祀 生生不息 驱使 凡尘俗世 寺庙 丝织品
    4. (jì)调剂 相继 籍贯 祭祀 茶几 传记 无边无际
    5. (tí)替代 提炼 提防 提名 载体
    6. (zhí)遗址 撤职 乃至 安置 兴致勃勃 交织
    7. (zài)满载而归 载体 好在 记载 裁判 一年半载

二、(nàn)多灾多难   (xìng)兴致勃勃   (qiáng)强盛   (dé)贪得无厌
    (nán)难道   (xīng)兴旺   (qiǎng)强迫   (děi)非得
    (kōng)空想   (zài)满载而归   (chuàng)创建   (chuán)传统
    (kòng)空白   (zǎi)记载   (chuāng)创伤   (zhuàn)传记
    (háng)各行各业   (jìn)尽头   (jià)假期   (zēng)曾祖父
    (xíng)行人   (jǐn)尽量   (jiǎ)半真半假 (céng)未曾
    (mò)沉没   (zhèng)挣钱
    (méi)没有   (zhēng)挣扎

三、辽阔——狭窄   稠密——稀少   野心——雄心   强盛——弱小
    昂贵——低廉   笨重——轻巧   魔鬼——天使   合并——分开
    破裂——完好   冷清——热闹   善良——凶恶   齐全——残缺
    简陋——完善/完备 短暂——漫长 开阔——狭窄   耻辱——光荣/荣耀
    绝望——希望   上游——下游   廉价——高价   脆——韧

四、1. 表示在很短的时间内 2. 仅仅 只 3. 趁着(当前的便利) 借着 4. 表示在某种条件或情况
    下自然怎么样 5. 表示动作的对象或话题的范围 6. 凑近 靠近 7. 到 8. 同 5

五、1. 秘而不宣 2. 大同小异 3. 欺上瞒下 4. 半真半假 5. 望而却步 6. 大饱眼福
    7. 无边无际 8. 不约而同 9. 无影无踪 10. 家喻户晓 11. 生生不息 12. 梦寐以求
    13. 贪得无厌 14. 有声有色 15. 人山人海 16. 兴致勃勃 17. 翻来覆去 18. 世外桃源
    19. 满载而归 20. 小心翼翼

六、动心(×)   谦让(×)   替代(√)   开采(√)   推算(√)
    驱使(√)   获取(√)   探测(√)   认可(√)   隔绝(√)
    绝望(×)   破裂(×)   平反(√)   滥用(√)   辅助(√)
    沿用(√)   展现(√)   猜测(√)   祭祀(√)   谋生(×)
    提炼(√)   撤职(×)   轰动(√)   确信(√)   沟通(√)

七、1. D 2. A 3. C 4. B 5. B 6. D 7. A 8. C 9. D 10. A

八、1. 无从 2. 未免 3. 未曾 4. 暂且 5. 趁早 6. 乃至 7. 百般 8. 一经 9. 相继 10. 亏
    11. 过于 12. 就 13. 亲口 14. 此后

九、略

十、略

十一、越发 无从 过于 幸好 暂且 所以 所以 相继 随意 未免

十二、1. 幸好　不然　2. 故　3. 进而　4. 不但不　反而　5. 此后　6. 甚而至于
　　　7. 所以　所以　因为　8. 假设　那么
十三、略
十四、B E G A C F H D

第十三课

（一）1. 通情达理　2. 出乎意料　3. 漫不经心　4. 垂头丧气　5. 思来想去
　　　6. 重义轻财　7. 端庄文雅　8. 天伦之乐　9. 不屑一顾　10. 男不男，女不女
（二）股：集合资金的一份或一笔财物平均分配的一份；证券　资：钱财
　　　华：繁盛、光彩、奢侈　聘：请人承担工作或担任职务　快：爽快、直截了当
　　　然：后缀　谦：虚心，不自满　苦：难受、痛苦　俗：不高尚、大众的
（三）1. 假惺惺　2. 懒洋洋　3. 毛茸茸　4. 乱哄哄 静悄悄　5. 羞答答
　　　6. 香喷喷 美滋滋　7. 气冲冲　8. 干巴巴
（四）1. 物色　2. 沮丧　3. 掩饰　4. 断然　5. 空荡荡　6. 不惜　7. 苦头　8. 爽快　9. 不屑　10. 不料
（五）1. B　2. C　3. D　4. B　5. B　6. C　7. C　8. C
（六）略
（七）略
（八）1. B　2. C　3. B　4. C　5. C　6. D　7. A　8. A　9. D　10. B
副课文：1. √　2. ×　3. ×　4. √　5. √　6. √　7. ×　8. ×

第十四课

（一）微(wēi)微风　　　徽(huī)国徽
　　　摸(mō)抚摸　　　模(mó)模型　　　膜(mó)薄膜　　　漠(mò)冷漠
　　　幕(mù)落幕　　　慕(mù)羡慕　　　墓(mù)坟墓　　　暮(mù)暮色
　　　饶(ráo)求饶　　　绕(rào)环绕　　　浇(jiāo)浇水　　　挠(náo)阻挠　　　侥(jiǎo)侥幸
　　　情(qíng)感情　　　请(qǐng)请客　　　晴(qíng)晴天　　　睛(jīng)眼睛　　　精(jīng)精心
（二）1. 风险　2. 酌情　3. 一味　4. 予以　5. 姑且　6. 极度　7. 依　8. 高度　9. 何苦　10. 潜在
（三）1. C　2. C　3. B　4. B　5. D　6. C　7. C　8. C　9. D　10. D
（四）略
（五）略
（六）略
（七）1. ×　2. √　3. ×　4. √　5. ×　6. √　7. √　8. ×
（八）略
副课文：1. A　2. B　3. C　4. D

第十五课

（一）捕鱼的人临海而——居　参加跑步的运动员沿路而——跑　考古人员顺河而——下
　　　房子临山而——建　游客们租船而——游　学生们乘车而——返
（二）1. 藏着→藏有　2. 安装了→装有　3. 绑上→绑有　4. 贴了→贴有

5. 刻着→刻有 6. 列出了→列有 7. 竖着→竖有 8. 种着→种有
(三) 1. 挂 2. 又高又陡 3. 公开宣布 4. 随同 5. 任凭 6. 几 7. 数目 8. 计算起来
9. 计算 10. 方法 11. 由国家制定的要求人们遵守的规则 12. 法国
(四) 略
(五) 1. C 2. A 3. B 4. C 5. B 6. A 7. D 8. D
(六) 略
(七) 1. × 2. √ 3. × 4. √ 5. √ 6. × 7. × 8. × 9. √ 10. √ 11. √ 12. ×
(八) F E D A C B

第十六课

(一) 1—E 2—G 3—J 4—A 5—H 6—I 7—B 8—C 9—F 10—D
(二) 1. 对应 2. 缺陷 3. 默默 4. 恰巧 5. 乘机 6. 纯粹 7. 不得已 8. 露马脚
(三) 略
(四) 略
(五) 略
(六) 1. 利用(机会)等 2. 搭乘车、船、飞机 3. 数学中的一种运算方法
 4. 因常见或常用而知道得清楚 5. 工作、动作等因常做而有经验 6. 程度深 7. 好
 8. 美丽、好看 9. 使好看 10. 做(事) 11. 能干、有能力的 12. 事物的主体或重要部分
(七) 1. × 2. × 3. √ 4. √ 5. × 6. √ 7. × 8. × 9. √ 10. ×
(八) C D A B E

单元练习(四)

一、长进(zhǎng)　自便(biàn)　纳闷(mèn)　处罚(chǔ)
　　长短(cháng)　便宜(pián)　闷热(mēn)　好处(chu)
　　相关(xiāng)　穷尽(jìn)　和谐(hé)　一走了之(liǎo)
　　真相(xiàng)　尽量(jǐn)　附和(hè)　知道了(le)
　　郑重(zhòng)　数百个(shù)　高空 (kōng)　落差(chā)
　　重新(chóng)　数一数(shǔ)　有空儿(kòng)　差点儿(chà)
　　如法炮制(páo)　熟语(shú)　当初(dāng)　校对(jiào)
　　鞭炮(pào)　苹果熟了(shóu)　当铺(dàng)　学校(xiào)
　　银行(háng)　对应(yìng)　才干(gàn)
　　五行(xíng)　应该(yīng)　干燥(gān)

二、沮(jǔ 沮丧)　屑(xiè 不屑)　竭(jié 竭尽)　予(yǔ 给予)
　　阻(zǔ 阻挠)　宵(xiāo 夜宵)　渴(kě 渴望)　矛(máo 矛盾)
　　请(qǐng 请求)　挠(náo 阻挠)　陡(dǒu 陡坡)　竟(jìng 毕竟)
　　情(qíng 情况)　侥(jiǎo 侥幸)　徒(tú 徒弟)　竞(jìng 竞争)
　　掘(jué 发掘)　狡(jiǎo 狡猾)　桩(zhuāng 打桩)　若(ruò 倘若)
　　崛(jué 崛起)　绞(jiǎo 绞车)　脏(zàng 心脏/zāng 肮脏)　苦(kǔ 何苦)
　　祥(xiáng 吉祥)　微(wēi 轻微)　异(yì 日新月异)
　　详(xiáng 详细)　徽(huī 国徽)　导(dǎo 辅导)

三、爽快—快餐(×)　　长进—增长(√)　　意料—饮料(×)
　　公务—家务(√)　　端庄—端正(√)　　谈吐—呕吐(×)
　　俗世—庸俗(×)　　恰巧—正巧(√)　　空调—情调(×)
　　搬迁—变迁(√)　　一度—极度(×)　　执法—法治(√)
　　予以—给予(√)　　蒙受—受益(√)　　穷尽—尽量(×)
　　摸索—索性(×)　　姑且—尚且(×)　　奥秘—秘密(√)
　　悬挂—悬崖(×)　　何尝—尝试(×)　　考古—考试(×)
　　滑坡—缓坡(√)　　步骤—骤然(×)　　来历—日历(×)
　　当铺—典当(√)　　缺陷—陷害(×)　　尚—尚且(×)
　　漫不经心—漫长(×)　所见所闻—见闻(√)

四、专职——兼职　　苦头——甜头　　正方——反方
　　轻微——严重　　缓坡——陡坡　　谦恭——傲慢/骄傲

五、别管——不管　　资产——财产　　傻子——傻瓜　　抱怨——埋怨
　　大方——慷慨　　横竖——反正　　意料——预料　　叫嚷——叫喊
　　极度——非常　　危急——危险　　处罚——惩罚　　奔驰——奔跑
　　正巧——正好　　任凭——无论/不管　结局——结果　　予以——给予
　　蒙受——遭受　　权益——权利　　索性——干脆　　冷漠——冷淡
　　阻挠——阻止　　暂且——姑且　　发掘——挖掘　　增添——增加
　　脱落——掉落　　奥秘——秘密　　埋葬——掩埋　　悬挂——挂
　　尝试——试　　　变迁——变化/转变　缺陷——缺点　　观赏——观看

六、垂头—丧气　天伦—之乐　通情—达理　漫不—经心　见义—勇为　七嘴—八舌　一概—而论
　　有机—可乘　合情—合理　日新—月异　顾全—大局　一成—不变　救死—扶伤　自告—奋勇
　　如法—炮制　美中—不足

七、拥有—资产　竭尽—全力　破解—千古之谜　整修—房屋　予以—处罚　掩饰—自己
　　出乎—意料　抱怨—别人　蒙受—损失　增添—色彩　悬挂—国旗　搬运—行李
　　招募—志愿者　陷害—好人　观赏—表演　泄漏—真相

八、掀起(被子)　脱落(×)　　炒股(×)　　创新(×)
　　补偿(损失)　触动(心事)　自便(×)　　比喻(老师)
　　叹气(×)　　作弊(×)　　精通(英语)　纳闷(×)
　　物色(演员)　补救(×)　　聘用(教师)　叫嚷(×)
　　认定(他有罪)　执法(×)　阻挠(合同的签订)　变迁(×)
　　翻脸(×)　　相关(×)　　立法(×)　　风化(×)

九、1. 何苦　2. 任凭　也　3. 愈　愈　4. 时而　时而　5. 来　去　6. 别管　都　7. 何尝
　　8. 一者　二者　9. 以　为　10. 尚且　何况　11. 不是　又是　12. 让　把

十、1. C　2. C　3. A　4. D　5. C　6. D　7. A　8. B　9. D　10. A

十一、略

十二、略

十三、1. B　2. A　3. D　4. D　5. A　6. C　7. A　8. A　9. D　10. D　11. C　12. B

十四、B E A D F C

十五、略

生词表

A

安置	ānzhì	(动)	(9)
昂	áng	(动)	(5)
昂贵	ángguì	(形)	(12)
奥秘	àomì	(名)	(15)

B

霸主	bàzhǔ	(名)	(7)
百般	bǎibān	(副)	(12)
摆设	bǎishe	(名)	(13)
颁发	bānfā	(动)	(1)
搬迁	bānqiān	(动)	(13)
搬运	bānyùn	(动)	(15)
版	bǎn	(名)	(1)
半真半假	bànzhēn-bànjiǎ		(10)
伴侣	bànlǚ	(名)	(9)
伴随	bànsuí	(动)	(8)
薄膜	báomó	(名)	(2)
抱怨	bàoyuàn	(动)	(13)
北纬	běiwěi	(名)	(8)
奔驰	bēnchí	(动)	(14)
奔腾	bēnténg	(动)	(7)
本能	běnnéng	(名)	(2)
本性	běnxìng	(名)	(14)
本着	běnzhe	(介)	(3)
笨重	bènzhòng	(形)	(12)
蹦床	bèngchuáng	(名)	(7)
比喻	bǐyù	(动)	(16)
必将	bìjiāng	(副)	(8)
边境	biānjìng	(名)	(16)
变迁	biànqiān	(动)	(15)
遍地	biàndì	(名)	(10)
标本	biāoběn	(名)	(10)
别管	biéguǎn	(连)	(13)
濒临	bīnlín	(动)	(8)
冰川	bīngchuān	(名)	(11)
冰冠	bīngguàn	(名)	(8)
并非	bìngfēi	(副)	(3)
波动	bōdòng	(动)	(7)
波涛	bōtāo	(名)	(10)
博学	bóxué	(形)	(1)
补偿	bǔcháng	(动)	(14)
补救	bǔjiù	(动)	(13)
不卑不亢	bùbēi-búkàng		(3)
不齿	bùchǐ	(动)	(4)
不得已	bùdéyǐ	(形)	(16)
不乏	bùfá	(动)	(12)
不堪	bùkān	(形)	(12)
不良	bùliáng	(形)	(3)
不料	búliào	(连)	(13)
不胜	búshèng	(副)	(7)
不时	bùshí	(副)	(3)
不惜	bùxī	(动)	(13)
不屑	búxiè	(动)	(13)
不宜	bùyí	(动)	(8)
不以为然	bùyǐwéirán		(4)
不约而同	bùyuē'értóng		(10)
不足为奇	bùzúwéiqí		(5)
步伐	bùfá	(名)	(8)
步骤	bùzhòu	(名)	(15)

C

猜测	cāicè	(动)	(11)
才干	cáigàn	(名)	(16)
才智	cáizhì	(名)	(3)
财宝	cáibǎo	(名)	(15)

288

裁	cái	(动)	(1)		垂头丧气	chuítóu-sàngqì		(13)
采集	cǎijí	(动)	(5)		捶	chuí	(动)	(12)
操	cāo	(动)	(9)		纯粹	chúncuì	(副)	(16)
策略	cèlüè	(名)	(3)		此后	cǐhòu	(连)	(11)
茶几	chájī	(名)	(9)		此时	cǐshí	(名)	(14)
刹那	chànà	(名)	(5)		次序	cìxù	(名)	(16)
缠	chán	(动)	(16)		从未	cóngwèi	(副)	(1)
忏悔	chànhuǐ	(动)	(5)		从一而终	cóngyī'érzhōng		(4)
长方形	chángfāngxíng	(名)	(10)		从中	cóngzhōng	(副)	(7)
尝试	chángshì	(动)	(15)		凑巧	còuqiǎo	(形)	(16)
朝廷	cháotíng	(名)	(6)		粗粮	cūliáng	(名)	(2)
炒股	chǎo gǔ		(13)		脆	cuì	(形)	(12)
撤职	chè zhí		(12)		脆弱	cuìruò	(形)	(8)
沉没	chénmò	(动)	(10)					
沉溺	chénnì	(动)	(5)		**D**			
沉住气	chénzhùqì		(13)		打桩	dǎ zhuāng		(15)
趁早	chènzǎo	(副)	(9)		大饱眼福	dàbǎoyǎnfú		(9)
成效	chéngxiào	(名)	(7)		大吃大喝	dàchī-dàhē		(2)
呈现	chéngxiàn	(动)	(7)		大多	dàduō	(副)	(15)
诚心诚意	chéngxīn-chéngyì		(4)		大惊小怪	dàjīng-xiǎoguài		(8)
承受	chéngshòu	(动)	(8)		大同小异	dàtóng-xiǎoyì		(11)
乘机	chéngjī	(副)	(16)		大有人在	dàyǒurénzài		(4)
惩罚	chéngfá	(动)	(8)		贷款	dài kuǎn		(4)
痴	chī	(名)	(1)		袋鼠	dàishǔ	(名)	(2)
耻辱	chǐrǔ	(名)	(12)		担保	dānbǎo	(动)	(4)
充当	chōngdāng	(动)	(4)		单间	dānjiān	(名)	(9)
稠密	chóumì	(形)	(10)		当今	dāngjīn	(名)	(4)
踌躇	chóuchú	(形)	(4)		当铺	dàngpù	(名)	(16)
丑闻	chǒuwén	(名)	(7)		捣	dǎo	(动)	(12)
出版社	chūbǎnshè	(名)	(1)		倒退	dàotuì	(动)	(7)
出使	chūshǐ	(动)	(6)		得体	détǐ	(形)	(3)
除此之外	chúcǐzhīwài		(8)		得以	déyǐ	(动)	(12)
处罚	chǔfá	(动)	(14)		提防	dīfáng	(动)	(6)
处事	chǔshì	(动)	(3)		滴水之恩,	dīshuǐzhī'ēn,		
储藏	chǔcáng	(动)	(6)		涌泉相报	yǒngquánxiāngbào		(5)
触动	chùdòng	(动)	(13)		地平线	dìpíngxiàn	(名)	(11)
穿着	chuānzhuó	(名)	(3)		递交	dìjiāo	(动)	(6)
创建	chuàngjiàn	(动)	(10)		缔结	dìjié	(动)	(8)
创制	chuàngzhì	(动)	(14)		典当	diǎndàng	(动)	(16)
吹捧	chuīpěng	(动)	(3)		典范	diǎnfàn	(名)	(7)

顶点	dǐngdiǎn	(名)	(2)	分量	fènliàng	(名)	(3)
东道主	dōngdàozhǔ	(名)	(7)	分外	fènwài	(副)	(6)
动心	dòng xīn		(9)	风光	fēngguāng	(名)	(11)
栋	dòng	(量)	(13)	风化	fēnghuà	(动)	(15)
洞穴	dòngxué	(名)	(15)	风浪	fēnglàng	(名)	(6)
陡峭	dǒuqiào	(形)	(15)	风险	fēngxiǎn	(名)	(14)
督促	dūcù	(动)	(8)	风言风语	fēngyán-fēngyǔ		(6)
端庄	duānzhuāng	(形)	(13)	封	fēng	(动)	(1)
短暂	duǎnzàn	(形)	(9)	奉承	fèngcheng	(动)	(3)
断然	duànrán	(形)	(13)	俘虏	fúlǔ	(名)	(6)
对立面	duìlìmiàn	(名)	(5)	符号	fúhào	(名)	(16)
对应	duìyìng	(动)	(16)	辅助	fǔzhù	(动)	(12)
				负面	fùmiàn	(名)	(8)
				附和	fùhè	(动)	(3)

E

额外	éwài	(形)	(9)
恩情	ēnqíng	(名)	(5)
而后	érhòu	(连)	(6)
而已	éryǐ	(助)	(1)
二氧化碳	èryǎnghuàtàn	(名)	(8)

G

改口	gǎi kǒu		(1)
钙	gài	(名)	(2)
尴尬	gāngà	(形)	(3)
感恩	gǎn ēn		(5)
感慨	gǎnkǎi	(动)	(1)
高度	gāodù	(形)	(14)
高空	gāokōng	(名)	(15)
高明	gāomíng	(形)	(3)
稿酬	gǎochóu	(名)	(1)
格局	géjú	(名)	(7)
隔绝	géjué	(动)	(11)
各行各业	gèháng-gèyè		(12)
跟随	gēnsuí	(动)	(6)
工匠	gōngjiàng	(名)	(12)
工艺	gōngyì		(12)
公务	gōngwù	(名)	(13)
公约	gōngyuē	(名)	(8)
功绩	gōngjì		(16)
功名	gōngmíng	(名)	(16)
宫廷	gōngtíng		(12)
恭维	gōngwéi	(动)	(3)
沟通	gōutōng	(动)	(11)
姑且	gūqiě	(副)	(14)
孤独	gūdú	(形)	(5)

F

发	fā	(动)	(12)
发掘	fājué	(动)	(15)
发誓	fā shì		(5)
法规	fǎguī	(名)	(14)
法治	fǎzhì	(动)	(14)
砝码	fǎmǎ	(名)	(4)
帆	fān	(名)	(6)
番	fān	(量)	(4)
翻来覆去	fānlái-fùqù		(12)
翻脸	fān liǎn		(13)
凡尘俗世	fánchén-súshì		(11)
繁华	fánhuá	(形)	(10)
反方	fǎnfāng	(名)	(14)
返回	fǎnhuí	(动)	(7)
非得	fēiděi	(动)	(6)
肥沃	féiwò	(形)	(10)
废物	fèiwù	(名)	(12)
分辨	fēnbiàn	(动)	(3)
分类	fēnlèi	(动)	(7)

古训	gǔxùn	（名）	（5）		合情合理	héqíng-hélǐ		（14）
股东	gǔdōng	（名）	（16）		何	hé	（代）	（7）
股市	gǔshì	（名）	（13）		何曾	hécéng	（副）	（8）
固执	gùzhi	（形）	（4）		何尝	hécháng	（副）	（15）
故障	gùzhàng	（名）	（9）		何等	héděng	（副）	（8）
顾不得	gùbude		（13）		何苦	hékǔ	（副）	（14）
顾全大局	gùquándàjú		（14）		和谐	héxié	（形）	（14）
关头	guāntóu	（名）	（14）		河马	hémǎ	（名）	（2）
关注	guānzhù	（动）	（8）		黑马	hēimǎ	（名）	（7）
观赏	guānshǎng	（动）	（16）		横竖	héngshù	（副）	（13）
官员	guānyuán	（名）	（11）		轰动	hōngdòng	（动）	（10）
棺	guān	（名）	（15）		后劲	hòujìn	（名）	（7）
棺材	guāncai	（名）	（15）		候补	hòubǔ	（动）	（9）
管辖	guǎnxiá	（动）	（10）		~乎	hū		（13）
规范	guīfàn	（动）	（14）		呼吁	hūyù	（动）	（8）
国度	guódù	（名）	（11）		忽略	hūlüè	（动）	（5）
国格	guógé	（名）	（4）		湖泊	húpō	（名）	（11）
国徽	guóhuī	（名）	（2）		糊	hú	（动）	（3）
国土	guótǔ	（名）	（10）		花费	huāfei	（名）	（6）
过失	guòshī	（名）	（5）		滑轮	huálún	（名）	（15）
过于	guòyú	（副）	（10）		滑坡	huápō	（动）	（15）
					划分	huàfēn	（动）	（7）
		H			画面	huàmiàn	（名）	（11）
海岸	hǎi'àn	（名）	（9）		怀孕	huáiyùn	（动）	（2）
海盗	hǎidào	（名）	（6）		缓坡	huǎnpō	（名）	（15）
海平面	hǎipíngmiàn	（名）	（8）		荒诞	huāngdàn	（形）	（14）
海涛	hǎitāo	（名）	（9）		荒谬	huāngmiù	（形）	（15）
含量	hánliàng	（名）	（8）		皇后	huánghòu	（名）	（16）
含义	hányì	（名）	（11）		挥霍	huīhuò	（动）	（8）
罕见	hǎnjiàn	（形）	（11）		晖	huī	（名）	（5）
旱灾	hànzāi	（名）	（8）		徽标	huībiāo	（名）	（4）
捍卫	hànwèi	（动）	（7）		回报	huíbào	（动）	（5）
航海	hánghǎi	（动）	（6）		汇集	huìjí	（动）	（12）
航线	hángxiàn	（名）	（11）		会诊	huìzhěn	（动）	（2）
豪华	háohuá	（形）	（9）		活力	huólì	（名）	（2）
好评	hǎopíng	（名）	（1）		火把	huǒbǎ	（名）	（6）
好在	hǎozài	（副）	（1）		火鸡	huǒjī	（名）	（5）
好转	hǎozhuǎn	（动）	（2）		火药	huǒyào	（名）	（6）
合并	hébìng	（动）	（12）		或是	huòshì	（连）	（5）
合拢	hé lǒng		（2）		或许	huòxǔ	（副）	（9）

| 获取 | huòqǔ | （动） | （10） |
| 祸害 | huòhai | （名） | （2） |

J

机灵	jīling	（形）	（2）
及早	jízǎo	（副）	（2）
吉祥	jíxiáng	（形）	（16）
极度	jídù	（副）	（14）
极力	jílì	（副）	（7）
即便	jíbiàn	（连）	（4）
即刻	jíkè	（副）	（11）
急剧	jíjù	（形）	（2）
急于	jíyú	（副）	（3）
迹象	jìxiàng	（名）	（8）
祭礼	jìlǐ	（名）	（16）
祭祀	jìsì	（动）	（12）
家喻户晓	jiāyù-hùxiǎo		（11）
甲骨文	jiǎgǔwén	（名）	（12）
价值连城	jiàzhíliánchéng		（15）
减弱	jiǎnruò	（动）	（7）
简而言之	jiǎn'éryánzhī		（5）
简陋	jiǎnlòu	（形）	（9）
简朴	jiǎnpǔ	（形）	（1）
见义勇为	jiànyìyǒngwéi		（14）
健壮	jiànzhuàng	（形）	（2）
鉴于	jiànyú	（连）	（6）
讲究	jiǎngjiu	（名）	（2）
降临	jiànglín	（动）	（8）
交织	jiāozhī	（动）	（12）
焦点	jiāodiǎn	（名）	（12）
礁石	jiāoshí	（名）	（9）
嚼	jiáo	（动）	（2）
侥幸	jiǎoxìng	（形）	（12）
绞	jiǎo	（动）	（15）
叫嚷	jiàorǎng	（动）	（14）
轿	jiào	（名）	（16）
校	jiào	（动）	（16）
轿车	jiàochē	（名）	（9）
结局	jiéjú	（名）	（14）
结论	jiélùn	（名）	（11）
竭尽	jiéjìn	（动）	（13）
解散	jiěsàn	（动）	（6）
戒备	jièbèi	（动）	（16）
借以	jièyǐ	（连）	（6）
金字塔	jīnzìtǎ	（名）	（10）
尽头	jìntóu	（名）	（11）
进而	jìn'ér	（连）	（10）
精兵	jīngbīng	（名）	（7）
精通	jīngtōng	（动）	（16）
精心	jīngxīn	（形）	（2）
景观	jǐngguān	（名）	（11）
竞技	jìngjì	（动）	（7）
敬畏	jìngwèi	（动）	（5）
境界	jìngjiè	（名）	（11）
窘境	jiǒngjìng	（名）	（4）
究竟	jiūjìng	（副）	（15）
久仰	jiǔyǎng	（动）	（4）
救死扶伤	jiùsǐ-fúshāng		（14）
就势	jiùshì	（副）	（9）
鞠躬	jūgōng		（5）
局势	júshì	（名）	（7）
沮丧	jǔsàng	（形）	（13）
举止	jǔzhǐ	（名）	（3）
剧增	jùzēng	（动）	（2）
据悉	jùxī		（8）
绝望	juéwàng	（动）	（11）
崛起	juéqǐ	（动）	（7）
均势	jūnshì	（名）	（7）

K

开采	kāicǎi	（动）	（10）
开阔	kāikuò	（形）	（9）
侃	kǎn	（动）	（9）
康复	kāngfù	（动）	（2）
慷慨	kāngkǎi	（形）	（13）
伉俪	kànglì	（名）	（1）
考古	kǎogǔ	（动）	（15）
考古学	kǎogǔxué	（名）	（10）
考取	kǎoqǔ	（动）	（16）
考证	kǎozhèng	（动）	（12）

科举	kējǔ	（名）	（16）		龙飞凤舞	lóngfēi-fèngwǔ		（4）
磕头	kētóu	（动）	（5）		漏洞	lòudòng	（名）	（4）
可观	kěguān	（形）	（2）		芦苇	lúwěi	（名）	（12）
客商	kèshāng	（名）	（6）		录	lù	（名）	（1）
客套	kètào	（动）	（1）		屡次	lǚcì	（副）	（16）
空荡荡	kōngdàngdàng	（形）	（13）		论据	lùnjù	（名）	（11）
空想	kōngxiǎng	（名）	（10）		论证	lùnzhèng	（动）	（12）
恐吓	kǒnghè	（动）	（6）		络绎不绝	luòyìbùjué		（1）
苦头	kǔtou	（名）	（13）		落差	luòchā	（名）	（15）
框架	kuàngjià	（名）	（8）		落款	luòkuǎn	（名）	（9）
亏	kuī	（动）	（9）					
捆绑	kǔnbǎng	（动）	（6）		**M**			
					马术	mǎshù	（名）	（7）
L					埋葬	máizàng	（动）	（15）
喇嘛寺	lǎmasì	（名）	（11）		麦克风	màikèfēng	（名）	（9）
来历	láilì	（名）	（16）		满载而归	mǎnzài'érguī		（9）
赖	lài	（动）	（1）		蔓延	mànyán	（动）	（2）
滥用	lànyòng	（动）	（12）		漫不经心	mànbùjīngxīn		（13）
老有所为	lǎoyǒusuǒwéi		（1）		茫茫	mángmáng	（形）	（5）
冷漠	lěngmò	（形）	（14）		枚	méi	（量）	（7）
冷清	lěngqing	（形）	（11）		眉开眼笑	méikāi-yǎnxiào		（3）
离奇	líqí	（形）	（6）		美妙	měimiào	（形）	（11）
理所当然	lǐsuǒdāngrán		（5）		美中不足	měizhōngbùzú		（16）
历代	lìdài	（名）	（10）		魅力	mèilì	（名）	（11）
历来	lìlái	（副）	（5）		蒙受	méngshòu	（动）	（14）
立法	lì fǎ		（14）		梦寐以求	mèngmèiyǐqiú		（11）
连连	liánlián	（副）	（2）		迷惑	míhuò	（动）	（3）
连同	liántóng	（连）	（2）		谜	mí	（名）	（10）
联想	liánxiǎng	（动）	（15）		秘而不宣	mì'érbùxuān		（12）
廉价	liánjià	（名）	（12）		蜜月	mìyuè	（名）	（9）
良久	liángjiǔ	（形）	（4）		绵羊	miányáng	（名）	（2）
良知	liángzhī	（名）	（14）		面	miàn	（名）	（7）
辽阔	liáokuò	（形）	（10）		描绘	miáohuì	（动）	（11）
疗养	liáoyǎng	（动）	（9）		描述	miáoshù	（动）	（4）
列	liè	（动）	（1）		渺茫	miǎománg	（形）	（8）
列举	lièjǔ	（动）	（8）		灭绝	mièjué	（动）	（2）
邻国	línguó	（名）	（11）		蔑视	mièshì	（动）	（5）
临	lín	（动）	（15）		民情	mínqíng	（名）	（14）
临界	línjiè	（形）	（8）		名次	míngcì	（名）	（7）
伶俐	línglì	（形）	（1）		名声	míngshēng	（名）	（1）

293

名义	míngyì	（名）	（6）	破裂	pòliè	（动）	（12）
命名	mìngmíng	（动）	（11）	破碎	pòsuì	（动）	（12）
摸索	mōsuǒ	（动）	（2）	扑灭	pūmiè	（动）	（6）
蘑菇	mógu	（名）	（9）				
魔鬼	móguǐ	（名）	（10）	**Q**			
抹	mǒ	（量）	（9）	七嘴八舌	qīzuǐ-bāshé		（16）
莫非	mòfēi	（副）	（6）	欺上瞒下	qīshàng-mánxià		（12）
默默	mòmò	（副）	（16）	齐全	qíquán	（形）	（9）
谋生	móu shēng		（10）	奇妙	qímiào	（形）	（2）
目中无人	mùzhōngwúrén		（5）	麒麟	qílín	（名）	（16）
牧场	mùchǎng	（名）	（2）	岂不	qǐbù	（副）	（3）
				启示	qǐshì	（名）	（2）
N				起草	qǐ cǎo		（1）
纳闷儿	nà mènr		（13）	起义军	qǐyìjūn	（名）	（16）
乃至	nǎizhì	（连）	（10）	气喘吁吁	qìchuǎnxūxū		（5）
难	nàn	（名）	（10）	讫	qì	（动）	（4）
楠木	nánmù	（名）	（15）	迄今	qìjīn	（动）	（10）
恼	nǎo	（动）	（3）	恰到好处	qiàdàohǎochù		（3）
恼火	nǎohuǒ	（形）	（13）	恰巧	qiàqiǎo	（副）	（16）
内心	nèixīn	（名）	（5）	千古	qiāngǔ	（名）	（15）
念念不忘	niànniànbúwàng		（5）	谦恭	qiāngōng	（形）	（13）
念头	niàntou	（名）	（10）	谦让	qiānràng	（动）	（9）
尿	niào	（名）	（2）	谦逊	qiānxùn	（形）	（5）
宁肯	nìngkěn	（副）	（1）	签署	qiānshǔ	（动）	（8）
				潜水	qiánshuǐ	（动）	（10）
P				潜在	qiánzài	（形）	（14）
排放	páifàng	（动）	（8）	浅显	qiǎnxiǎn	（形）	（5）
派头	pàitóu	（名）	（13）	歉收	qiànshōu	（动）	（8）
庞大	pángdà	（形）	（10）	强盛	qiángshèng	（形）	（10）
螃蟹	pángxiè	（名）	（9）	抢劫	qiǎngjié	（动）	（6）
胚胎	pēitāi	（名）	（2）	峭壁	qiàobì	（名）	（15）
赔不是	péibúshi		（4）	亲密	qīnmì	（形）	（9）
烹饪	pēngrèn	（名）	（3）	亲手	qīnshǒu	（副）	（9）
疲惫	píbèi	（形）	（11）	轻微	qīngwēi	（形）	（14）
瞥	piē	（动）	（4）	倾注	qīngzhù	（动）	（12）
品位	pǐnwèi	（名）	（13）	清一色	qīngyīsè	（形）	（9）
聘用	pìnyòng	（动）	（13）	情调	qíngdiào	（名）	（13）
平反	píngfǎn	（动）	（12）	情感	qínggǎn	（名）	（3）
颇	pō	（副）	（3）	情节	qíngjié	（名）	（14）
破解	pòjiě	（动）	（15）	情理	qínglǐ	（名）	（14）

情谊	qíngyì	（名）	（5）	商议	shāngyì	（动）	（6）
穷尽	qióngjìn	（动）	（14）	上苍	shàngcāng	（名）	（5）
驱使	qūshǐ	（动）	（10）	上游	shàngyóu	（名）	（11）
取代	qǔdài	（动）	（7）	尚	shàng	（副）	（11）
权威	quánwēi	（名）	（3）	尚且	shàngqiě	（连）	（13）
权益	quányì	（名）	（14）	奢望	shēwàng	（动）	（5）
拳击	quánjī	（名）	（7）	深思熟虑	shēnsī-shúlǜ		（4）
缺陷	quēxiàn	（名）	（16）	渗	shèn	（动）	（5）
确立	quèlì	（动）	（7）	生存	shēngcún	（动）	（8）
确信	quèxìn	（动）	（10）	生生不息	shēngshēngbùxī		（9）
				生态平衡	shēngtàipínghéng	（名）	（2）
		R		声势	shēngshì	（名）	（6）
人格	réngé	（名）	（4）	声望	shēngwàng	（名）	（10）
人山人海	rénshān-rénhǎi		（9）	牲畜	shēngchù	（名）	（10）
人性	rénxìng	（名）	（14）	胜景	shèngjǐng	（名）	（11）
认定	rèndìng	（动）	（14）	圣地	shèngdì	（名）	（6）
认可	rènkě	（动）	（11）	尸体	shītǐ	（名）	（2）
任凭	rènpíng	（连）	（14）	失信	shīxìn	（动）	（3）
日见	rìjiàn	（副）	（2）	施恩	shī ēn		（5）
日趋	rìqū	（副）	（8）	十全十美	shíquán-shíměi		（7）
日新月异	rìxīn-yuèyì		（14）	时而	shí'ér	（副）	（16）
容纳	róngnà	（动）	（2）	实惠	shíhuì	（形）	（13）
融化	rónghuà	（动）	（5）	实物	shíwù	（名）	（1）
融入	róngrù	（动）	（3）	使者	shǐzhě	（名）	（6）
柔道	róudào	（名）	（7）	屎	shǐ	（名）	（2）
如法炮制	rúfǎpáozhì		（15）	世外桃源	shìwàitáoyuán		（11）
如期	rúqī	（副）	（6）	伺候	shìhou	（动）	（6）
如实	rúshí	（副）	（4）	视线	shìxiàn	（名）	（9）
如意	rúyì	（形）	（1）	嗜好	shìhào	（动）	（1）
蠕动	rúdòng	（动）	（2）	收据	shōujù	（名）	（4）
睿智	ruìzhì	（形）	（1）	首相	shǒuxiàng	（名）	（8）
				受益	shòuyì	（动）	（14）
		S		书写	shūxiě	（动）	（12）
三番五次	sānfān-wǔcì		（1）	抒情	shūqíng	（动）	（11）
散发	sànfā	（动）	（9）	舒坦	shūtan	（形）	（4）
扫除	sǎochú	（动）	（2）	熟语	shúyǔ	（名）	（16）
僧侣	sēnglǚ	（名）	（10）	竖	shù	（动）	（16）
傻子	shǎzi	（名）	（13）	竖	shù	（形）	（1）
善良	shànliáng	（形）	（11）	数	shǔ	（数）	（15）
善意	shànyì	（名）	（3）	摔跤	shuāijiāo	（名）	（7）

295

爽快	shuǎngkuai	（形）	（13）
水落石出	shuǐluò-shíchū		（6）
水手	shuǐshǒu	（名）	（6）
顺从	shùncóng	（动）	（3）
说辞	shuōcí	（名）	（4）
丝织品	sīzhīpǐn	（名）	（12）
私自	sīzì	（副）	（4）
思前想后	sīqián-xiǎnghòu		（4）
四肢	sìzhī	（名）	（2）
寺庙	sìmiào	（名）	（10）
似笑非笑	sìxiào-fēixiào		（9）
饲料	sìliào	（名）	（2）
肆意	sìyì	（副）	（8）
耸	sǒng	（动）	（11）
艘	sōu	（量）	（6）
诉苦	sù kǔ		（1）
随意	suíyì	（形）	（11）
随葬	suízàng	（动）	（15）
缩减	suōjiǎn	（动）	（7）
所见所闻	suǒjiàn-suǒwén		（14）
索性	suǒxìng	（副）	（14）
琐碎	suǒsuì	（形）	（5）

T

他人	tārén	（代）	（3）
抬举	táiju	（动）	（3）
跆拳道	táiquándào	（名）	（7）
太子	tàizǐ	（名）	（12）
贪得无厌	tāndéwúyàn		（10）
谈吐	tántǔ	（名）	（13）
叹气	tàn qì		（13）
探测	tàncè	（动）	（10）
探头探脑	tàntóu-tànnǎo		（2）
倘若	tǎngruò	（连）	（15）
讨好	tǎo hǎo		（3）
提炼	tíliàn	（动）	（10）
提名	tí míng		（9）
体坛	tǐtán	（名）	（7）
替代	tìdài	（动）	（9）
天伦之乐	tiānlúnzhīlè		（13）

天平	tiānpíng	（名）	（4）
天书	tiānshū	（名）	（15）
田径	tiánjìng	（名）	（7）
舔	tiǎn	（动）	（2）
挑战	tiǎozhàn	（动）	（8）
调剂	tiáojì	（动）	（9）
调侃	tiáokǎn	（动）	（1）
条文	tiáowén	（名）	（14）
通道	tōngdào	（名）	（9）
通情达理	tōngqíng-dálǐ		（13）
同谋	tóngmóu	（名）	（4）
偷盗	tōudào	（动）	（4）
头子	tóuzi	（名）	（6）
投诉	tóusù	（动）	（4）
图	tú	（动）	（5）
团聚	tuánjù	（动）	（5）
推测	tuīcè	（动）	（10）
推理	tuīlǐ	（动）	（4）
推算	tuīsuàn	（动）	（10）
脱落	tuōluò	（动）	（15）

W

外观	wàiguān	（名）	（10）
顽强	wánqiáng	（形）	（6）
莞尔一笑	wǎn'ěryíxiào		（1）
王国	wángguó	（名）	（7）
王牌	wángpái	（名）	（7）
忘恩负义	wàng'ēn-fùyì		（5）
忘却	wàngquè	（动）	（11）
望而却步	wàng'érquèbù		（12）
危急	wēijí	（形）	（14）
威望	wēiwàng	（名）	（6）
微不足道	wēibùzúdào		（4）
为人	wéirén	（名）	（3）
唯独	wéidú	（副）	（5）
委婉	wěiwǎn	（形）	（1）
未免	wèimiǎn	（副）	（10）
未曾	wèicéng	（副）	（11）
温馨	wēnxīn	（形）	（5）
文稿	wéngǎo	（名）	（1）

文雅	wényǎ	（形）	（13）		削弱	xuēruò	（动）	（7）
吻合	wěnhé	（形）	（11）		消极	xiāojí	（形）	（3）
窝棚	wōpeng	（名）	（1）		小心翼翼	xiǎoxīnyìyì		（9）
乌龟	wūguī	（名）	（12）		效力	xiàolì	（名）	（8）
无边无际	wúbiān-wújì		（10）		泄漏	xièlòu	（动）	（16）
无从	wúcóng	（副）	（10）		谢绝	xièjué	（动）	（1）
无话可说	wúhuàkěshuō		（4）		心甘情愿	xīngān-qíngyuàn		（1）
无理取闹	wúlǐqǔnào		（4）		心目	xīnmù	（名）	（11）
无微不至	wúwēibúzhì		（5）		信奉	xìnfèng	（动）	（6）
无疑	wúyí	（动）	（11）		兴奋剂	xīngfènjì	（名）	（7）
无意	wúyì	（副）	（5）		兴致勃勃	xìngzhìbóbó		（9）
无影无踪	wúyǐng-wúzōng		（10）		幸好	xìnghǎo	（副）	（9）
无缘	wúyuán	（动）	（7）		凶猛	xiōngměng	（形）	（9）
五行	wǔxíng	（名）	（16）		胸怀	xiōnghuái	（名）	（9）
武力	wǔlì	（名）	（6）		虚伪	xūwěi	（形）	（3）
物色	wùsè	（动）	（13）		徐徐	xúxú	（副）	（15）
物种	wùzhǒng	（名）	（8）		序号	xùhào	（名）	（9）
					宣扬	xuānyáng	（动）	（6）
	X				悬	xuán	（动）	（15）
锡	xī	（名）	（16）		悬挂	xuánguà	（动）	（15）
喜出望外	xǐchūwàngwài		（15）		悬赏	xuánshǎng	（动）	（15）
细小	xìxiǎo	（形）	（5）		悬崖	xuányá	（名）	（15）
峡谷	xiágǔ	（名）	（11）		旋律	xuánlǜ	（名）	（11）
霞	xiá	（名）	（9）		选取	xuǎnqǔ	（动）	（12）
下落	xiàluò	（名）	（6）		选用	xuǎnyòng	（动）	（12）
掀起	xiānqǐ	（动）	（16）		雪中送炭	xuězhōngsòngtàn		（3）
衔环结草，	xiánhuánjiécǎo,							
以报恩德	yǐbào'ēndé		（5）			**Y**		
陷害	xiànhài	（动）	（16）		压根儿	yàgēnr	（副）	（4）
陷入	xiànrù	（动）	（4）		淹没	yānmò	（动）	（5）
献媚	xiànmèi	（动）	（3）		延伸	yánshēn	（动）	（10）
相符	xiāngfú	（动）	（3）		严峻	yánjùn	（形）	（8）
相关	xiāngguān	（动）	（14）		严阵以待	yánzhènyǐdài		（6）
相继	xiāngjì	（副）	（10）		沿途	yántú	（副）	（6）
相识	xiāngshí	（动）	（1）		沿用	yányòng	（动）	（12）
相似	xiāngsì	（形）	（10）		掩饰	yǎnshì	（动）	（13）
香水	xiāngshuǐ	（名）	（10）		验证	yànzhèng	（动）	（7）
想方设法	xiǎngfāng-shèfǎ		（1）		仰视	yǎngshì	（动）	（5）
向往	xiàngwǎng	（动）	（11）		养育	yǎngyù	（动）	（2）
削减	xuējiǎn	（动）	（8）		也罢	yěbà	（助）	（3）

297

野生	yěshēng	(形)	(2)	欲	yù		(5)
野心	yěxīn	(名)	(10)	浴池	yùchí	(名)	(10)
一成不变	yìchéngbúbiàn		(14)	预测	yùcè	(动)	(8)
一度	yídù	(副)	(1)	愈	yù	(副)	(16)
一概而论	yígài'érlùn		(15)	源泉	yuánquán	(名)	(5)
一技之长	yíjìzhīcháng		(3)	约束	yuēshù	(动)	(4)
一经	yìjīng	(副)	(11)	跃居	yuèjū	(动)	(7)
一举两得	yìjǔliǎngdé		(6)	越发	yuèfā	(副)	(9)
一律	yílǜ	(副)	(1)	越过	yuèguò	(动)	(2)
一味	yíwèi	(副)	(14)				
一跃而起	yíyuè'érqǐ		(2)				
一走了之	yìzǒuliǎozhī		(14)		**Z**		
依	yī	(动、介)	(14)	载体	zàitǐ	(名)	(12)
遗址	yízhǐ	(名)	(10)	攒	zǎn	(动)	(9)
以至于	yǐzhìyú	(连)	(4)	暂且	zànqiě	(副)	(11)
义女	yìnǚ	(名)	(16)	赞叹	zàntàn	(动)	(1)
议定	yìdìng	(动)	(8)	赞同	zàntóng	(动)	(3)
裔	yì		(4)	凿	záo	(动)	(7)
意料	yìliào	(名)	(13)	增添	zēngtiān	(动)	(15)
意图	yìtú	(名)	(3)	憎恶	zēngwù	(动)	(1)
毅然	yìrán	(副)	(6)	诈骗	zhàpiàn	(动)	(4)
阴盛阳衰	yīnshèng-yángshuāi		(7)	展现	zhǎnxiàn	(动)	(12)
引爆	yǐnbào	(动)	(8)	占据	zhànjù	(动)	(1)
隐蔽	yǐnbì	(动)	(16)	长进	zhǎngjìn	(名)	(13)
婴儿	yīng'ér	(名)	(14)	招募	zhāomù	(动)	(15)
应对	yìngduì	(动)	(8)	照料	zhàoliào	(动)	(2)
应接不暇	yìngjiēbùxiá		(4)	遮掩	zhēyǎn	(动)	(16)
拥有	yōngyǒu	(动)	(13)	针线	zhēnxiàn	(名)	(16)
庸俗	yōngsú	(形)	(13)	珍稀	zhēnxī	(形)	(8)
用意	yòngyì	(名)	(3)	真切	zhēnqiè	(形)	(9)
犹如	yóurú	(动)	(4)	真相	zhēnxiàng	(名)	(16)
油门	yóumén	(名)	(14)	真心	zhēnxīn	(名)	(3)
有机可乘	yǒujīkěchéng		(16)	狰狞	zhēngníng	(形)	(8)
有口无心	yǒukǒu-wúxīn		(1)	整整	zhěngzhěng	(副)	(5)
有声有色	yǒushēng-yǒusè		(9)	正方	zhèngfāng	(名)	(14)
有章可循	yǒuzhāngkěxún		(14)	正巧	zhèngqiǎo	(副)	(14)
渔网	yúwǎng	(名)	(12)	正如	zhèngrú		(4)
予以	yǔyǐ	(动)	(14)	郑重	zhèngzhòng	(形)	(15)
与此同时	yǔcǐtóngshí		(8)	挣	zhèng	(动)	(9)
羽绒服	yǔróngfú	(名)	(5)	支	zhī	(动)	(2)
				支票	zhīpiào	(名)	(1)

执法	zhí fǎ		(14)	坠落	zhuìluò	（动）		(11)
直率	zhíshuài	（形）	(1)	酌情	zhuóqíng	（动）		(14)
侄子	zhízi	（名）	(6)	仔	zǎi	（名）		(2)
纸浆	zhǐjiāng	（名）	(12)	资产	zīchǎn	（名）		(13)
至多	zhìduō	（副）	(3)	资信	zīxìn	（名）		(4)
志同道合	zhìtóng-dàohé		(1)	子宫	zǐgōng	（名）		(2)
致力	zhìlì	（动）	(8)	自便	zìbiàn	（动）		(13)
置	zhì	（动）	(15)	自负	zìfù	（形）		(3)
终究	zhōngjiū	（副）	(15)	自告奋勇	zìgàofènyǒng			(15)
众多	zhòngduō	（形）	(1)	自强不息	zìqiángbùxī			(7)
众人	zhòngrén	（名）	(16)	自杀	zìshā	（动）		(6)
周期	zhōuqī	（名）	(12)	自以为是	zìyǐwéishì			(5)
昼夜	zhòuyè	（名）	(6)	自在	zìzài	（形）		(1)
骤然	zhòurán	（副）	(4)	纵横	zònghéng	（形）		(10)
逐年	zhúnián	（副）	(2)	纵横家	zònghéngjiā	（名）		(16)
主义	zhǔyì	（名）	(1)	纵然	zòngrán	（连）		(1)
著	zhù	（动）	(1)	宗旨	zōngzhǐ	（名）		(8)
爪	zhǎo	（名）	(2)	阻挠	zǔnáo	（动）		(14)
拽	zhuài	（动）	(15)	组合	zǔhé	（动）		(10)
专程	zhuānchéng	（副）	(4)	组建	zǔjiàn	（动）		(6)
专职	zhuānzhí	（名）	(13)	钻牛角尖	zuān niújiǎojiān			(4)
传记	zhuànjì	（名）	(12)	作弊	zuò bì			(16)
装修	zhuāngxiū	（动）	(13)	作坊	zuōfang	（名）		(12)
壮观	zhuàngguān	（形）	(11)					

专名

A

埃及	Āijí	(10)

B

巴比伦	Bābǐlún	(12)
巴哈马	Bāhāmǎ	(10)
柏拉图	Bǎilātú	(10)
北戴河	Běidàihé	(9)
奔驰	Bēnchí	(13)
比米尼岛	Bǐmǐní Dǎo	(10)

C

蔡伦	Cài Lún	(12)
崇文门	Chóngwénmén	(5)
春秋战国	Chūnqiū-Zhànguó	(15)

D

达·伽马	Dá Jiāmǎ	(6)
大西洋	Dàxī Yáng	(10)
丹霞地貌	Dānxiá Dìmào	(15)
迪亚士	Díyàshì	(6)
地中海	Dìzhōng Hǎi	(10)

G

| 哥伦布 | Gēlúnbù | (6) |
| 格陵兰 | Gélínglán | (8) |

H

| 好莱坞 | Hǎoláiwū | (11) |
| 好望角 | Hǎowàngjiǎo | (6) |

J

| 建文帝 | Jiànwéndì | (6) |
| 旧港 | Jiùgǎng | (6) |

L

| 刘肇 | Liú Zhào | (12) |
| 泸溪河 | Lúxī Hé | (15) |

M

麦加	Màijiā	(6)
明朝	Míngcháo	(16)
明成祖	Míngchéngzǔ	(6)
魔鬼三角	Móguǐsānjiǎo	(10)
木骨都束国	Mùgǔdūshù Guó	(6)

N

| 挪威 | Nuówēi | (10) |

Q

| 齐国 | Qíguó | (16) |
| 秦国 | Qínguó | (16) |

S

商周	Shāng-Zhōu	(15)
苏格拉底	Sūgélādǐ	(10)
苏联	Sūlián	(10)
苏门答腊	Sūméndálà	(6)

T

| 唐山 | Tángshān | (9) |
| 唐·吉诃德 | Táng Jíkēdé | (1) |

W

| 王蒙 | Wáng Méng | (9) |

X

| 希腊 | Xīlà | (10) |
| 锡兰 | Xīlán | (6) |

Y

雅典	Yǎdiǎn	(10)
雍和宫	Yōnghé Gōng	(5)
元朝	Yuáncháo	(16)

Z

占城	Zhànchéng	(6)
郑和	Zhèng Hé	(6)
朱元璋	Zhū Yuánzhāng	(16)
爪哇	Zhǎowā	(6)